NH농협은행

기출동형 모의고사

	영 역	직무능력평가 / 직무상식평가
제 1 회	문항수	80문항
	시 간	95분
	비 고	객관식 5지선다형

제1회 기출동형 모의고사

01 직무능력평가

1. 다음에 제시된 단어의 관계와 유사한 것을 고르시오.

달변 : 능언

① 굴종 : 불복
② 가녘 : 고갱이
③ 한데 : 옥내
④ 유린 : 침손
⑤ 범의 : 협의

2. 다음에 밑줄 친 단어와 같은 의미로 사용된 것을 고르시오.

힘센 장정이 여럿 붙었는데도 트럭은 꿈쩍하지를 않았다.

① 모든 공산품에는 상표가 붙어 있다.
② 그 법률에는 유보 조건이 붙어 있었다.
③ 대형 화재로 옆 아파트에까지 불이 붙었다.
④ 보고 있지만 말고 너도 그 일에 붙어서 일 좀 해라.
⑤ 고객센터의 담당 직원이 도대체 제자리에 붙어 있지 않는다.

3. 다음에 제시된 단어에서 공통적으로 연상되는 단어를 고르시오.

적림(積霖), 여름, 윤흥길

① 태풍
② 장마
③ 폭염
④ 혹서
⑤ 삼복

4. 다음 빈칸에 들어갈 단어로 가장 적절한 것을 고르시오.

농협은 계속된 집중호우로 농업부문 피해가 심각하다고 판단하여 조속한 피해복구 및 농업인 지원을 위한 무이자자금 5천억 원 이상 투입 등 긴급 추가지원 대책을 ( )했다. 최근 계속된 집중호우로 8.10(월) 07시 기준(농식품부) 농업부문 피해는 농작물 침수 25,905ha, 농지 유실·매몰 652ha, 낙과 73ha 등이 발생했으며, 특히 농업인(가족 포함) 인명피해는 사망·실종이 총 25명에 이르는 등 그 피해가 심각하다.

① 알선
② 장만
③ 구축
④ 마련
⑤ 계발

5. 다음 중 밑줄 친 부분의 맞춤법이 바르지 않은 것은?

① 그것은 사람의 모양을 본떴다.
② 좁다란 골목을 지나가고 있다.
③ 벽에 녹슬은 못이 튀어나왔다.
④ 그는 항상 자식들을 닦달했다.
⑤ 할머니는 머리에 비녀를 꽂으셨다.

6. 다음의 상황에 적절한 한자성어는?

농협은 온·오프라인의 경계가 허물어진 금융환경과 어려운 경제상황이 맞물린 작금의 위기에 대처하기 위해 겸손한 마음으로 솔선수범하고 열정과 혁신의 핵심동력으로 전진하겠다는 각오를 밝혔다.

① 다문박식(多聞博識)
② 역마직성(驛馬直星)
③ 온정정성(溫凊定省)
④ 국궁진력(鞠躬盡力)
⑤ 진천동지(震天動地)

7. 다음의 밑줄 친 단어의 의미와 동일하게 쓰인 것은?

기획재정부는 26일 OO센터에서 '2017년 지방재정협의회'를 열고 내년도 예산안 편성 방향과 지역 현안 사업을 논의했다. 이 자리에는 17개 광역자치단체 부단체장과 기재부 예산실장 등 500여 명이 참석해 2018년 예산안 편성 방향과 약 530건의 지역 현안 사업에 대한 협의를 진행했다.

기재부 예산실장은 "내년에 정부는 일자리 창출, 4차 산업혁명 대응, 저출산 극복, 양극화 완화 등 4대 핵심 분야에 예산을 집중적으로 투자할 계획이라며 이를 위해 신규 사업 관리 강화 등 10대 재정 운용 전략을 활용, 재정 투자의 효율성을 높여갈 것"이라고 밝혔다. 이어 각 지방자치단체에서도 정부의 예산 편성 방향에 부합하도록 사업을 신청해 달라고 요청했다.

기재부는 이날 논의한 지역 현안 사업이 각 부처의 검토를 거쳐 다음달 26일까지 기재부에 신청되면, 관계 기관의 협의를 거쳐 내년도 예산안에 반영한다.

① 학생들은 초등학교부터 중학교, 고등학교를 <u>거쳐</u> 대학에 입학하게 된다.

② 가장 어려운 문제를 해결했으니 이제 특별히 <u>거칠</u> 문제는 없다.

③ 이번 출장 때는 독일 베를린을 <u>거쳐</u> 오스트리아 빈을 다녀올 예정이다.

④ 오랜만에 뒷산에 올라 보니, 무성하게 자란 칡덩굴이 발에 <u>거친다</u>.

⑤ 기숙사 학생들의 편지는 사감 선생님의 손을 <u>거쳐야</u> 했다.

8. 다음은 신입사원 A가 사보에 싣기 위해 기획한 기사의 의도와 초고 내용이다. 당신이 A의 상사라고 할 때, 지적할 수 있는 수정사항으로 적절한 것은?

[기획 의도]

최근 많이 사용되고 있는 시사용어인 워라밸의 의미와 워라밸이 추구하는 삶의 양식에 대해 설명하고, 사원들이 워라밸을 이해할 수 있도록 하는 데에 있다.

[초고]

제목 : ㉠<u>워라밸</u>

부제 : 일과 삶의 성과를 지향하는 인생을 추구하며

우리나라는 ㉡<u>세계적으로 1인당 연평균 노동 시간이 긴 편에 속한다</u>. ㉢<u>'주 52시간 근로법'이 만들어질 정도로</u> 장시간 일하는 것에 대해 사회적으로 고민하면서 최근 워라밸이란 용어가 자주 등장하고 있다. 이 말은 워크 앤 라이프 밸런스(Work and Life Balance)를 줄인 것으로, 일과 삶의 균형을 뜻한다. ㉣<u>워라밸은 주로 젊은층에서 여가와 개인적인 생활을 중시하는 것을 의미한다</u>. 직장과 조직을 우선시하던 기존 세대와 달리 청년 세대에서 많은 돈을 버는 것에 집착하지 않고 넉넉하지 않은 여건에서도 자신이 지향하는 삶을 추구하는 경향을 말한다. ㉤<u>워라밸은 과도하게 일에 몰두하는 대신 휴식과 여행, 자기계발을 통해 삶의 만족도를 높이는 것을 중시한다</u>.

① ㉠ : 사보라는 매체의 특성을 고려하여 제목과 부제의 순서를 바꾸어 제시하는 것이 좋겠어.

② ㉡ : 정보의 신뢰성을 높이기 위해 국가별 노동 시간 순위가 나타나는 자료를 인용하는 것이 좋겠어.

③ ㉢ : 기획 의도가 잘 드러나도록 법 제정 절차에 대한 내용을 추가하는 것이 좋겠어.

④ ㉣ : 글의 주제와 관련성이 부족한 내용이므로 삭제하는 것이 좋겠어.

⑤ ㉤ : 독자들의 이해를 돕기 위해 문장의 첫머리에 '그러나'라는 접속어를 넣는 게 좋겠어.

9. 다음 글의 빈칸에 들어갈 내용으로 가장 적절한 것은?

자본주의 경제체제는 이익을 추구하는 인간의 욕구를 최대한 보장해 주고 있다. 기업 또한 이익 추구라는 목적에서 탄생하여, 생산의 주체로서 자본주의 체제의 핵심적 역할을 수행하고 있다. 곧, 이익은 기업가로 하여금 사업을 시작하게 된 동기가 된다. 이익에는 단기적으로 실현되는 이익과 장기간에 걸쳐 지속적으로 실현되는 이익이 있다. 기업이 장기적으로 존속, 성장하기 위해서는 _____ 실제로 기업은 단기 이익의 극대화가 장기 이익의 극대화와 상충될 때에는 단기 이익을 과감하게 포기하기도 한다.

① 두 마리의 토끼를 다 잡으려는 생각으로 운영해야 한다.
② 당장의 이익보다 기업의 이미지를 생각해야 한다.
③ 단기 이익보다 장기 이익을 추구하는 것이 더 중요하다.
④ 장기 이익보다 단기 이익을 추구하는 것이 더 중요하다.
⑤ 아무도 개척하지 않은 길을 개척할 수 있는 도전정신이 필요하다.

10. 다음 글의 주제로 가장 적절한 것을 고른 것은?

유럽의 도시들을 여행하다 보면 여기저기서 벼룩시장이 열리는 것을 볼 수 있다. 벼룩시장에서 사람들은 낡고 오래된 물건들을 보면서 추억을 되살린다. 유럽 도시들의 독특한 분위기는 오래된 것을 쉽게 버리지 않는 이런 정신이 반영된 것이다.

영국의 옥스팜(Oxfam)이라는 시민단체는 헌옷을 수선해 파는 전문 상점을 운영해, 그 수익금으로 제3세계를 지원하고 있다. 파리 시민들에게는 유행이 따로 없다. 서로 다른 시절의 옷들을 예술적으로 배합해 자기만의 개성을 연출한다.

땀과 기억이 배어 있는 오래된 물건은 실용적 가치만으로 따질 수 없는 보편적 가치를 지닌다. 선물로 받아서 10년 이상 써 온 손때 묻은 만년필을 잃어버렸을 때 느끼는 상실감은 새 만년필을 산다고 해서 사라지지 않는다. 그것은 그 만년필이 개인의 오랜 추억을 담고 있는 증거물이자 애착의 대상이 되었기 때문이다. 그러기에 실용성과 상관없이 오래된 것은 그 자체로 아름답다.

① 서양인들의 개성은 시대를 넘나드는 예술적 가치관으로부터 표현된다.
② 실용적 가치보다 보편적인 가치를 중요시해야 한다.
③ 만년필은 선물해준 사람과의 아름다운 기억과 오랜 추억이 담긴 물건이다.
④ 오래된 물건은 실용적인 가치보다 더 중요한 가치를 지니고 있다.
⑤ 오래된 물건은 실용적 가치만으로 따질 수 없는 개인의 추억과 같은 보편적 가치를 지니기에 그 자체로 아름답다.

11. 다음 글을 읽고 알 수 있는 매체와 매체 언어의 특성으로 가장 적절한 것은?

텔레비전 드라마는 텔레비전과 드라마에 대한 각각의 이해를 전제로 하고 보아야 한다. 즉 텔레비전이라는 매체에 대한 이해와 드라마라는 장르적 이해가 필요하다.

텔레비전은 다양한 장르, 양식 등이 교차하고 공존한다. 텔레비전에는 다루고 있는 내용이 매우 무거운 시사토론 프로그램부터 매우 가벼운 오락 프로그램까지 섞여서 나열되어 있다. 또한 시청률에 대한 생산자들의 강박관념까지 텔레비전 프로그램 안에 들어있다. 텔레비전 드라마의 경우도 마찬가지로 이러한 강박이 존재한다. 드라마는 광고와 여러 문화 산업에 부가가치를 창출하며 드라마의 장소는 관광지가 되어서 지방의 부가가치를 만들어 내기도 한다. 이 때문에 시청률을 걱정해야 하는 불안정한 텔레비전 드라마 시장의 구조 속에서 상업적 성공을 거두기 위해 텔레비전 드라마는 이미 높은 시청률을 기록한 드라마를 복제하게 되는 것이다. 이것은 드라마 제작자의 수익성과 시장의 불확실성을 통제하기 위한 것으로 구체적으로는 속편이나 아류작의 제작이나 유사한 장르 복제 등으로 나타난다. 이러한 복제는 텔레비전 내부에서만 일어나는 것이 아니라 문화 자본과 관련되는 모든 매체, 즉 인터넷, 영화, 인쇄 매체에서 동시적으로 나타나는 현상이기도 하다.

이들은 서로 역동적으로 자리바꿈을 하면서 환유적 관계를 형성한다. 이 환유에는 수용자들, 즉 시청자나 매체 소비자들의 욕망이 투사되어 있다. 수용자의 욕망이 매체나 텍스트의 환유적 고리와 만나게 되면 각각의 텍스트는 다른 텍스트나 매체와의 관련 속에서 의미화 작용을 거치게 된다.

이렇듯 텔레비전 드라마는 시청자의 욕망과 텔레비전 안팎의 다른 프로그램이나 텍스트와 교차하는 지점에서 생산된다. 상업성이 검증된 것의 반복적 생산으로 말미암아 텔레비전 드라마는 거의 모든 내용이 비슷해지는 동일화의 길을 걷게 된다고 볼 수 있다.

① 텔레비전과 같은 매체는 문자 언어를 읽고 쓰는 능력을 반드시 필요로 한다.
② 디지털 매체 시대에 독자는 정보의 수용자이면서 동시에 생산자가 되기도 한다.
③ 텔레비전 드라마 시청자들의 욕구는 매체의 특성을 변화시키는 경우가 많다.
④ 영상 매체에 있는 자료들이 인터넷, 영화 등과 결합하는 것은 사실상 불가능하다.
⑤ 텔레비전 드라마는 독자들의 니즈를 충족시키기 위해 내용의 차별성에 역점을 두고 있다.

왜 행복을 추구하면 할수록 행복하지 못하다고 느낄까? 어떤 이는 이것에 대해 행복의 개념이 공리주의에서 기원하였기 때문이라고 말한다. 원래 행복을 가리키는 영어의 'happiness'는 단지 '행운'이라는 뜻으로만 쓰였다고 한다. 그런데 벤담이 '최대 다수의 최대 행복'을 공리주의의 모토로 내세우면서 '사회 전체의 복지 증진'이라는 개념이 등장하게 되었다.

공리주의 이전의 전근대 사회에서는 진정한 의미의 '개인'이 존재하지 않았을 뿐 아니라 '개인의 행복'은 논의의 대상이 아니었다. 개인은 자신이 속한 공동체로부터 정치적 속박을 받을 뿐만 아니라 경제적 예속 관계에 놓여 있었기 때문이다. 그러다 민주주의와 시장주의가 발전하기 시작하는 근대 사회에서 개인의 중요성이 강조되면서 전통적인 공동체는 해체가 불가피하였다. 여기에 공리주의의 확산으로 '사회 전체의 복지 증진'을 보장하려는 법과 제도가 자리 잡게 되었지만 이미 공동체가 해체되고 있는 터라 사회 복지의 최종적인 수혜자인 '개인'이 '행복의 주체'로 부각되었다. 개인은 민주주의와 시장주의를 기반으로 자신의 행복을 달성함으로써 공리주의가 보장한 사회 전체의 행복 증진에 기여할 수 있게 된 것이다.

한편 개인들에게 분배될 수 있는 지위와 재화는 제한되어 있어 자신의 행복을 추구하려면 타인과의 경쟁을 피할 수 없다. 그 결과 개인들은 서로를 경쟁자로 인식하여 서로를 소외시킬 뿐만 아니라 종국에는 타인으로부터 자신을 고립시키기도 한다. 그러면서 또 한편 개인은 이 소외감과 고립감을 극복하기 위해 무던히 애를 쓰는 역설적인 상황에 이르렀다.

문제는 경쟁 사회에서는 이 소외감과 고립감을 극복하기가 쉽지 않다는 것이다. 회사 동료와는 승진을 놓고 경쟁하는 사이이고, 옆 가게의 주인과는 이윤 추구를 놓고 경쟁하는 사이이기 십상이다. 매체를 통한 관계 맺기를 하려고 하여도 매체 속 세상은 실재하는 세계가 아닐 뿐만 아니라 그 세계에서 얻은 지지나 소속감 역시 피상적이거나 심한 경우 위선적인 관계에 기반을 둔 경우가 많다.

이 문제를 해결하려면 자신의 행복을 추구하는 '개인'과 경쟁을 남발하는 사회 또는 공동체 사이에서의 어떤 타협이 필요하나 이미 개인에게 소속감을 줄 수 있는 전통적인 '공동체'는 해체되고 없다. 이에 마르셀 모스는 '공동의 부'라는 새로운 아이디어를 제시한다. 이 아이디어의 핵심은 개인의 주요 자원을 '공동의 부'로 삼는 것이다. 예를 들어 고등학교 도서관을 '공동의 부'의 개념으로 인근 동네에 개방하면 사람들의 만족도도 ㉠높아지고, 도서관을 개방한 학교도 학교에 대한 인식 등이 좋아지게 되니 학교를 중심으로 하는 구성원 전체의 행복은 더 커진다는 것이다. 그리고 이런 공동의 부가 확대되면서 이들 구성원 사이에 회복된 연대감은 개인의 행복과 사회 전체의 행복을 이어 주어 개인이 느끼는 소외감과 고립감을 줄여 줄 수 있다고 본다.

12. 윗글의 내용과 부합하지 않는 것은?

① 벤담의 공리주의가 등장하기 이전에 'happiness'는 '행복'이 아닌 '행운'의 뜻으로 사용되었다.

② 민주주의와 시장주의하에서 개인이 자신의 행복을 추구하려면 타인과의 경쟁이 불가피하다.

③ 공리주의에 따르면 개인은 자신의 행복을 달성함으로써 사회 전체의 행복 증진에 기여할 수 있다.

④ 매체를 통한 관계 맺기는 경쟁 사회에 개인이 느끼는 소외감과 고립감을 근본적으로 극복할 수 있게 한다.

⑤ 마르셀 모스는 '공동의 부'라는 아이디어를 제시함으로써 해체되어 버린 전통적인 '공동체'의 역할을 대신하고자 하였다.

13. 밑줄 친 ㉠과 유사한 의미로 사용된 것은?

① 장마철에는 습도가 높다.

② 지위가 높을수록 책임도 커진다.

③ 제주 감귤은 세계적으로 이름이 높다.

④ 서울에는 높은 고층 빌딩들이 즐비하다.

⑤ 난치병이라도 조기 진단할 경우 완치율이 높다.

14. 다음 조건을 바탕으로 할 때, 김 교수의 연구실이 위치한 건물과 오늘 갔던 서점이 위치한 건물을 순서대로 올바르게 짝지은 것은?

- 최 교수, 김 교수, 정 교수의 연구실은 경영관, 문학관, 홍보관 중 한 곳에 있으며 서로 같은 건물에 있지 않다.
- 이들은 오늘 각각 자신의 연구실이 있는 건물이 아닌 다른 건물에 있는 서점에 갔었으며, 서로 같은 건물의 서점에 가지 않았다.
- 정 교수는 홍보관에 연구실이 있으며, 최 교수와 김 교수는 오늘 문학관 서점에 가지 않았다.
- 김 교수는 정 교수가 오늘 갔던 서점이 있는 건물에 연구실이 있다.

① 문학관, 경영관
② 경영관, 문학관
③ 경영관, 홍보관
④ 문학관, 홍보관
⑤ 홍보관, 경영관

15. 다음에 주어진 조건이 모두 참일 때 옳은 결론을 고르면?

- 민지, 영수, 경호 3명이 1층에서 엘리베이터를 탔다. 5층에서 한 번 멈추었다.
- 3명은 나란히 서 있었다.
- 5층에서 맨 오른쪽에 서 있던 영수가 내렸다.
- 민지는 맨 왼쪽에 있지 않다.

A : 5층에서 엘리베이터가 다시 올라갈 때 경호는 맨 오른쪽에 서 있게 된다.
B : 경호 바로 옆에는 항상 민지가 있었다.

① A만 옳다.
② B만 옳다.
③ A와 B 모두 옳다.
④ A와 B 모두 그르다.
⑤ A와 B 모두 옳은지 그른지 알 수 없다.

16. 甲, 乙, 丙 세 사람이 다음과 같이 대화를 하고 있다. 세 사람 중 오직 한 사람만 사실을 말하고 있고 나머지 두 명은 거짓말을 하고 있다면, 甲이 먹은 사탕은 모두 몇 개인가?

甲 : 나는 사탕을 먹었어.
乙 : 甲은 사탕을 5개보다 더 많이 먹었어.
丙 : 아니야, 甲은 사탕을 5개보다는 적게 먹었어.

① 0개
② 5개 미만
③ 5개
④ 5개 이상
⑤ 알 수 없다.

17. 일본의 유명한 자동차 회사인 도요타가 세계적인 자동차 브랜드로 성장하는 데 있어 큰 역할을 한 전략 중 하나인 5Why 기법은 인과관계를 바탕으로 문제의 근본적인 원인을 찾아 해결하고자 하는 문제해결기법이다. 다음 중 제시된 문제에 대해 5Why 기법으로 해결책을 도출하려고 할 때, 마지막 5Why 단계에 해당하는 내용으로 가장 적절한 것은?

[문제] 최종 육안 검사 시 간과하는 점이 많다.
- 1Why : _____
- 2Why : _____
- 3Why : _____
- 4Why : _____
- 5Why : _____
[해결책] _____

① 작업장 조명이 어둡다.
② 조명의 위치가 좋지 않다.
③ 잘 보이지 않을 때가 있다.
④ 작업장 조명에 대한 기준이 없다.
⑤ 제대로 보지 못하는 경우가 많다.

18. 다음은 A 버스회사에서 새롭게 개통하는 노선에 포함된 도서관과 영화관의 위치를 수직선 위에 나타낸 것이다. 도서관과 영화관의 위치를 좌표로 나타내면 각각 30, 70이라고 할 때, 주어진 조건을 만족하는 버스 정류장을 설치하려고 한다. 버스 정류장은 도서관으로부터 좌표상으로 최대 얼마나 떨어진 곳에 설치할 수 있는가?

[도서관과 영화관의 위치]

[버스 정류장의 조건]
　버스 정류장에서 도서관까지의 거리와 버스 정류장에서 영화관까지의 거리의 합이 80 이하이다.

① 40 　② 50
③ 60 　④ 70
⑤ 80

19. 다음은 N사의 ○○동 지점으로 배치된 신입사원 5명의 인적사항과 부서별 추가 인원 요청 사항이다. 인력관리의 원칙 중 하나인 적재적소의 원리에 의거하여 신입사원들을 배치할 경우 가장 적절한 것은?

〈신입사원 인적사항〉

성명	성별	전공	자질/자격	기타
甲	남	스페인어	바리스타 자격 보유	서비스업 관련 아르바이트 경험 다수
乙	남	경영	모의경영대회 입상	폭넓은 대인관계
丙	여	컴퓨터공학	컴퓨터 활용능력 2급 자격증 보유	논리적·수학적 사고력 우수함
丁	남	회계	–	미국 5년 거주, 세무사 사무실 아르바이트 경험
戊	여	광고학	과학잡지사 우수 편집인상 수상	강한 호기심, 융통성 있는 사고

〈부서별 인원 요청 사항〉

부서명	필요인원	필요자질
영업팀	2명	영어 능통자 1명, 외부인과의 접촉 등 대인관계 원만한 자 1명
인사팀	1명	인사 행정 등 논리 활용 프로그램 사용 적합자
홍보팀	2명	홍보 관련 업무 적합자, 외향적 성격 소유자 등 2명

	영업팀	인사팀	홍보팀
①	甲, 丁	丙	乙, 戊
②	乙, 丙	丁	甲, 戊
③	乙, 丁	丙	甲, 戊
④	丙, 戊	甲	乙, 丁
⑤	甲, 丙	乙	丁, 戊

▌20~21▐ 다음은 블루투스 이어폰을 구매하기 위하여 전자제품 매장을 찾은 K씨가 제품 설명서를 보고 점원과 나눈 대화와 설명서 내용의 일부이다. 다음을 보고 이어지는 물음에 답하시오.

K씨 : "블루투스 이어폰을 좀 사려고 합니다."
점원 : "네 고객님, 어떤 조건을 원하시나요?"
K씨 : "제 것과 친구에게 선물할 것 두 개를 사려고 하는데요, 두 개 모두 가볍고 배터리 사용시간이 좀 길었으면 합니다. 무게는 42g까지가 적당할 거 같고요, 저는 충전시간이 짧으면서도 통화시간이 긴 제품을 원해요. 선물하려는 제품은요, 일주일에 한 번만 충전해도 통화시간이 16시간은 되어야 하고, 음악은 운동하면서 매일 하루 1시간씩만 들을 수 있으면 돼요. 스피커는 고감도인 게 더 낫겠죠."
점원 : "그럼 고객님께는 (　)모델을, 친구 분께 드릴 선물로는 (　)모델을 추천해 드립니다."

〈제품 사양서〉

구분	무게	충전시간	통화시간	음악 재생시간	스피커 감도
A모델	40.0g	2.2H	15H	17H	92db
B모델	43.5g	2.5H	12H	14H	96db
C모델	38.4g	3.0H	12H	15H	94db
D모델	42.0g	2.2H	13H	18H	85db

※ A, B모델 : 통화시간 1시간 감소 시 음악재생시간 30분 증가
※ C, D모델 : 음악재생시간 1시간 감소 시 통화시간 30분 증가

20. 다음 중 위 네 가지 모델에 대한 설명으로 옳은 것을 〈보기〉에서 모두 고르면?

〈보기〉
㉮ 충전시간 당 통화시간이 긴 제품일수록 음악재생시간이 길다.
㉯ 충전시간 당 통화시간이 5시간 이상인 것은 A, D모델이다.
㉰ A모델은 통화에, C모델은 음악재생에 더 많은 배터리가 사용된다.
㉱ B모델의 통화시간을 10시간으로 제한하면 음악재생시간을 C모델과 동일하게 유지할 수 있다.

① ㉮, ㉯
② ㉯, ㉱
③ ㉰, ㉱
④ ㉮, ㉰
⑤ ㉯, ㉰

21. 다음 중 점원이 K씨에게 추천한 빈칸의 제품이 순서대로 올바르게 짝지어진 것은 어느 것인가?

	K씨	선물
①	C모델	A모델
②	C모델	D모델
③	A모델	C모델
④	A모델	B모델
⑤	B모델	C모델

22. A회사는 다가올 추석을 대비하여 직원들을 대상으로 선호하는 명절 선물을 조사하였다. 조사결과가 다음과 같을 때, 항상 참인 것을 고르면? (단, 甲~戊는 모두 직원이다)

• 명절 선물로 '정육'을 선호하는 직원은 '과일'을 선호하지 않았다.
• 명절 선물로 '한과'를 선호하지 않은 직원은 '과일'을 선호했다.
• 명절 선물로 '건어물'을 선호하지 않은 직원은 '햄 세트'를 선호했다.
• 명절 선물로 '건어물'을 선호하는 직원은 '정육'을 선호하지 않았다.

① 명절 선물로 '건어물'을 선호하는 甲은 '과일'을 선호한다.
② 명절 선물로 '한과'를 선호하는 乙은 '햄 세트'를 선호한다.
③ 명절 선물로 '과일'을 선호하는 丙은 '햄 세트'를 선호하지 않는다.
④ 명절 선물로 '정육'을 선호하는 丁은 '한과'를 선호한다.
⑤ 명절 선물로 '건어물'을 선호하는 戊는 '한과'를 선호한다.

23. 문제해결을 위해 새로운 아이디어를 얻고자 할 때 자주 사용되는 방법 중 하나인 브레인스토밍에 대한 설명으로 옳지 않은 것은?

① 주체적이고 명확한 주제를 정한다.
② 브레인스토밍에 참여하는 인원은 많을수록 좋다.
③ 누구나 자유롭게 발언할 수 있는 분위기를 조성한다.
④ 질과는 관계없이 가능한 한 많은 아이디어를 제시하도록 격려한다.
⑤ 다양한 아이디어를 서로 조합하거나 개선하여 또 다른 아이디어를 제시해 본다.

24. 다음은 어느 TV 홈쇼핑 회사에 대한 3C 분석 사례이다. 분석한 내용을 바탕으로 회사 발전 전략을 제안한 내용 중 그 타당성이 가장 떨어지는 사람은?

Company	• 높은 시장점유율 • 긍정적인 브랜드 이미지 • 차별화된 고객서비스 기술 • 고가 상품 중심의 수익 구조 • 우수 인력과 정보시스템 • TV 방송에 한정된 영업 방식
Competitor	• 저가의 다양한 상품 구축 • 공격적인 프로모션 및 가격할인 서비스 • A/S 및 사후관리 능력 우수 • 인터넷, 모바일, 카탈로그 등 다양한 영업 방식
Customer	• 일반 소매업 대비 홈쇼핑 시장의 높은 성장률 • 30~50대 여성이 90% 이상을 차지하는 고객 구성 • 저렴한 가격, 편리성, 품질, 다양성 등에 대한 고객의 Needs • 상위 5%의 고객이 전체 매출의 30%를 차지

① 甲 : 홈쇼핑 분야에서 높은 시장점유율을 유지하기 위한 지속적인 노력이 필요합니다.
② 乙 : 저렴한 가격에 대한 고객의 요구를 채우기 위해 고가 상품 중심의 수익 구조를 개선해야 합니다.
③ 丙 : TV 방송에만 머무를 것이 아니라 다양한 매체를 활용한 영업 방식을 도입하는 것도 적극적으로 검토해야 합니다.
④ 丁 : 여성 고객뿐만 아니라 남성 고객에게도 어필할 수 있도록 남성적인 브랜드 이미지를 구축해 나가야 합니다.
⑤ 戊 : 매출의 30%를 차지하는 상위 5%의 고객을 위한 차별화된 고객서비스를 제공하여 충성도를 제고할 필요가 있습니다.

25. 다음은 A시에서 조성한 푸른 숲 공원 만족도 조사 결과와 관련 자료이다. 이를 바탕으로 A시에서 '시민들의 이용 행태' 개선을 위해 취할 수 있는 방법으로 가장 적절하지 않은 것을 고르면?

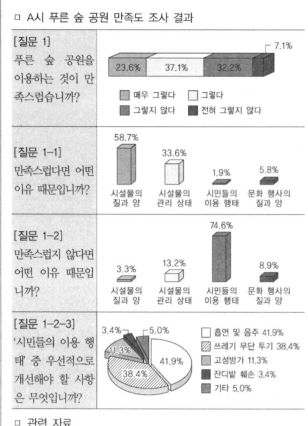

□ A시 푸른 숲 공원 만족도 조사 결과

[질문 1] 푸른 숲 공원을 이용하는 것이 만족스럽습니까?
23.6% / 37.1% / 32.2% / 7.1%
■ 매우 그렇다 □ 그렇다 ■ 그렇지 않다 ■ 전혀 그렇지 않다

[질문 1-1] 만족스럽다면 어떤 이유 때문입니까?
58.7% 시설물의 질과 양 / 33.6% 시설물의 관리 상태 / 1.9% 시민들의 이용 행태 / 5.8% 문화 행사의 질과 양

[질문 1-2] 만족스럽지 않다면 어떤 이유 때문입니까?
3.3% 시설물의 질과 양 / 13.2% 시설물의 관리 상태 / 74.6% 시민들의 이용 행태 / 8.9% 문화 행사의 질과 양

[질문 1-2-3] '시민들의 이용 행태' 중 우선적으로 개선해야 할 사항은 무엇입니까?
□ 흡연 및 음주 41.9% ▨ 쓰레기 무단 투기 38.4% □ 고성방가 11.3% ▧ 잔디밭 훼손 3.4% ▩ 기타 5.0%

□ 관련 자료
　　B시는 작년 1월부터 6개월 간 공원 내 금지 행위에 대한 집중 단속을 실시한 결과 전년도 같은 기간에 비해 공원 이용 무질서 행위가 30% 이상 줄어드는 효과를 얻었다. 또 단속 활동을 위한 경찰 순찰이 늘어나면서 시민들의 공원 이용이 더 안전해져 이에 대한 만족도도 높은 것으로 나타났다고 알려졌다.

① 공원 내 쓰레기통 주변에 쓰레기 무단 투기 감시를 위한 CCTV를 설치한다.
② 현재보다 다양한 운동시설의 종류를 확보하고, 1인당 이용할 수 있는 시설물을 늘린다.
③ 잔디밭에서 자전거를 타거나, 축구, 족구 등 잔디를 훼손할 수 있는 운동경기를 금지한다.
④ 늦은 시간에 허가 없이 시끄러운 음악을 틀어놓고 공연을 하거나 노래를 부르는 행위를 단속한다.
⑤ 공원 이용자를 대상으로 공원 내 흡연 및 음주 행위는 공원 만족도를 저하시키는 가장 큰 원인임을 홍보하고 자제를 촉구한다.

26. 다음에 주어진 조건이 모두 참일 때 옳은 결론을 고르면?

- A, B, C, D, E가 의자가 6개 있는 원탁에서 토론을 한다.
- 어느 방향이든 A와 E 사이에는 누군가가 앉는다.
- D 맞은편에는 누구도 앉아 있지 않다.
- A와 B는 서로 마주보고 앉는다.
- C 주변에는 자리가 빈 곳이 하나 있다.

A : A와 E 사이에 있는 사람이 적은 방향은 한 명만 사이에 있다.
B : A와 D는 서로 떨어져 있다.

① A만 옳다.
② B만 옳다.
③ A와 B 모두 옳다.
④ A와 B 모두 그르다.
⑤ A와 B 모두 옳은지 그른지 알 수 없다.

27. 다음 중 단위변환이 잘못된 것은?
① 1km = 1,000,000mm
② 2km^2 = 200ha
③ 3kt = 3,000kg
④ 4cc = 0.004ℓ
⑤ 5m/s = 18km/h

28. 다음에 나열된 수의 규칙을 찾아 빈칸에 들어갈 알맞은 수를 고르시오.

			11　5　5　11　( )　41			

① 16　　　　　② 19
④ 21　　　　　④ 23
⑤ 32

29. 세 다항식 $A = x^2 + x$, $B = 2x - 3$, $C = 2x^2 + 3x - 5$에 대하여 다항식 $AB + C$의 값은?
① $x^3 + x^2 + 5$　　　② $x^3 + 2x^2 - 5$
③ $2x^3 + x^2 + 5$　　④ $2x^3 + x^2 - 5$
⑤ $2x^3 + 2x^2 - 5$

30. 2020년의 8월 15일은 토요일이다. 2021년의 1월 1일은 무슨 요일인가?

① 월요일   ② 화요일

③ 수요일   ④ 목요일

⑤ 금요일

31. 매해 인구가 같은 비율로 증가하는 어느 나라에서 10년 후의 인구 증가율이 44%였다. 5년간의 인구 증가율은 몇 %인가?

① 12%   ② 14%

③ 16%   ④ 18%

⑤ 20%

32. 어떤 제품을 만들어서 하나를 팔면 이익이 5,000원 남고, 불량품을 만들게 되면 10,000원 손실을 입게 된다. 이 제품의 기댓값이 3,500원이라면 이 제품을 만드는 공장의 불량률은 몇 %인가?

① 4%

② 6%

③ 8%

④ 10%

⑤ 12%

33. 한 형제가 텃밭을 가꾸기 위해 땅을 고르려고 한다. 형이 혼자하면 4일이 걸리고, 동생이 혼자하면 8일이 걸리는 일을 둘이 함께 하던 도중, 하루는 비가 와서 둘이 모두 일을 쉬었고, 하루는 형만 감기로 일을 쉬었다면, 땅 고르기를 끝내는 데는 최소 며칠이 걸리는가?

① 4일   ② 5일

③ 6일   ④ 7일

⑤ 8일

34. 甲은 여름휴가를 맞아 제주도 여행을 계획하였는데, 집인 서울에서 부산항까지는 자동차로 이동하고 부산항에서 제주행 배를 타려고 한다. 집에서 부산항까지의 거리는 450km이며 25m/s의 속력으로 운전한다고 할 때, 부산항에서 오후 12시에 출발하는 제주행 배를 타기 위해서는 집에서 적어도 몇 시에 출발해야 하는가? (단, 부산항 도착 후 제주행 배의 승선권을 구매하고 배를 타기까지 20분이 소요된다)

① 오전 4시   ② 오전 5시

③ 오전 6시   ④ 오전 7시

⑤ 오전 8시

35. A 고등학교에서는 그림과 같이 학교 담 아래의 빈 공간에 길이가 12m인 밧줄로 'ㄷ'자 모양의 테두리를 둘러서 직사각형의 화단을 만들려고 한다. 이때 만들 수 있는 화단 넓이의 최댓값은 얼마인가? (단, 학교 담의 길이는 12m 이상이고, 밧줄의 양 끝은 담장에 닿아 있으며 밧줄의 두께는 무시한다)

※ 화단의 가로, 세로 길이는 정수로 한다.

① $14m^2$ ② $16m^2$

③ $18m^2$ ④ $20m^2$

⑤ $22m^2$

36. 1부터 9까지 자연수가 각각 하나씩 적힌 9개의 공이 들어 있는 주머니에서 공 1개를 뽑을 때에 대한 설명으로 옳지 않은 것은?

① 1이 적힌 공이 나올 확률은 $\frac{1}{9}$이다.

② 3의 배수가 적힌 공이 나올 확률은 $\frac{1}{3}$이다.

③ 홀수가 적힌 카드가 나올 확률은 $\frac{5}{9}$이다.

④ 9 이하의 수가 적힌 카드가 나올 확률은 $\frac{8}{9}$이다.

⑤ 10 이상의 수가 적힌 카드가 나올 확률은 0이다.

37. 다음은 N은행의 외화송금 수수료에 대한 규정이다. 수수료 규정을 참고할 때, 외국에 있는 친척과 〈보기〉와 같이 3회에 걸쳐 거래를 한 A씨가 지불한 총 수수료 금액은 얼마인가?

		국내 간 외화송금	실시간 국내송금
외화자금 국내이체 수수료 (당·타발)		U$5,000 이하 : 5,000원 U$10,000 이하 : 7,000원 U$10,000 초과 : 10,000원	U$10,000 이하 : 5,000원 U$10,000 초과 : 10,000원
		인터넷 뱅킹 : 5,000원 실시간 이체 : 타발 수수료는 없음	
해외로 외화 송금	송금 수수료	U$500 이하 : 5,000원 U$2,000 이하 : 10,000원 U$5,000 이하 : 15,000원 U$20,000 이하 : 20,000원 U$20,000 초과 : 25,000원 * 인터넷 뱅킹 이용 시 건당 3,000~5,000원	
		해외 및 중계은행 수수료를 신청인이 부담하는 경우 국외 현지 및 중계은행의 통화별 수수료를 추가로 징구	
	전신료	8,000원 인터넷 뱅킹 및 자동이체 5,000원	
	조건변경 전신료	8,000원	
해외/타행에서 받은 송금		건당 10,000원	

〈보기〉
(가) 외국으로 U$3,500 송금 / 인터넷 뱅킹 최저 수수료 적용
(나) 외국으로 U$600 송금 / 은행 창구
(다) 외국에서 U$2,500 입금

① 32,000원
② 34,000원
③ 36,000원
④ 38,000원
⑤ 40,000원

38. 다음은 2015년 1월 7일 지수를 기준으로 작성한 국내 금융 지표를 나타낸 표이다. A에 들어갈 수로 가장 알맞은 것은?

(단위 : %, %p)

구분	'13년 말	'14년			'15년	전주 대비
		2분기	3분기	12.30	1.7	
코스피 지수	2,011.34	1,981.77	2,035.64	1,915.59	1,883.83	-1.66
코스닥 지수	499.99	527.26	580.42	542.97	561.32	(A)
국고채 (3년)	2.86	2.69	2.34	2.10	2.08	-0.95
회사채 (3년)	3.29	3.12	2.72	2.43	2.41	-0.82
국고채 (10년)	3.58	3.22	2.97	2.60	2.56	-1.54

① 3.18
② 3.28
③ 3.38
④ 3.48
⑤ 3.58

39. 다음은 ○○시의 시장선거에서 응답자의 종교별 후보지지 설문조사 결과이다. ㈎와 ㈏ 값은? (단, ㈎와 ㈏의 응답자 수는 같다)

(단위 : 명)

응답자의 종교 / 후보	불교	개신교	가톨릭	기타	합
A	130	㈎	60	300	( )
B	260	( )	30	350	740
C	( )	㈏	45	300	( )
D	65	40	15	( )	( )
계	650	400	150	1,000	2,200

① 130
② 140
③ 150
④ 160
⑤ 170

40. 터미널노드는 자식이 없는 노드를 말한다. 다음 트리에서 터미널노드의 수는?

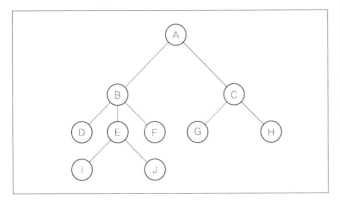

① 5 ② 6

③ 7 ④ 8

⑤ 9

41. 다음은 A의류매장의 판매 직원이 매장 물품 관리 시스템에 대하여 설명한 내용이다. 이를 참고할 때, bar code와 QR 코드 관리 시스템의 특징으로 적절하지 않은 것은?

"저희 매장의 모든 제품은 입고부터 판매까지 스마트 기기와 연동된 전산화 시스템으로 운영되고 있어요. 제품 포장 상태에 따라 bar code와 QR 코드로 구분하여 아주 효과적인 관리를 하는 거지요. 이 조그만 전산 기호 안에 필요한 모든 정보가 입력되어 있어 간단한 스캔만으로 제품의 이동 경로와 시기 등을 손쉽게 파악하는 겁니다. 제품군을 분류하여 관리하거나 적정 재고량을 파악하는 데에도 매우 효율적인 관리 시스템인 셈입니다."

① QR 코드는 bar code보다 많은 양의 정보를 담을 수 있다.

② bar code는 제품군과 특성을 기준으로 물품을 대/중/소 분류에 의해 관리한다.

③ bar code는 물품의 정보를 기호화하여 관리하는 것이다.

④ 최근 유통업계는 QR 코드 도입에 앞장서고 있다.

⑤ bar code의 정보는 검은 막대의 개수와 숫자로 구분된다.

42. 다음의 워크시트에서 추리영역이 90점 이상인 사람의 수를 구하고자 할 때, [D8] 셀에 입력할 수식으로 옳은 것은?

	A	B	C	D	E	F
1	이름	언어영역	수리영역	추리영역		
2	김철수	72	85	91		추리영역
3	김영희	65	94	88		>=90
4	안영이	95	76	91		
5	이윤희	92	77	93		
6	채준수	94	74	95		
7						
8	추리영역 90점 이상인 사람의 수			4		
9						

① =DSUM(A1:D6,4,F2:F3)

② =DSUM(A1:D6,3,F2:F3)

③ =DCOUNT(A1:D6,3,F2:F3)

④ =DCOUNT(A1:D6,4,F2:F3)

⑤ =DCOUNT(A1:D6,2,F2:F3)

43. 다음 워크시트에서 연봉이 3천만 원 이상인 사원들의 총 연봉액을 구하는 함수식으로 옳은 것은?

	A	B
1	사원	연봉
2	한길동	25,000,000
3	이미순	30,000,000
4	소순미	18,000,000
5	김동준	26,000,000
6	김사라	27,000,000
7	나미수	19,000,000
8	전진연	40,000,000
9	김연지	26,000,000
10	채지수	31,000,000

① =SUMIF(B2:B10,">30000000")

② =SUMIF(B2:B10,">=30000000")

③ =SUMIF(A2:A10,">=30000000")

④ =SUM(B2:B10,">=30000000")

⑤ =SUM(A2:A10,">=30000000")

44. 다음의 알고리즘에서 인쇄되는 S의 값은?

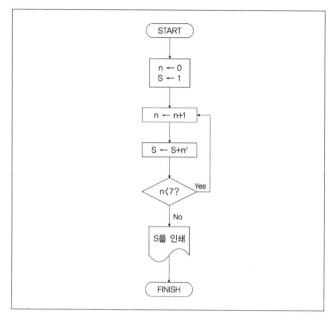

① 137

② 139

③ 141

④ 143

⑤ 145

45. 다음은 A가 코딩을 하여 만들려는 홀짝 게임 프로그램의 알고리즘 순서도이다. 그런데 오류가 있었는지 잘못된 값을 도출하였다. 잘못된 부분을 고르면?

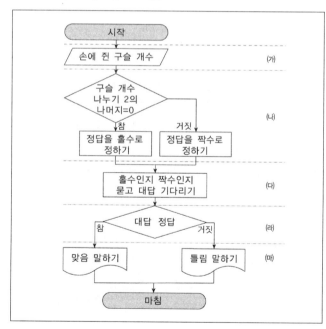

① (가)

② (나)

③ (다)

④ (라)

⑤ (마)

46. 다음 시트처럼 한 셀에 두 줄 이상 입력하려는 경우 줄을 바꿀 때 사용하는 키는?

① 〈F1〉 + 〈Enter〉

② 〈Alt〉 + 〈Enter〉

③ 〈Alt〉 + 〈Shift〉 + 〈Enter〉

④ 〈Shift〉 + 〈Enter〉

⑤ 〈Shift〉 + 〈Ctrl〉 + 〈Enter〉

┃47~48┃ A 식음료 기업 직영점의 점장이 된 B는 새로운 아르바이트생을 모집하고 있으며, 아래의 채용공고를 보고 지원한 사람들의 명단을 정리하였다. 다음을 바탕으로 물음에 답하시오.

〈아르바이트 모집공고 안내〉

✓ 채용 인원 : 미정

✓ 시급 : 7,000원

✓ 근무 시작 : 8월 9일

✓ 근무 요일 : 월~금 매일(면접 시 협의)

✓ 근무 시간 : 8:00~12:00/ 12:00~16:00/ 16:00~20:00 중 4시간 이상(면접 시 협의)

✓ 우대 조건 : 동종업계 경력자, 바리스타 자격증 보유자, 6개월 이상 근무 가능자

※ 지원자들은 이메일(BBBBB@jumjang.com)로 이력서를 보내주시기 바랍니다.

※ 희망 근무 요일과 희망 근무 시간대를 반드시 기입해 주세요.

〈지원자 명단〉

	A	B	C	D
	이름	희망 근무 요일	희망 근무 시간	우대 조건
2	강한결	월, 화, 수, 목, 금	8:00 ~ 16:00	
3	금나래	화, 목	8:00 ~ 20:00	
4	김샛별	월, 수, 금	8:00 ~ 16:00	6개월 이상 근무 가능
5	송민국	월, 화, 수, 목, 금	16:00 ~ 20:00	타사 카페 6개월 경력
6	온빛나	화, 목	16:00 ~ 20:00	바리스타 자격증 보유
7	이초롱	월, 수, 금	8:00 ~ 16:00	
8	한마음	월, 화, 수, 목, 금	12:00 ~ 20:00	
9	현명한	월, 화, 수, 목, 금	16:00 ~ 20:00	

47. 점장 B는 효율적인 직원 관리를 위해 최소 비용으로 최소 인원을 채용하기로 하였다. 평일 오전 8시부터 오후 8시까지 계속 1명 이상의 아르바이트생이 점포 내에 있어야 한다고 할 때, 채용에 포함될 지원자는?

① 김샛별
② 송민국
③ 이초롱
④ 한마음
⑤ 현명한

48. 직원 채용 후 한 달 뒤, 오전 8시에서 오후 4시 사이에 일했던 직원이 그만두어 그 시간대에 일할 직원을 다시 채용하게 되었다. 미채용 되었던 인원들에게 연락할 때, 점장 B가 먼저 연락하게 될 지원자들을 묶은 것으로 적절한 것은?

① 강한결, 금나래
② 금나래, 김샛별
③ 금나래, 이초롱
④ 김샛별, 은빛나
⑤ 김샛별, 현명한

49. 다음 중 '자료', '정보', '지식'의 관계에 대한 설명으로 옳지 않은 것은?

① 객관적 실제의 반영이며, 그것을 전달할 수 있도록 기호화한 것을 자료라고 한다.
② 특정 상황에서 그 가치가 평가된 데이터를 정보와 지식이라고 말한다.
③ 데이터를 집적하고 체계화하여 장래의 일반적인 사항에 대비해 보편성을 갖도록 한 것을 지식이라고 한다.
④ 자료를 가공하여 이용 가능한 정보로 만드는 과정을 자료처리(data processing)라고도 하며 일반적으로 컴퓨터가 담당한다.
⑤ 업무 활동을 통해 알게 된 세부 데이터를 컴퓨터로 일목요연하게 정리해 둔 것을 지식이라고 볼 수 있다.

50. 다음은 버블정렬에 관한 설명과 예시이다. 보기에 있는 수를 버블 정렬을 이용하여 오름차순으로 정렬하려고 한다. 1회전의 결과는?

버블정렬은 인접한 두 숫자의 크기를 비교하여 교환하는 방식으로 정렬한다. 이때 인접한 두 숫자는 수열의 맨 앞부터 뒤로 이동하며 비교된다. 맨 마지막 숫자까지 비교가 이루어져 가장 큰 수가 맨 뒷자리로 이동하게 되면 한 회전이 끝난다. 다음 회전에는 맨 뒷자리로 이동한 수를 제외하고 같은 방식으로 비교 및 교환이 이루어진다. 더 이상 교환할 숫자가 없을 때 정렬이 완료된다. 교환은 두 개의 숫자가 서로 자리를 맞바꾸는 것을 말한다.

〈예시〉
30, 15, 40, 10을 정렬하려고 한다.
• 1회전
(30, 15), 40, 10 : 30>15 이므로 교환
15, (30, 40), 10 : 40>30 이므로 교환이 이루어지지 않음
15, 30, (40, 10) : 40>10 이므로 교환
1회전의 결과 값 : 15, 30, 10, 40

• 2회전 (40은 비교대상에서 제외)
(15, 30), 10, 40 : 30>15 이므로 교환이 이루어지지 않음
15, (30, 10), 40 : 30>10 이므로 교환
2회전의 결과 값 : 15, 10, 30, 40

• 3회전 (30, 40은 비교대상에서 제외)
(15, 10), 30, 40 : 15>10이므로 교환
3회전 결과 값 : 10, 15, 30, 40 → 교환 완료

〈보기〉
9, 6, 7, 3, 5

---

① 6, 3, 5, 7, 9
② 3, 5, 6, 7, 9
③ 6, 7, 3, 5, 9
④ 9, 6, 7, 3, 5
⑤ 6, 7, 9, 5, 3

[공통] 전체

1. 다음 중 농협에서 시행하는 사업이 아닌 것은?

① 비료·농약·농기계 등 영농에 필요한 농자재를 저렴하게 공급

② 친환경 축산농업기반 구축

③ 가축질병 예병을 위한 방역서비스

④ Farm to Market을 통한 체계적인 농식품 관리

⑤ 농협사료 운영을 통해 축산 농가의 생산비 절감에 기여

2. 다음은 4차 산업혁명 시대의 농업 관련 직업에 대한 설명이다. 다음 설명에 해당하는 직업은?

> 정보통신(ICT), 생명공학(BT), 환경공학(ET) 기술을 접목한 농업을 통해 농업의 생산, 유통, 소비 등 모든 영역에서 생산성과 효율성을 높이고 농업과 농촌의 가치를 증대시키는 일을 하는 직업이다.

① 토양환경전문가

② 농업드론전문가

③ 팜파티플래너

④ 스마트농업전문가

⑤ 친환경농자재개발자

3. 농수산물(축산물은 제외)의 표준규격품이라는 것을 표시하기 위해 작성해야하는 내용이 아닌 것은?

① 품목 　　　　　② 산지

③ 품종 　　　　　④ 등급

⑤ 신선도

4. 국내회사에서 만든 클레이(KLAY), 루나(LUNA)의 시가총액이 순위권에 들어 K-코인이 성장세를 이루고 있다. 클레이, 루나와 같은 코인, NFT, 디파이는 이 기술을 사용하여 만들어졌다. 이 기술은 무엇인가?

① 5G 　　　　　② 데이터마이닝

③ OLAP 　　　　④ 블록체인

⑤ 머신러닝

5. 다음에서 설명하는 제도의 실시 목적은?

> 정부가 농산물가격을 결정함에 있어서 생산비로부터 산출하지 않고 일정한 때의 물가에 맞추어 결정한 농산물가격이다.

① 근로자 보호 　　　② 생산자 보호

③ 소비자 보호 　　　④ 독점의 제한

⑤ 사재기 제한

6. 식량 부족 문제 정도를 진단하기 위한 기준으로 5단계로 이루어져 있으며 하위 3단계는 식량부족으로 인해 위험하다는 것을 의미하는 '이것'은 무엇인가?

① GHI 　　　　　② IPC

③ WFP 　　　　　④ ODA

⑤ GAFSP

7. 다음이 설명하는 병의 이름은?

> 우리나라에서는 1974년 왜성사과나무에서 처음 발생하였으며, Venturia Inaequalis에 의해서 발생한다. 사과나무에 나타나는 이 병은 봄에 자낭포자로 1차 전염이 되고 분생포자로 계속 감염된다.

① 검은별무늬병 　　　② 암종병

③ 균류병 　　　　　④ 붉은별무늬

⑤ 점무늬낙엽병

8. 일론 머스크는 뇌에 칩을 이식한 거트루드(Ger trude)를 공개하였다. 거투르드의 뇌에서 보낸 신호를 컴퓨터로 전송하여 모니터에서 볼 수 있는 것을 가능하게 만들 때 사용하는 기술은?

① ANN(Artificial Neural Network)

② 딥러닝(Deep Learning)

③ VR(Virtual Reality)

④ GAN(Generative Adversarial Network)

⑤ BCI(Brain Computer Interface)

9. 이것은 코드 구조를 명확히 알지 못할 때 진행한다. 여러 버전의 프로그램에 동일한 검사 자료를 제공하여 동일한 결과가 출력되는지 검사하는 기법을 의미하는 용어는?

① 튜링 테스트　　　　　② 알파 테스트
③ 베타 테스트　　　　　④ 화이트박스 테스트
⑤ 블랙박스 테스트

10. 뉴욕증권거래소(NYSE)에서 쿠팡, 스포티파이 등의 신규 상장 기업의 첫 거래를 기념하여 발행한 가상자산은?

① 비트코인　　　　　　② 이더리움
③ 스테이블 코인　　　　④ 라이트 코인
⑤ NFT

11. 프로그래밍에 집중한 유연한 개발 방식으로 상호작용, 소프트웨어, 협력, 변화 대응에 가치를 두는 것은?

① 스크럼　　　　　　　② 애자일
③ 백로그　　　　　　　④ 린스타트업
⑤ 위키

12. 파일에 대한 저작권 정보(저자 및 권리 등)를 식별할 수 있도록 디지털 이미지나 오디오 및 비디오 파일에 삽입한 비트 패턴을 의미하는 것은 무엇인가?

① 디지털 쿼터족　　　　② 디지털 사이니지
③ 디지털 디바이드　　　④ 디지털 워터마크
⑤ 디지털 네이티브

13. 종이 없는 사무실 실현을 위한 수단 중에 하나로 다양한 문서의 작성부터 폐기까지의 전 과정을 통합적으로 관리하기 위한 시스템을 의미하는 것은?

① LMS　　　　　　　　② EDMS
③ eQMS　　　　　　　④ ERP
⑤ EDI

14. ICT를 활용하여 비료, 물, 노동력 등 투입 자원을 최소화하면서 생산량을 최대화하는 생산방식을 이르는 말은?

① 계약재배　　　　　　② 겸업농가
③ 녹색혁명　　　　　　④ 정밀농업
⑤ 생력농업

15. 농사 기술에 ICT 기술을 접목하여 시공간의 제약 없이 최적의 생육 환경을 자동제어하고, 노동력 부족, 생산성 저하, 농가 소득 정체와 같은 농업문제를 해결할 수 있는 '지능화된 농장'을 일컫는 말은?

① AI 팜　　　　　　　② 에어로 팜
③ 스마트 팜　　　　　④ 씨티 팜
⑤ 위켄드 팜

[분야별] 일반

1. 암호화폐 중 비트코인을 제외한 나머지 가상화폐를 뜻하는 용어로 옳은 것은?

① 리플　　　　　　　　② 이더리움
③ 알트코인　　　　　　④ 라이트코인
⑤ 폴리비우스

2. 4차 산업혁명에 맞춰 새롭게 등장한 노동계급으로 정보기술을 요구하는 직종에서 일하는 사람을 부르는 용어는?

① 블루칼라　　　　　　② 화이트칼라
③ 골드칼라　　　　　　④ 뉴칼라
⑤ 퍼플칼라

3. 기업이 자신들의 이익을 위하여 경영권 방어, 약탈 등 경제적 비용을 비효율적으로 사용하여 경제력을 낭비하는 현상을 뜻하는 것은?

① 로젠탈　　　　　　　② 헤징
③ 크레스피　　　　　　④ 지대추구
⑤ 리카도

4. 한국은행이 물가 급등을 우려하여 기준금리를 상승시킬 경우 수입과 원·달러 환율에 미칠 영향을 바르게 나타낸 것은?

	금리	환율
①	증가	상승
②	감소	상승
③	증가	하락
④	감소	하락
⑤	변화없음	변화없음

5. 다음 설명으로 알맞은 현상은 무엇인가?

> 국내 여성의 경력단절 현상을 의미한다. 상당수의 여성들은 20대 초반에 노동시장에 참여하다가 20대 후반에서 30대 중후반 사이에 임신 및 출산, 육아 등으로 인해 경제활동에 손을 떼게 되는데 이 같은 여성 취업률의 변화 추이를 나타내는 곡선이다.

① U curve 현상
② J curve 현상
③ L curve 현상
④ M curve 현상
⑤ W curve 현상

6. 다음은 자동차 생산량과 가격을 나타낸 표이다. 2020년 실질 GDP와 GDP 디플레이터로 옳은 것은? (단, 기준은 2019년이며 자동차만 생산한다)

연	가격	생산량
2019	25	120
2020	40	135

	실질 GDP	GDP 디플레이터
①	4,800	150
②	5,620	150
③	5,400	160
④	3,375	160
⑤	4,773	160

7. 예금자보호가 적용되지 않는 금융상품은?

① ISA
② 표지어음
③ 외화통지예금
④ IRP
⑤ 은행채

8. 경제가 완전고용수준에 미달하고 모든 물가가 신축적으로 변동할 때 피구 효과로 인해 나타날 수 있는 현상은?

① 물가하락은 자산보유자의 실질적인 부의 증가를 가져오기 때문에 소비가 증가한다.
② 생산원가의 하락은 투자 수익의 증대를 가져와 투자지출이 증대된다.
③ 화폐의 유통속도는 물가가 하락하는 비율만큼 떨어진다.
④ 물가하락은 사람들이 앞으로 더욱 더 큰 물가 하락을 예상하여 총소비 지출을 감소시킨다.
⑤ 물가가 신축적이라 하더라도 극심한 불황 하에서 유동성 함정이 존재한다면 완전고용은 이룰 수 없다.

9. 투자신탁상품의 일종으로 공사채형과 주식형에서 유리한쪽으로 전환이 가능한 금융상품은?

① 카멜레온 펀드
② 엄브렐러 펀드
③ 멀티클래스 펀드
④ 모자 펀드
⑤ 뮤추얼 펀드

10. CCL(Creative Common License)은 저작권자가 자신의 창작물에 몇 가지 조건을 붙여 사용자가 자유롭게 이용할 수 있도록 허락한다는 저작권 라이선스이다. 다음 중 CCL의 조건이 아닌 것은 무엇인가?

① CL ② BY
③ NC ④ ND
⑤ SA

11. M&A의 경영전략적 동기로 옳지 않은 것은?

① 시장구조를 독점하여 시장점유율과 시장지배력을 확대함으로 이익의 극대화를 추구한다.

② 기업 내부자원을 활용한 성장에는 한계가 있으므로 M&A를 통해 기업의 목표인 지속적인 성장을 추구한다.

③ 국제화 추세에 맞춰 기업과 기술의 국제화를 추구한다.

④ 비효율적인 부문은 매각하고 유망한 부문에 대해 전략을 구사하여 이익의 극대화를 추구한다.

⑤ 새로운 기술을 도입하고 보유하고 있는 기술을 발전시키기 위한 전략이다.

12. 비자발적 실업에 해당하지 않는 것은?

① 마찰적 실업   ② 경기적 실업

③ 계절적 실업   ④ 기술적 실업

⑤ 구조적 실업

13. 다음 중 ETF에 대한 설명으로 옳지 않은 것은?

① 주식처럼 거래가 가능한 펀드이다.

② 특정 주가지수의 수익률을 따라가는 지수연동형 펀드를 구성한 뒤 이를 거래소에 상장하는 방식이다.

③ 개별 주식처럼 매매가 편리하고 인덱스 펀드처럼 거래비용이 낮다.

④ 소액으로도 분산투자가 가능하다.

⑤ 주식처럼 거래를 하여 성과 역시 주식과 같은 효과를 얻는다.

14. 이탈리아의 통계학자가 제시한 법칙에서 나온 것으로, 소득분배의 불평등을 나타내는 수치는 무엇인가?

① 지니계수

② 엥겔지수

③ 위대한 개츠비 곡선

④ 로렌츠곡선

⑤ 10분위 분배율

15. 다음 글에 포함되어 있지 않은 경제적 개념은 무엇인가?

> 얼마 전 영화 「콩쥐팥쥐」가 개봉하였다. 송이는 영화관에서 볼지 아니면 2~3달 후에 집에서 OTT로 볼지 고민하다가 영화관에서 보기로 결정했다. 영화관에 가기 전날 송이는 A신문에서 "이동통신사들이 자사 카드 사용자에 대한 영화 관람료 할인제도를 폐지하자 관람객 수가 감소했다."는 기사를 읽게 되었다. 예전에 이동통신사의 관람료 할인제도를 이용하던 송이는 대신 조조할인을 받기 위해 일요일 아침 일찍 영화관에 갔다. 기다리면서 마시려고 산 커피는 일반 시중 가격에 비하여 매우 비싸다고 느꼈으며 영화관은 외부 음식물 반입을 금지하고 있다.

① 대체재

② 외부 효과

③ 가격차별

④ 진입장벽

⑤ 수요의 가격 탄력성

[분야별] IT전산

1. 컴퓨터를 유지하고 있는 두 가지 구성요소는?

① 시스템, 정보

② 시스템, 자료

③ 기억장치, 제어장치

④ 하드웨어, 소프트웨어

⑤ 기억장치, 소프트웨어

2. 조합 논리회로에 대한 설명으로 옳지 않은 것은?

① 반가산기 – 두 비트를 더해서 합(S)과 자리올림수(C)를 구하는 회로

② 전가산기 – 두 비트와 하위 비트의 자리올림수(Cin)를 더해서 합(S)과 상위로 올리는 자리올림수(Cout)를 구하는 회로

③ 디코더 – 사람이 사용하는 문자 체계를 컴퓨터에 맞게 변환시키는 회로

④ 멀티플렉서 – 여러 곳의 입력선(2n개)으로부터 들어오는 데이터 중 하나를 선택하여 한 곳으로 출력시키는 회로

⑤ 인코더 – 여러 개의 입력단자 중에 나타난 정보를 2진수로 코드화하여 전달시키는 회로

3. 다음 중 프로그래밍 언어의 설계 원칙으로 옳지 않은 것은?

① 프로그래밍 언어의 개념이 분명하고 단순해야 한다.

② 신택스가 분명해야 한다.

③ 자연스럽게 응용할 수 있어야 한다.

④ 프로그램 검증을 복잡하게 다각도로 해야 한다.

⑤ 효율적으로 작성해야 한다.

4. 다음에서 설명하는 임시기억장치는?

> 1차원 배열 STACK(1:n)에 나타낼 수 있는 순서리스트 또는 선형리스트의 형태로서 가장 나중에 저장한 데이터를 먼저 꺼내는 후입선출(LIFO) 알고리즘을 갖는 주기억장치나 레지스터를 사용하는 임시기억장치를 말한다.

① 스택   ② 큐

③ 데크   ④ 트리

⑤ 카운터

5. 데이터베이스에서 데이터가 발생하는데도 중복을 통제하지 않을 때 단점이 아닌 것은?

① 일관성 문제   ② 공유성 문제

③ 보안성 문제   ④ 경제성 문제

⑤ 무결성 문제

6. 네트워크에서 도메인이나 호스트 이름을 숫자로 된 IP주소로 해석해주는 TCP/IP 네트워크 서비스의 명칭으로 알맞은 것은?

① 라우터   ② 모블로그

③ CGI   ④ DNS

⑤ FTP

7. 모뎀과 컴퓨터 사이에 데이터를 주고받을 수 있는 통로는?

① 포트   ② 프로토콜

③ 라우터   ④ 플러그 인

⑤ 파이프라인

8. 다음에서 설명하는 용어로 가장 옳은 것은?

> 프랭크 로젠블라트(Frank Rosenblatt)가 고안한 것으로 인공신경망 및 딥러닝의 기반이 되는 알고리즘이다.

① 빠른 정렬(Quick Sort)

② 맵리듀스(MapReduce)

③ 퍼셉트론(Perceptron)

④ 디지털 포렌식(Digital Forensics)

⑤ 하둡(Hadoop)

9. HTML에 대한 설명으로 옳지 않은 것은?

① UL은 순서가 있는 목록의 시작과 종료를 알려주는 태그이다.

② BACKGROUND는 웹페이지의 배경그림을 나타낸다.

③ FONT는 문자의 크기나 색상 등을 지정한다.

④ TABLE은 표를 만들 때 사용한다.

⑤ TAG는 문서를 작성하기 위해서 쓰는 명령어이다.

10. 하드웨어의 효율적 관리와 사용자의 컴퓨터 이용을 돕는 프로그램은?

① 컴파일러

② 인터프리터

③ 서비스 프로그램

④ 운영체제

⑤ LAN

11. 양수 A와 B가 있다. 2의 보수 표현 방식을 사용하여 A−B를 수행하였을 때, 최상위비트에서 캐리(carry)가 발생하였다. 이 결과로부터 A와 B에 대한 설명으로 가장 옳은 것은?

① 캐리가 발생한 것으로 보아 A는 B보다 작은 수이다.

② B−A를 수행하면 최상위비트에서 캐리가 발생하지 않는다.

③ A+B를 수행하면 최상위비트에서 캐리가 발생하지 않는다.

④ A−B의 결과에 캐리를 제거하고 1을 더해주면 올바른 결과를 얻을 수 있다.

⑤ B−A의 결과에 캐리를 제거하고 1을 더해주면 올바른 결과를 얻을 수 있다.

12. ISDN의 사용자 서비스로 옳게 고른 것은?

┌─────────────────────────┐
│ ㉠ 교환서비스   │
│ ㉡ 베어러 서비스   │
│ ㉢ 부가서비스   │
│ ㉣ 텔레 서비스   │
└─────────────────────────┘

① ㉠, ㉡

② ㉠, ㉢, ㉣

③ ㉡, ㉢

④ ㉡, ㉢, ㉣

⑤ ㉢, ㉣

13. JAVA 프로그램의 실행 결과로 옳은 것은?

```
class Test {
    public static void main(String[] args) {
        int a = 101:
        System.out.println((a>>2) << 3):
    }
}
```

① 0   ② 200

③ 404   ④ 600

⑤ 705

14. 〈보기〉는 공개키 암호 방식을 전자 서명(Digital Signature)에 적용하여 A가 B에게 메시지를 전송하는 과정에 대한 설명이다. ㉠, ㉡에 들어갈 내용으로 옳은 것은?

┌───┐
│   〈보기〉   │
│ • A와 B는 개인키와 공개키 쌍을 각각 생성한다. │
│ • A는 (㉠)를 사용하여 암호화한 메시지를 B에게 전송한다. │
│ • B는 (㉡)를 사용하여 수신된 메시지를 해독한다. │
└───┘

	㉠	㉡
①	A의 개인키	A의 공개키
②	A의 개인키	B의 공개키
③	A의 공개키	B의 개인키
④	B의 공개키	B의 개인키
⑤	B의 개인키	B의 공개키

15. 플립플롭(Flip−Flop)에 대한 설명으로 옳지 않은 것은?

① 플립플롭(Flip−Flop)은 이진수 한 비트 기억소자이다.

② 레지스터 상호 간 공통선들의 집합을 버스(Bus)라 한다.

③ 병렬전송에서 버스(Bus) 내의 선의 개수는 레지스터를 구성하는 플립플롭의 개수와 일치하지 않는다.

④ M비트 레지스터는 M개의 플립플롭으로 구성된다.

⑤ 입력이 변하지 않는 한, 현재 기억하고 있는 값을 유지한다.

서 원 각
www.goseowon.com

NH농협은행

기출동형 모의고사

	영 역	직무능력평가 / 직무상식평가
제 **2** 회	문항수	80문항
	시 간	95분
	비 고	객관식 5지선다형

SEOWONGAK
(주)서원각

제2회 기출동형 모의고사

01 직무능력평가

1. 다음에 제시된 단어의 관계와 유사한 것을 고르시오.

> 잠정 : 경상

① 재건 : 회복　　　　② 상망 : 획득
③ 고착 : 불변　　　　④ 외지 : 타방
⑤ 종국 : 막판

2. 다음에 제시된 단어의 관계를 파악하여 빈칸에 들어갈 단어로 알맞은 것을 고르시오.

> 필히 : 기어코 = 비참 : (　　　)

① 비약　　　　② 졸렬
③ 처절　　　　④ 참수
⑤ 진창

3. 다음에 밑줄 친 단어와 같은 의미로 사용된 것을 고르시오.

> 매가 병아리를 <u>차서</u> 하늘 높이 날아갔다.

① 들어오는 복을 <u>차다</u>.
② 그는 상대편 선수를 발로 <u>찼다</u>.
③ 선수들은 출발선을 <u>차며</u> 힘차게 내달렸다.
④ 어머니께서 내 이야기를 듣고 혀를 <u>차셨다</u>.
⑤ 소매치기가 아주머니의 지갑을 <u>차서</u> 달아났다.

4. 다음 빈칸에 들어갈 단어로 가장 적절한 것을 고르시오.

> 트럼프 대통령이 코로나19 백신에 정치적 사활을 걸었다. 영국 아스트라제네카의 백신 3억 회분을 선점하더니 미국, 독일, 프랑스 회사 가릴 것 없이 손을 뻗어 7억 회분의 백신을 미리 (　　　)했다. 미국 국민이 3억 3천여만 명이니 전 국민이 2번 이상 맞을 수 있는 분량이다. 미국이 공격적인 사재기에 나서자 코로나19 의약품은 공공재가 돼야 한다고 했던 유럽 국가들까지 선구매로 돌아섰다.

① 개발
② 확인
③ 차치
④ 매각
⑤ 확보

5. 다음 중 어법에 맞는 표현을 바르게 짝지은 것은?

> • 생각건대 / 생각컨대 괜찮은 제안이야.
> • 선생님께 내 잘못을 이르지 / 일르지 마.
> • 며칠 만에 더위가 한풀 꺽였다 / 꺾였다.

① 생각건대, 이르지, 꺽였다
② 생각건대, 이르지, 꺾였다
③ 생각건대, 일르지, 꺾였다
④ 생각컨대, 이르지, 꺽였다
⑤ 생각컨대, 일르지, 꺾였다

6. 다음은 농협의 기업윤리이다. 틀린 단어는 모두 몇 개인가?

> 기업 경영 및 활동 시 '윤리'를 최우선 가치로 생각하며 모든 업무활동의 기중을 '윤리규범'에 두고 투명하고 공정하며 합리적으로 업무를 수행합니다.
> 기업 윤리를 지키는 것은 기업의 의사결정이 경제원칙에만 기초로 하는 것이 아니라 투명한 회계, 공정한 약관, 성실 납세, 환경 보호 등의 윤리적 판단을 전제 조건으로 의사결정을 하며 법이나 정부 규제 준수 이상으로 공정하고 정당하게 지키는 것을 의미합니다. 그러므로 기업 윤리란 일반적으로 CEO나 임직원이 기업활동에서 갖추어야 할 윤리를 의미합니다.

① 1개
② 2개
③ 3개
④ 4개
⑤ 5개

7. 〈보기〉를 참조할 때, ㉠과 유사한 예로 볼 수 없는 것은?

> 어머니가 세탁기 버튼을 눌러 놓고는 텔레비전 드라마를 보고 있다. 우리가 이러한 모습을 볼 수 있는 이유는 바로 전자동 세탁기의 등장 때문이다. 전자동 세탁기는 세탁조 안에 탈수조가 있으며 탈수조 바닥에는 물과 빨랫감을 회전시키는 세탁판이 있다. 그리고 세탁조 밑에 클러치가 있는데, 클러치는 모터와 연결되어 있어서 모터의 힘을 세탁판이나 탈수조에 전달한다. 마이크로 컴퓨터는 이 장치들을 제어하여 빨래를 하게 한다. 그렇다면 빨래로부터 주부들의 ㉠손을 놓게 한 전자동 세탁기는 어떻게 빨래를 하는가?

〈보기〉

> ㉠은 '손(을)'과 '놓다'가 결합하여, 각 단어가 지닌 원래 의미와는 다른 새로운 의미, 즉 '하던 일을 그만두거나 잠시 멈추다.'의 뜻을 나타낸다. 이렇게 두 개 이상의 단어가 만나 새로운 의미를 가지는 경우가 있다.

① 어제부터 모두들 그 식당에 발을 끊었다.
② 모든 학생들이 선생님 말씀에 귀를 기울였다.
③ 결국은 결승전에서 우리 편이 무릎을 꿇었다.
④ 조용히 눈을 감고 미래의 자신의 모습을 생각했다.
⑤ 장에 가신 아버지가 오시기를 목을 빼고 기다렸다.

8. 다음 두 글에서 공통적으로 말하고자 하는 것은 무엇인가?

> (가) 많은 사람들이 기대했던 우주왕복선 챌린저는 발사 후 1분 13초 만에 폭발하고 말았다. 사건 조사단에 의하면, 사고 원인은 챌린저 주 엔진에 있던 O-링에 있었다. O-링은 디오콜사가 NASA로부터 계약을 따내기 위해 저렴한 가격으로 생산될 수 있도록 설계되었다. 하지만 첫 번째 시험에 들어가면서부터 설계상의 문제가 드러나기 시작하였다. NASA의 엔지니어들은 그 문제점들을 꾸준히 제기했으나, 비행시험에 실패할 정도의 고장이 아니라는 것이 디오콜사의 입장이었다. 하지만 O-링을 설계했던 과학자도 문제점을 인식하고 문제가 해결될 때까지 챌린저 발사를 연기하도록 회사 매니저들에게 주지시키려 했지만 거부되었다. 한 마디로 그들의 노력이 미흡했기 때문이다.
> (나) 과학의 연구 결과는 사회에서 여러 가지로 활용될 수 있지만, 그 과정에서 과학자의 의견이 반영되는 일은 드물다. 과학자들은 자신이 책임질 수 없는 결과를 이 세상에 내놓는 것과 같다. 과학자는 자신이 개발한 물질을 활용하는 과정에서 나타날 수 있는 위험성을 충분히 알리고 그런 물질의 사용에 대해 사회적 합의를 도출하는 데 적극 협조해야 한다.

① 과학적 결과의 장단점
② 과학자와 기업의 관계
③ 과학자의 윤리적 책무
④ 과학자의 학문적 한계
⑤ 과학자의 사회적 영향

│9～10│ 다음은 우리나라의 공적연금제도와 관련된 설명이다. 물음에 답하시오.

> 사람들은 은퇴 이후 소득이 급격하게 줄어드는 위험에 처할 수 있다. 이러한 위험이 발생할 경우에 일정 수준의 생활(소득)을 보장해 주기 위한 제도가 공적연금제도이다. 우리나라의 공적연금제도에는 대표적으로 국민의 노후 생계를 보장해 주는 국민연금이 있다. 공적연금제도는 강제가입을 원칙으로 한다. 연금은 가입자가 비용은 현재 지불하지만 그 편익은 나중에 얻게 된다. 그러나 사람들은 현재의 욕구를 더 긴박하고 절실하게 느끼기 때문에 불확실한 미래의 편익을 위해서 당장은 비용을 지불하지 않으려는 경향이 있다. 또한 국가는 사회 보장제도를 통하여 젊은 시절에 노후를 대비하지 않은 사람들에게도 최저생계를 보장해준다. 이 경우 젊었을 때 연금에 가입하여 성실하게 납부한 사람들이 방만하게 생활한 사람들의 노후생계를 위해 세금을 추가로 부담해야 하는 문제가 생긴다. 그러므로 국가가 나서서 강제로 연금에 가입하도록 하는 것이다.
> 공적연금제도의 재원을 충당하는 방식은 연금 관리자의 입

장과 연금 가입자의 입장에서 각기 다르게 나누어 볼 수 있다. 연금 관리자의 입장에서는 '적립방식'과 '부과방식'의 두 가지가 있다. '적립방식'은 가입자가 낸 보험료를 적립해 기금을 만들고 이 기금에서 나오는 수익으로 가입자가 납부한 금액에 비례하여 연금을 지급하지만, 연금액은 확정되지 않는다. '적립방식'은 인구 구조가 변하더라도 국가는 재정을 투입할 필요가 없고, 받을 연금과 내는 보험료의 비율이 누구나 일정하므로 보험료 부담이 공평하다. 하지만 일정한 기금이 형성되기 전까지는 연금을 지급할 재원이 부족하므로, 제도 도입 초기에는 연금 지급이 어렵다. '부과방식'은 현재 일하고 있는 사람들에게서 거둔 보험료로 은퇴자에게 사전에 정해진 금액만큼 연금을 지급하는 것이다. 이는 '적립방식'과 달리 세대 간 소득 재분배 효과가 있으며, 제도 도입과 동시에 연금 지급을 개시할 수 있다는 장점이 있다. 다만 인구 변동에 따른 불확실성이 있다. 노인 인구가 늘어나 역삼각형의 인구구조가 만들어질 때는 젊은 세대의 부담이 증가되어 연금 제도를 유지하기가 어려워질 수 있다.

연금 가입자의 입장에서는 납부하는 금액과 지급 받을 연금액의 관계에 따라 확정기여방식과 확정급여방식으로 나눌 수 있다. 확정기여방식은 가입자가 일정한 액수나 비율로 보험료를 낼 것만 정하고 나중에 받을 연금의 액수는 정하지 않는 방식이다. 이는 연금 관리자의 입장에서 보면 '적립방식'으로 연금 재정을 운용하는 것이다. 그래서 이 방식은 이자율이 낮아지거나 연금 관리자가 효율적으로 기금을 관리하지 못하는 경우에 개인이 손실 위험을 떠안게 된다. 또한 물가가 인상되는 경우 확정기여에 따른 적립금의 화폐가치가 감소되는 위험도 가입자가 감수해야 한다. 확정급여방식은 가입자가 얼마의 연금을 받을 지를 미리 정해 놓고, 그에 따라 개인이 납부할 보험료를 정하는 방식이다. 이는 연금 관리자의 입장에서는 '부과방식'으로 연금 재정을 운용하는 것이다. 나중에 받을 연금을 미리정하면 기금 운용 과정에서 발생하는 투자의 실패는 연금 관리자가 부담하게 된다. 그러나 이 경우에도 물가상승에 따른 손해는 가입자가 부담해야 하는 단점이 있다.

9. 공적연금의 재원 충당 방식 중 '적립방식'과 '부과방식'을 비교한 내용으로 적절하지 않은 것은?

	항목	적립방식	부과방식
①	연금 지급 재원	가입자가 적립한 기금	현재 일하는 세대의 보험료
②	연금 지급 가능 시기	일정한 기금이 형성된 이후	제도 시작 즉시
③	세대 간 부담의 공평성	세대 간 공평성 미흡	세대 간 공평성 확보
④	소득 재분배 효과	소득 재분배 어려움	소득 재분배 가능
⑤	인구 변동 영향	받지 않음	받음

10. 위 내용을 바탕으로 다음 상황에 대해 분석할 때 적절하지 않은 결론을 도출한 사람은?

> ○○회사는 이번에 공적연금 방식을 준용하여 퇴직연금 제도를 새로 도입하기로 하였다. 이에 회사는 직원들이 퇴직연금 방식을 확정기여방식과 확정급여방식 중에서 선택할 수 있도록 하였다.

① 확정기여방식은 부담금이 공평하게 나눠지는 측면에서 장점이 있어.

② 확정기여방식은 기금을 운용할 회사의 능력에 따라 나중에 받을 연금액이 달라질 수 있어.

③ 확정기여방식은 기금의 이자 수익률이 물가상승률보다 높으면 연금액의 실질적 가치가 상승할 수 있어.

④ 확정급여방식은 물가가 많이 상승하면 연금액의 실질적 가치가 하락할 수 있어.

⑤ 확정급여방식은 투자 수익이 부실할 경우 가입자가 보험료를 추가로 납부해야 하는 문제가 있어.

11. 다음의 목차에 따라 글을 쓰고자 한다. 글쓰기에 대한 의견으로 적절하지 않은 것은?

> 제목 : 전산망 보호를 위한 방화벽 시스템의 도입에 대한 제안
> Ⅰ. 전산망 보호를 위한 방화벽 시스템의 개념
> Ⅱ. 방화벽 시스템의 필요성
> Ⅲ. 방화벽 시스템의 종류
> Ⅳ. 방화벽 시스템의 문제점과 한계
> Ⅴ. 방화벽 시스템의 운영비용

① 보유 정보가 해커들로부터 보호할 만한 가치가 있는 것인지에 대한 검토가 Ⅰ에서 이루어져야지.

② 내부 네트워크의 자원 및 정보에 대한 해커들의 불법 침입으로 인한 피해 사례를 Ⅱ에서 다루는 게 좋겠어.

③ Ⅲ에서는 전산망 보호를 위한 방화벽 시스템을 종류별로 살피면서 각 시스템의 장점과 단점도 제시할 수 있어야지.

④ Ⅳ의 내용은 이 글의 흐름으로 보아 목차의 하나로 배치하기에는 문제가 있어. 방화벽 도입의 필요성을 다시 한 번 강조하는 결론을 별개의 장으로 설정하고, 거기에서 간단하게만 언급해야 할 것 같아.

⑤ Ⅴ의 내용은 시스템의 종류에 따라 달라질 테니, Ⅲ에서 동시에 다루는 게 좋겠어.

12. 다음에서 설명하고 있는 한자성어는?

교육부 산하 공공기관과 공직 유관단체 24곳 가운데 20곳에서 총 30건의 채용 비리 사실이 적발됐다. 교육부는 10일 이 같은 내용이 담긴 '20XX년 공공기관 및 공직 유관단체에 대한 채용 실태 조사 결과'를 발표했다. 교육부 장관은 "공공부문 채용 비리에 대해서는 무관용 원칙으로 엄정하게 대응할 것"이라며 "피해자는 신속히 구제해 채용 비위를 근절할 수 있도록 지속해서 노력하겠다"고 밝혔다.

이처럼 처음에는 올바르지 못한 것이 이기는 듯 보여도 마지막엔 올바른 것이 이긴다는 의미를 가지고 있다. 정의가 반드시 이긴다는 '사불범정'과 나쁜 일을 하면 벌을 받고 착한 일을 하면 보답을 받는다는 '인과응보'도 비슷하게 쓰일 수 있다.

① 마고파양
② 가가대소
③ 사필귀정
④ 구곡간장
⑤ 낙화유수

13. 다음 단락을 논리적 흐름에 맞게 바르게 배열한 것은?

(가) 자본주의 사회에서 상대적으로 부유한 집단, 지역, 국가는 환경적 피해를 약자에게 전가하거나 기술적으로 회피할 수 있는 가능성을 가진다.

(나) 오늘날 환경문제는 특정한 개별 지역이나 국가의 문제에서 나아가 전 지구적 문제로 확대되었지만, 이로 인한 피해는 사회·공간적으로 취약한 특정 계층이나 지역에 집중적으로 나타나는 환경적 불평등을 야기하고 있다.

(다) 인간사회와 자연환경 간의 긴장관계 속에서 발생하고 있는 오늘날 환경위기의 해결 가능성은 논리적으로 뿐만 아니라 역사적으로 과학기술과 생산조직의 발전을 규정하는 사회적 생산관계의 전환을 통해서만 실현될 수 있다.

(라) 부유한 국가나 지역은 마치 환경문제를 스스로 해결한 것처럼 보이기도 하며, 나아가 자본주의 경제체제 자체가 환경문제를 해결(또는 최소한 지연)할 수 있는 능력을 갖춘 것처럼 홍보되기도 한다.

① (가) - (나) - (다) - (라)
② (가) - (나) - (라) - (다)
③ (나) - (가) - (라) - (다)
④ (나) - (라) - (가) - (다)
⑤ (나) - (가) - (다) - (라)

14. 명제 1, 명제 2가 모두 참이라고 할 때, 결론이 참이 되기 위해서 필요한 명제 3으로 가장 적절한 것은? (단, 보기로 주어진 명제는 모두 참이다)

명제 1. 밝지 않으면 별이 뜬다.
명제 2. 밤이 오면 해가 들어간다.
명제 3. _____
결 론. 밤이 오면 별이 뜬다.

① 밤이 오지 않으면 밝다.
② 해가 들어가지 않으면 밝다.
③ 별이 뜨면 해가 들어간다.
④ 밝지 않으면 밤이 온다.
⑤ 밝으면 해가 들어가지 않는다.

15. 다음 글과 〈상황〉을 근거로 판단할 때, 甲정당과 그 소속 후보자들이 최대로 실시할 수 있는 선거방송 시간의 총합은?

• △△국 의회는 지역구의원과 비례대표의원으로 구성된다.
• 의회의원 선거에서 정당과 후보자는 선거방송을 실시할 수 있다. 선거방송은 방송광고와 방송연설로 이루어진다.
• 선거운동을 위한 방송광고는 비례대표의원 후보자를 추천한 정당이 방송매체별로 각 15회 이내에서 실시할 수 있으며, 1회 1분을 초과할 수 없다.
• 후보자는 방송연설을 할 수 있다. 비례대표의원 선거에서는 정당별로 비례대표의원 후보자 중에서 선임된 대표 2인이 각각 1회 10분 이내에서 방송매체별로 각 1회 실시할 수 있다. 지역구의원 선거에서는 각 후보자가 1회 10분 이내, 방송매체별로 각 2회 이내에서 실시할 수 있다.

〈상황〉

• △△국 방송매체로는 텔레비전 방송사 1개, 라디오 방송사 1개가 있다.
• △△국 甲정당은 의회의원 선거에서 지역구의원 후보 100명을 출마시키고 비례대표의원 후보 10명을 추천하였다.

① 2,070분   ② 4,050분
③ 4,070분   ④ 4,340분
⑤ 5,225분

16. A와 B가 다음과 같은 규칙으로 게임을 하였다. 규칙을 참고할 때, 두 사람 중 점수가 낮은 사람의 점수는 몇 점인가?

- 이긴 사람은 4점, 진 사람은 2점의 점수를 얻는다.
- 두 사람의 게임은 모두 20회 진행되었다.
- 20회의 게임 후 두 사람의 점수 차이는 12점이었다.

① 50점
② 52점
③ 54점
④ 56점
⑤ 58점

17. 경진은 유학차 외국에 나가있는 아들을 위해 용돈을 보내주려고 한다. 위의 해외송금서비스를 이용할 경우 그녀는 건당 최대 얼마까지 보낼 수 있는가? (단, 화폐 단위는 만 불이다)

① 1만 불
② 2만 불
③ 3만 불
④ 5만 불
⑤ 제한 없음

▌17~18▐ 다음은 N은행에서 실시하고 있는 해외송금서비스에 대한 상품설명서 중 거래조건에 관한 내용이다. 물음에 답하시오.

〈거래조건〉			
구분	내용		
가입대상	당행을 거래외국환은행으로 지정한 실명의 개인(외국인 포함)		
송금항목 및 송금한도	송금항목	건당 한도	연간 한도
	거주자 지급증빙서류 미제출 송금	3만 불	5만 불
	유학생 또는 해외체재비 송금	5만 불	제한 없음
	외국인(비거주자) 국내 보수 송금 등	3만 불	5만 불 또는 한도등록금액 이내
인출계좌	원화 입출식 보통예금(해외송금전용통장)		
처리기준	송금처리일	영업일	비영업일
	출금시간	10시, 12시, 14시, 16시, 19시	익영업일 10시
	출금금액	• 각 처리시간 송금전용통장의 잔액 전체(송금액과 수수료를 합한 금액을 출금) • 송금전용통장에 잔액이 10만원 미만인 경우 송금 불가	
	적용환율	출금 당시 당행 고시 전신환매도율	
	* 매 영업일 19시 출금 건에 대한 송금처리는 익영업일 10시에 처리됨		
기타	• 건당 한도 초과 입금 시에는 한도금액 이내로 송금되며 초과 입금분은 다음 처리 시간에 잔액에 합산하여 해외송금 처리 • 송금전용계좌 지급정지 및 압류, 송금한도초과, 송금정보 오류 시 송금불가		

18. 경진은 4월 9일 토요일에 외국으로 유학을 간 아들에게 용돈을 보내주기 위해 돈을 송금하려고 했지만 집안 일로 인해 19시가 되어서야 겨우 송금을 할 수 있었다. 이 경우 경진의 송금액은 언제 출금되는가?

① 4월 9일 19시
② 4월 10일 10시
③ 4월 10일 12시
④ 4월 10일 19시
⑤ 4월 11일 10시

19. 사내 행사에서 도시락 준비를 담당하게 된 신입사원 甲은 직원들의 선호도가 높은 도시락 전문점 두 곳을 조사하여 한 곳을 선택하고자 한다. 각 상점의 도시락 가격과 배달료가 다음과 같을 때, A 상점보다 B 상점에서 구입할 때 드는 비용이 더 적으려면 적어도 몇 개 이상의 도시락을 구입해야 하는가?

구분	A 상점	B 상점
도시락 한 개의 가격	5,000원	4,850원
배달료	무료	2,000원

① 11개
② 12개
③ 13개
④ 14개
⑤ 15개

20. 다음에 제시된 정보를 종합할 때, 물음에 알맞은 개수는 몇 개인가?

- 홍보팀에서는 테이블, 의자, 서류장을 다음과 같은 수량으로 구입하였다.
- 테이블 5개와 의자 10개의 가격은 의자 5개와 서류장 10개의 가격과 같다.
- 의자 5개와 서류장 15개의 가격은 의자 5개와 테이블 10개의 가격과 같다.
- 서류장 10개와 의자 10개의 가격은 테이블 몇 개의 가격과 같은가?

① 8개

② 9개

③ 10개

④ 11개

⑤ 12개

21. 다음으로부터 추론한 것으로 옳은 것은?

　갑, 을, 병, 정이 문구점에서 산 학용품에 대해서 다음과 같은 사실이 있다.
- 갑은 연필, 병은 지우개, 정은 샤프심을 샀다.
- 을은 매직을 사지 않았다.
- 갑이 산 학용품을 을도 샀다.
- 갑과 병은 같은 학용품을 사지 않았다.
- 갑, 을, 병은 각각 2종류의 학용품을 샀다.
- 갑은 매직을 사지 않았다.
- 갑, 을, 병, 정은 연필, 지우개, 샤프심, 매직 외의 학용품을 사지 않았다.

① 을은 연필을 사지 않았다.

② 을과 병이 공통으로 산 학용품이 있다.

③ 병은 사지 않았지만 정이 산 학용품이 있다.

④ 3명이 공통으로 산 학용품은 없다.

⑤ 갑은 지우개를 구입했다.

|22~23| 다음 자료를 읽고 이어지는 물음에 답하시오.

　증여세는 타인으로부터 무상으로 재산을 취득하는 경우, 취득자에게 무상으로 받은 재산가액을 기준으로 하여 부과하는 세금이다. 특히, 증여세 과세대상은 민법상 증여뿐만 아니라 거래의 명칭, 형식, 목적 등에 불구하고 경제적 실질이 무상 이전인 경우 모두 해당된다. 증여세는 증여받은 재산의 가액에서 증여재산 공제를 하고 나머지 금액(과세표준)에 세율을 곱하여 계산한다.

> 증여재산 − 증여재산공제액 = 과세표준
> 과세표준 × 세율 = 산출세액

증여가 친족 간에 이루어진 경우 증여받은 재산의 가액에서 다음의 금액을 공제한다.

증여자	공제금액
배우자	6억 원
직계존속	5천만 원
직계비속	5천만 원
기타친족	1천만 원

수증자를 기준으로 당해 증여 전 10년 이내에 공제받은 금액과 해당 증여에서 공제받을 금액의 합계액은 위의 공제금액을 한도로 한다.
또한, 증여받은 재산의 가액은 증여 당시의 시가로 평가되며, 다음의 세율을 적용하여 산출세액을 계산하세 된다.

〈증여세 세율〉

과세표준	세율	누진공제액
1억 원 이하	10%	–
1억 원 초과~5억 원 이하	20%	1천만 원
5억 원 초과~10억 원 이하	30%	6천만 원
10억 원 초과~30억 원 이하	40%	1억 6천만 원
30억 원 초과	50%	4억 6천만 원

※ 증여세 자진신고 시 산출세액의 7% 공제함

22. 위의 증여세 관련 자료를 참고할 때, 다음 〈보기〉와 같은 세 가지 경우에 해당하는 증여재산 공제액의 합은 얼마인가?

〈보기〉
- 아버지로부터 여러 번에 걸쳐 1천만 원 이상 재산을 증여받은 경우
- 성인 아들이 아버지와 어머니로부터 각각 1천만 원 이상 재산을 증여받은 경우
- 아버지와 삼촌으로부터 1천만 원 이상 재산을 증여받은 경우

① 5천만 원

② 6천만 원

③ 1억 원

④ 1억 5천만 원

⑤ 1억 6천만 원

23. 성년인 김부자 씨는 아버지로부터 1억 7천만 원의 현금을 증여받게 되어, 증여세 납부 고지서를 받기 전 스스로 증여세를 납부하고자 세무사를 찾아 갔다. 세무사가 계산해 준 김부자 씨의 증여세 납부액은 얼마인가?

① 1,400만 원

② 1,302만 원

③ 1,280만 원

④ 1,255만 원

⑤ 1,205만 원

24. 다음 사례에 대한 분석으로 옳은 것은?

> 사람이 하던 일을 로봇으로 대체했을 때 얻을 수 있는 편익은 시간당 6천 원이고 작업을 지속하는 시간에 따라 '과부하'라는 비용이 든다. 로봇이 하루에 작업을 지속하는 시간과 그에 따른 편익 및 비용의 정도를 각각 금액으로 환산하면 다음과 같다.
>
> (단위 : 원)
>
> | 시간 | 3 | 4 | 5 | 6 | 7 |
> |------|------|------|------|------|------|
> | 총 편익 | 18,000 | 24,000 | 30,000 | 36,000 | 42,000 |
> | 총 비용 | 8,000 | 12,000 | 14,000 | 15,000 | 22,000 |
>
> ※ 순편익 = 총 편익 − 총 비용

① 로봇은 하루에 6시간 작업을 지속하는 것이 가장 합리적이다.

② 로봇이 1시간 더 작업을 할 때마다 추가로 발생하는 비용은 일정하다.

③ 로봇으로 대체함으로써 하루에 최대로 얻을 수 있는 순편익이 22,000원이다.

④ 로봇이 1시간 더 작업할 때마다 추가로 발생하는 편익은 계속 증가한다.

⑤ 로봇이 4시간 작업했을 때의 순편익은 7시간 작업했을 때의 순편익보다 크다.

25. A사는 우수한 인적자원관리 차원에서 직원들의 자기개발을 위한 경제적 지원 정책으로 다음과 같은 세 가지 대안을 고려하는 중이다. 대안의 내용을 바탕으로 판단할 때, 다음 중 옳지 않은 것은? (단, 직원들은 보기에 언급된 자기개발 항목 외에 다른 자기개발은 하고 있지 않은 것으로 가정하고, 외국어는 언어의 종류에 따라 서로 다른 항목으로 취급한다)

> • 1안 : 직원 1인당 자기개발 지원금을 매월 지급하되, 자기개발 항목이 2가지 이상인 경우에 한한다. 처음 두 항목에 대해서는 각각 3만 원, 세 번째는 4만 원, 네 번째부터는 5만 원씩의 수당을 해당 직원에게 지급한다.
>
> • 2안 : 직원 1인당 자기개발 지원금을 매월 지급하되, 자기개발 항목이 2가지 이상인 경우에 한한다. 다만 자기개발 항목이 2가지 미만이라고 하더라도 외국어 관련일 경우 수당을 지급한다. 처음 두 항목에 대해서는 각각 2만 원, 세 번째는 3만 원, 네 번째부터는 5만 원씩 수당을 해당 직원에게 지급한다.
>
> • 3안 : 외국어 관련 자기개발을 하는 직원에게만 자기개발 지원금을 매월 지급한다. 외국어 종류에 따른 지원금은 각각 영어 10만 원, 중국어 5만 원, 일본어 3만 원으로 하고, 기타 외국어의 경우 1만 원으로 한다. 단, 2가지 이상의 외국어 관련 자기개발을 하는 경우, 지원금이 더 큰 외국어 하나에 대해서만 지원금을 지급한다.

① 업무에 필요한 체력을 키우기 위해 헬스장에 등록한 甲은 세 가지 대안 중 어느 것이 채택되더라도 자기개발 지원금을 받을 수 없다.

② 영어와 중국어에 이어 일본어까지 총 3곳의 학원에 다니고 있는 乙이 3안 채택 시 받을 수 있는 자기개발 지원금은 2안 채택 시 받을 수 있는 자기개발 지원금보다 많다.

③ 중국 거래처와의 원활한 의사소통을 위해 중국어 학원을 다니고 있는 丙이 일본 거래처 수의 증가에 따라 일본어 학원을 추가로 등록하였다고 할 때, 1안 채택 시 丙이 받을 수 있는 자기개발 지원금은 6만 원이다.

④ 프레젠테이션 능력을 키우기 위해 스피치 학원에 다니고 있는 丁이 외국 계열사와의 협업에서 영어로 프레젠테이션을 하기 위해 영어 학원에 등록하였다고 할 때, 2안 채택 시 丁이 받을 수 있는 자기개발 지원금은 5만 원 미만이다.

⑤ 외국인 바이어 접대에 필요한 강습을 받고 있는 戊가 자기개발 지원금을 받기 위해 추가로 외국어 관련 자기개발을 등록한다고 할 때, 3안 채택 시 받을 수 있는 자기개발 지원금이 1안 채택 시 받을 수 있는 자기개발 지원금보다 커지기 위해서는 영어나 중국어를 선택해야 한다.

26. K사는 사내 식사 제공을 위한 외식 업체를 선정하기 위해 다음과 같이 5개 업체에 대한 평가를 실시하였다. 다음 평가 방식과 평가 결과에 의해 외식 업체로 선정될 업체는 어느 곳인가?

〈최종결과표〉

(단위 : 점)

	A업체	B업체	C업체	D업체	E업체
제안가격	85	95	80	93	92
위생도	93	90	81	92	91
업계평판	94	91	91	91	93
투입인원	90	92	85	90	90

※ 각 평가항목별 다음과 같은 가중치를 부여하여 최종 점수 고득점 업체를 선정한다.
• 투입인원 점수 15%
• 업계평판 점수 15%
• 위생도 점수 30%
• 제안가격 점수 40%

※ 어느 항목이라도 5개 업체 중 최하위 득점이 있을 경우(최하위 점수가 90점 이상일 경우 제외), 최종업체로 선정될 수 없다.

※ 동점 시, 가중치가 높은 항목 순으로 고득점 업체가 선정

① A업체
② B업체
③ C업체
④ D업체
⑤ E업체

27. 다음 일차방정식 $3x - 5 = 2x - 3$의 해는?

① 2
② 4
③ 6
④ 8
⑤ 9

▌28~29 ▌ 다음 제시된 숫자의 배열을 보고 규칙을 찾아 빈칸에 들어갈 알맞은 숫자를 고르시오.

28.

1	4	8	13	19	26	34	( )

① 40
② 41
③ 42
④ 43
⑤ 44

29.

6	8	12	2	( )	-4	24

① 15
② 16
③ 17
④ 18
⑤ 19

30. 서원이가 등산을 하는 데 올라갈 때는 3km/h의 속력으로 걷고, 정상에서 30분간 쉬었다가 내려올 때는 올라갈 때보다 5km 더 먼 길을 4km/h의 속력으로 걸어서 총 3시간 30분이 걸렸다. 서원이가 걸은 거리는 총 몇 km인가?

① 7km
② 8km
③ 9km
④ 10km
⑤ 11km

31. 甲은 매월 200,000원씩 납입하는 연이자율 5%, 2년 만기 적금을 가입하였고, 乙은 여유자금 500만 원을 연이자율 2%로 2년 동안 예치하는 예금에 가입하였다. 2년 뒤 甲과 乙이 받을 수 있는 금액의 차이는? (단, 연이자율은 모두 단리로 계산하며, 비과세 상품에 해당한다)

① 5만 원
② 10만 원
③ 15만 원
④ 20만 원
⑤ 25만 원

32. B기업에서는 매년 3월에 정기 승진 시험이 있다. 시험을 응시한 사람이 남자사원, 여자사원을 합하여 총 100명이고 시험의 평균이 남자사원은 70점, 여자사원은 75점이며 남녀 전체평균은 72점일 때 시험을 응시한 여자사원의 수는?

① 35명   ② 40명

③ 45명   ④ 50명

⑤ 55명

33. 5%의 소금물과 15%의 소금물로 12%의 소금물 200g을 만들고 싶다. 각각 몇 g씩 섞으면 되는가?

	5% 소금물	15% 소금물
①	40g	160g
②	50g	150g
③	60g	140g
④	70g	130g
⑤	80g	120g

34. 아버지가 8만 원을 나눠서 세 딸에게 용돈을 주려고 한다. 첫째 딸과 둘째 딸은 3:1, 둘째 딸과 막내딸은 7:4의 비율로 주려고 한다면 막내딸이 받는 용돈은 얼마인가?

① 10,000원

② 15,000원

③ 20,000원

④ 25,000원

⑤ 30,000원

35. 부피가 210㎤, 높이가 7㎝, 밑면의 가로의 길이가 세로의 길이보다 13㎝ 긴 직육면체가 있다. 이 직육면체의 밑면의 세로의 길이는?

① 2㎝

② 4㎝

③ 6㎝

④ 8㎝

⑤ 10㎝

36. 갑, 을, 병은 각각 640원, 760원, 1,100원의 저금을 가지고 있다. 매주 갑이 240원, 을이 300원, 병이 220원씩 더 저축한다고 하면, 갑과 을의 저축액의 합이 병의 저축액의 2배가 되는 것은 몇 주 후인가?

① 6주   ② 7주

③ 8주   ④ 9주

⑤ 10주

37. 다음은 2019년 11월부터 2020년 4월까지의 연령별 취업자 수를 나타낸 표이다. 다음 설명 중 옳지 않은 것을 고르시오.

(단위 : 천명)

나이	2020. 04	2020. 03	2020. 02	2020. 01	2019. 12	2019. 11
15~19세	129	150	194	205	188	176
20~29세	3,524	3,520	3,663	3,751	3,765	3,819
30~39세	5,362	5,407	5,501	5,518	5,551	5,533
40~49세	6,312	6,376	6,426	6,455	6,483	6,484
50~59세	6,296	6,308	6,358	6,373	6,463	6,497
60세 이상	4,939	4,848	4,696	4,497	4,705	5,006

① 15-19세 연령대는 2020년 3월에 비해 2020년 4월 취업자 수가 줄었다.

② 50-59세 연령대는 2019년 11월부터 2020년 4월까지 취업자 수가 지속적으로 감소하고 있다.

③ 2020년 4월의 취업자 수는 40-49세에 연령대가 20-29세 연령대보다 2배 이상 많다.

④ 60세 이상 연령대는 2020년 2월부터 취업자 수가 계속 증가하고 있다.

⑤ 2020년 2월의 취업자 수는 50-59세 연령대가 40-49세 연령대 보다 작다.

38. 다음은 농협중앙회 구내식당의 메뉴판이다. 밥류와 면류에서 한 가지씩 골라 주문하는 경우의 수는?

밥류	면류
비빔밥	라면
제육덮밥	쫄면
김치볶음밥	우동
카레라이스	칼국수
오므라이스	잔치국수

① 10

② 15

③ 20

④ 25

⑤ 30

39. 농협몰 사이트 내 농민마켓에서 아카시아 꿀을 팔고 있는 농민 甲은 A와 B 택배사의 택배비를 두고 고민하고 있다. 무게가 100g인 상자 한 개에 xg의 꿀 10병을 담아서 택배로 보내려고 할 때, A사를 이용하는 것이 B사를 이용하는 것보다 택배비가 더 저렴해지는 x의 최댓값은? (단, 택배비는 무게에 의해서만 결정되고, 상자 한 개와 꿀 10병의 무게의 합은 5kg을 넘지 않는다)

[A사]

무게	택배비
2,000g 이하	4,000원
2,000g 초과 ~ 5,000g 이하	5,000원

[B사]

무게	택배비
1,500g 이하	3,800원
1,500g 초과 ~ 2,000g 이하	4,100원
2,000g 초과 ~ 3,000g 이하	4,300원
3,000g 초과 ~ 4,000g 이하	4,400원
4,000g 초과 ~ 5,000g 이하	4,600원

① 160g

② 170g

③ 180g

④ 190g

⑤ 200g

40. 다음 패스워드 생성규칙에 대한 글을 참고할 때, 권장규칙에 따른 가장 적절한 패스워드로 볼 수 있는 것은?

패스워드를 설정할 때에는 한국인터넷진흥원의 『암호이용안내서』의 패스워드 생성규칙을 적용하는 것이 안전하다. 또한 패스워드 재설정/변경 시 안전하게 변경할 수 있는 규칙을 정의해서 적용해야 한다. 다음은 『암호이용안내서』의 패스워드 생성규칙에서 규정하고 있는 안전하지 않은 패스워드에 대한 사례이다.

• 패턴이 존재하는 패스워드
 - 동일한 문자의 반복
  ex) aaabbb, 123123
 - 키보드 상에서 연속한 위치에 존재하는 문자들의 집합
  ex) qwerty, asdfgh
 - 숫자가 제일 앞이나 제일 뒤에 오는 구성의 패스워드
  ex) security1, may12
• 숫자와 영단어를 서로 교차하여 구성한 형태의 패스워드
• 영문자 'O'를 숫자 '0'으로, 영문자 'l'를 숫자 '1'로 치환하는 등의 패스워드
• 특정 인물의 이름을 포함한 패스워드
 - 사용자 또는 사용자 이외의 특정 인물, 유명인, 연예인 등의 이름을 포함하는 패스워드
• 한글발음을 영문으로, 영문단어의 발음을 한글로 변형한 형태의 패스워드
 - 한글의 '사랑'을 영어 'SaRang'으로 표기, 영문자 'LOVE'의 발음을 한글 '러브'로 표기

① {CVBN35!}

② jaop&*012

③ s5c6h7o8o9lo

④ BOOK사랑

⑤ apl52@새95!?

41. 다음 워크시트에서 매출액[B3:B9]을 이용하여 매출 구간별 빈도수를 [F3:F6] 영역에 계산하고자 한다. 다음 중 이를 위한 배열수식으로 옳은 것은?

	A	B	C	D	E	F
1						
2		매출액		매출구간		빈도수
3		75		0	50	1
4		93		51	100	2
5		130		101	200	3
6		32		201	300	1
7		123				
8		257				
9		169				

① {=PERCENTILE(B3:B9, E3:E6)}

② {=PERCENTILE(E3:E6, B3:B9)}

③ {=FREQUENCY(B3:B9, E3:E6)}

④ {=FREQUENCY(E3:E6, B3:B9)}

⑤ {=PERCENTILE(E3:E9, B3:B9)}

42. 다음 워크시트는 학생들의 수리영역 성적을 토대로 순위를 매긴 것이다. 다음 중 [C2] 셀의 수식으로 옳은 것은?

	A	B	C
1		수리영역	순위
2	이순자	80	3
3	이준영	95	2
4	성소이	50	7
5	금나라	65	6
6	윤민준	70	5
7	도성민	75	4
8	최지애	100	1

① =RANK(B2,$B$2:$B$8)

② =RANK(B2,$B$2:$B$8,1)

③ =RANK(C2,$B$2:$B$8)

④ =RANK(C2,$B$2:$B$8,0)

⑤ =RANK(C2,$B$2:$B$8,1)

43. T회사에서 근무하고 있는 N씨는 엑셀을 이용하여 작업을 하고자 한다. 엑셀의 바로 가기 키에 대한 설명이 다음과 같을 때 괄호 안에 들어갈 내용으로 알맞은 것은?

> 통합 문서 내에서 (㉠) 키는 다음 워크시트로 이동하고 (㉡) 키는 이전 워크시트로 이동한다.

	㉠	㉡
①	⟨Ctrl⟩ + ⟨Page Down⟩	⟨Ctrl⟩ + ⟨Page Up⟩
②	⟨Shift⟩ + ⟨Page Down⟩	⟨Shift⟩ + ⟨Page Up⟩
③	⟨Tab⟩ + ←	⟨Tab⟩ + →
④	⟨Alt⟩ + ⟨Shift⟩ + ↑	⟨Alt⟩ + ⟨Shift⟩ + ↓
⑤	⟨Ctrl⟩ + ⟨Alt⟩ + ⟨Page Down⟩	⟨Ctrl⟩ + ⟨Alt⟩ + ⟨Page Up⟩

44. 다음 순서도에서 인쇄되는 S의 값은? (단, $[x]$는 x보다 크지 않은 최대의 정수이다)

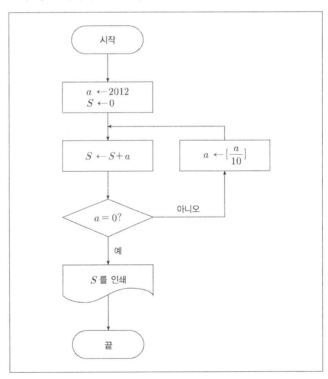

① 2230   ② 2235

③ 2240   ④ 2245

⑤ 2250

┃45~46┃ 다음은 A전자의 한 영업점에 오늘 입고된 30개 전자제품의 코드 목록이다. 모든 제품은 A전자에서 생산된 제품이다. 다음의 코드 부여 방식을 참고하여 물음에 답하시오.

RE - 10 - CNB - 2A - 1501	TE - 34 - CNA - 2A - 1501	WA - 71 - CNA - 3A - 1501
RE - 10 - CNB - 2A - 1409	TE - 36 - KRB - 2B - 1512	WA - 71 - CNA - 3A - 1506
RE - 11 - CNB - 2C - 1503	TE - 36 - KRB - 2B - 1405	WA - 71 - CNA - 3A - 1503
RE - 16 - CNA - 1A - 1402	TE - 36 - KRB - 2B - 1502	CO - 81 - KRB - 1A - 1509
RE - 16 - CNA - 1A - 1406	TE - 36 - KRB - 2C - 1503	CO - 81 - KRB - 1A - 1412
RE - 16 - CNA - 1C - 1508	AI - 52 - CNA - 3C - 1509	CO - 83 - KRA - 1A - 1410
TE - 32 - CNB - 3B - 1506	AI - 52 - CNA - 3C - 1508	CO - 83 - KRA - 1B - 1407
TE - 32 - CNB - 3B - 1505	AI - 58 - CNB - 1A - 1412	CO - 83 - KRC - 1C - 1509
TE - 32 - CNB - 3C - 1412	AI - 58 - CNB - 1C - 1410	CO - 83 - KRC - 1C - 1510
TE - 34 - CNA - 2A - 1408	AI - 58 - CNB - 1C - 1412	CO - 83 - KRC - 1C - 1412

〈코드부여방식〉

[제품 종류] – [모델 번호] – [생산 국가/도시] – [공장과 라인] – [제조연월]

〈예시〉

WA – 16 – CNA – 2B – 1501

2015년 1월에 중국 후이저우 2공장 B라인에서 생산된 세탁기 16번 모델

제품 종류 코드	제품 종류	생산 국가/도시 코드	생산 국가/도시
RE	냉장고	KRA	한국/창원
TE	TV	KRB	한국/청주
AI	에어컨	KRC	한국/구미
WA	세탁기	CNA	중국/후이저우
CO	노트북	CNB	중국/옌타이

45. 오늘 입고된 제품의 목록에 대한 설명으로 옳은 것은?

① 제품 종류와 모델 번호가 같은 제품은 모두 같은 도시에서 생산되었다.

② 15년에 생산된 제품보다 14년에 생산된 제품이 더 많다.

③ TV는 모두 중국에서 생산되었다.

④ 노트북은 2개의 모델만 입고되었다.

⑤ 한국에서 생산된 제품이 중국에서 생산된 제품보다 많다.

46. 중국 옌타이 제1공장의 C라인에서 생산된 제품들이 모두 부품결함으로 인한 불량품이었다. 영업점에서 반품해야 하는 제품은 총 몇 개인가?

① 1개   ② 2개

③ 3개   ④ 4개

⑤ 5개

47. 다음 워크시트에서 [A1:B2] 영역을 선택한 후 채우기 핸들을 사용하여 드래그 했을 때 [A6:B6]영역 값으로 바르게 짝지은 것은?

	A	B
1	1	월요일
2	4	수요일
3		
4		
5		
6		

	A6	B6
①	15	목요일
②	16	목요일
③	15	수요일
④	16	수요일
⑤	17	목요일

48. 다음은 HK회사의 사내동호회 회원들을 정리한 차트이다. COUNTIFS를 이용한 수식 '=COUNTIFS(B2:B12,B3,D2:D12,D2)'의 값은?

	A	B	C	D
1	성명	소속	근무연수	직급
2	윤한성	영업팀	3	대리
3	김영수	편집팀	4	대리
4	이준석	전산팀	1	사원
5	강석현	총무팀	5	과장
6	이진수	편집팀	3	대리
7	이하나	편집팀	10	팀장
8	전아미	영상팀	5	과장
9	임세미	편집팀	1	사원
10	김강우	영업팀	7	팀장
11	이동진	영업팀	1	사원
12	김현수	편집팀	4	대리
13				

① 1 ② 2
③ 3 ④ 4
⑤ 5

49. 다음 글에서 알 수 있는 '정보'의 특징으로 적절하지 않은 것은?

천연가스 도매요금이 인상될 것이라는 전망과 그 예측에 관한 정보는 가스사업자에게나 유용한 것이지 일반 대중에게 직접적인 영향을 주는 정보는 아니다. 관련된 일을 하거나 특별한 이유가 있어서 찾아보는 경우를 제외하면 이러한 정보에 관심을 갖게 되는 사람들이 있을까?

① 우리가 필요로 하는 정보의 가치는 여러 가지 상황에 따라서 아주 달라질 수 있다.
② 정보의 가치는 우리의 요구, 사용 목적, 그것이 활용되는 시기와 장소에 따라서 다르게 평가된다.
③ 정보는 비공개 정보보다는 반공개 정보가, 반공개 정보보다는 공개 정보가 더 큰 가치를 가질 수 있다.
④ 원하는 때에 제공되지 못하는 정보는 정보로서의 가치가 없어지게 될 것이다.
⑤ 비공개 정보는 정보의 활용이라는 면에서 경제성이 떨어지고, 공개 정보는 경쟁성이 떨어지게 된다.

50. 다음은 정보 분석 절차를 도식화한 것이다. 이를 참고할 때, 공공기관이 새롭게 제정한 정책을 시행하기 전 설문조사를 통하여 시민의 의견을 알아보는 행위가 포함되는 것은 ㈎~㈒ 중 어느 것인가?

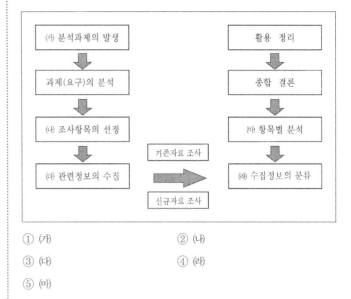

① ㈎ ② ㈏
③ ㈐ ④ ㈑
⑤ ㈒

[공통] 전체

1. 다음이 설명하는 제도와 관련된 산업으로 옳은 것은?

> 농촌의 다양한 유·무형 자원을 활용하고 새로운 부가가치를 창출하기 위한 목적으로 농업인과 농업법인을 인증하여 핵심 경영체를 육성하는 시스템이다.

① 1차 산업   ② 1.5차 산업
③ 3차 산업   ④ 5차 산업
⑤ 6차 산업

2. 농지를 효율적으로 이용하고 수확량을 늘리기 위하여 배수 관계 설비 개량과 농지를 반듯하고 널찍하게 개선하는 사업은?

① 경지정리
② 농어촌 빈집정비 사업
③ 스마트 팜 혁신밸리 조성사업
④ 농지집단화
⑤ 수리시설개보수

3. 다음에서 설명하는 농업수리시설물은?

> 하천이나 하천 제방 인근으로 흐른 물이나 지하에 대량으로 고여 있는 층의 물을 이용하고자 지표면과 평행한 방향으로 다공관(표면에 구멍이 있는 관)을 설치하여 지하수를 모으는 관로로서, 지하수를 용수로 이용하기 위한 관로 시설

① 관정   ② 양수장
③ 취입보   ④ 배수장
⑤ 집수암거

4. 바이러스성 출혈 돼지 전염병으로, 이병률이 높고 급성형에 감염되면 치사율이 거의 100%에 이르기 때문에 양돈 산업에 큰 피해를 주는 질병은?

① AI   ② ASF
③ FMD   ④ AHS
⑤ BSE

5. 농사와 관련된 속담들 중 계절이 다른 하나는?

① 은어가 나락꽃 물고 가면 풍년 든다.
② 삼복날 보리씨 말리면 깜부기 없어진다.
③ 뻐꾸기 우는 소리 들으면 참깨 심지 마라.
④ 한식에 비가 오면 개불알에 이밥이 붙는다.
⑤ 들깨 모는 석 달 열흘 왕 가뭄에도 침 세 번만 뱉고 심어도 산다.

6. 다음 중 농림축산식품부에서 실시하는 농산물의 재배 및 소, 돼지 등의 사육에서 유통, 소비에 이르기까지의 정보를 상세하게 기록·관리하고 문제 발생 시 그 원인을 신속하게 찾아내어 대응할 수 있도록 정부가 실시하고 있는 제도는?

① 농산물이력추적제
② 양곡관리제도
③ 우수농산물관리제도
④ 위해요소중점관리제도
⑤ 축산물 등급제도

7. 4차 산업혁명의 핵심 기술 중 하나인 블록체인(Block Chain)을 유통 시스템에 적용한 것으로 농산물이 생산되고 유통·판매·소비되는 과정의 이력 정보를 표준화하여 통합관리하는 시스템은?

① 로컬체인   ② 푸드체인
③ 그린체인   ④ 유통체인
⑤ 에코체인

8. 다음 설명에 해당하는 것은?

> 최근 우리나라 젊은 귀농자들을 중심으로 행해지고 있는 라이프스타일로, 농사에만 올인하지 않고 다른 직업을 병행하며 사는 것을 말한다.

① 소확행   ② 노멀크러시
③ 킨포크 라이프   ④ 엘리트 귀농
⑤ 반농반X

9. 디지털 위안화로 중국의 중앙은행에서 발행한 디지털 화폐를 의미하는 용어는?

① CBDC

② 비트코인

③ E-크로나

④ DECP

⑤ 이더리움

10. 데이터 수집과 활용을 강화하여 데이터 경제를 가속화, 공공데이터 14만여 개 개방, 디지털 집현전 설치를 목표로 하는 디지털 뉴딜 정책으로 옳은 것은?

① 데이터 댐

② 지능형 정부

③ 그린 스마트 스쿨

④ 국민안전 사회간접자본 디지털화

⑤ 친환경 미래 모빌리티

11. 스마트폰, 개인 정보 단말기, 기타 이동 전화 등을 이용한 은행 업무, 지불 업무, 티켓 업무와 같은 서비스를 하는 비즈니스 모델을 무엇이라 하는가?

① M 커머스

② C 커머스

③ U 커머스

④ E 커머스

⑤ 라이브 커머스

12. 스마트폰 시장에서 출시 주기가 짧아지면서 제품수명이 2~3개월로 단축된다는 것을 일컫는 용어는?

① 아이폰 법칙

② 한계효용 체감의 법칙

③ 황의 법칙

④ 멧칼프의 법칙

⑤ 안드로이드 법칙

13. 전 국가별로 트래블 버블이 시작되면서 도입하고 있는 증명서로 적절하지 않은 것은?

① 그린패스

② 엑셀시어 패스

③ 디지털헬스 패스

④ 국제여행 건강증명서

⑤ 커먼 패스

14. 사업자가 투자금을 확보하기 위해 블록체인 기반의 암호화화폐를 발행하고 투자자에게 판매하여 가상화폐로 자금을 확보하는 것을 의미하는 것은?

① IPO(Initial Public Offering)

② FDS(Fraud Detection System)

③ 레그테크(Regtech)

④ STO(Security Token Offering)

⑤ ICO(Initial Coin Offering)

15. 빅데이터의 특징에서 4V에 해당하지 않는 것은?

① Volume

② Velocity

③ Variety

④ Verify

⑤ Value

[분야별] 일반

1. 채무자가 공사채나 은행 융자, 외채 등의 원리금 상환 만기일에 지불 채무를 이행할 수 없는 상태는?

① 디폴트

② 환형유치

③ 엠바고

④ 워크아웃

⑤ 법정관리

2. 호경기 때 소비재 수요증가와 더불어 상품의 가격상승이 노동자의 화폐임금보다 급격히 상승하게 되어, 노동자의 임금이 상대적으로 저렴해지는 것과 관련성이 높은 효과는?

① 전시 효과

② 리카도 효과

③ 톱니 효과

④ 베블런 효과

⑤ 피구 효과

3. AIIB에 대한 설명 중 옳지 않은 것은?

① 중국이 주도하여 만든 기구이다.

② 아시아 각국의 인프라 건설을 지원하기 위한 기금이다.

③ 영국은 가입하지 않았다.

④ 미국은 가입하지 않았다.

⑤ 한국은 2015년에 참여의사를 밝혔다.

4. 다음 (   ) 안에 들어갈 알맞은 말은?

( )은/는 원래 프랑스에서 비롯된 제도이다. 독일은 제1차 세계대전 이후 엄청난 전쟁배상금 지급을 감당할 수 없어 ( )을/를 선언했고 미국도 대공황 기간 중인 1931년 후버 대통령이 전쟁채무의 배상에 대하여 1년의 지불유예를 한 적이 있는데 이를 후버 ( )라/이라 불렀다고 한다. 이외에도 페루, 브라질, 멕시코, 아르헨티나, 러시아 등도 ( )을/를 선언한 바가 있다.

① 모블로그

② 모라토리움 신드롬

③ 서브프라임 모기지론

④ 모라토리움

⑤ 디플레이션

5. 다음 중 주식과 사채(社債)의 차이점으로 적절하지 않은 것은?

① 주식은 채무가 아니나 사채는 회사 채무이다.

② 사채권자는 주주총회에서의 의결권이 없으며 경영에 참가할 수 없다.

③ 회사는 사채에 대해 일정 기간 동안의 이자를 지불하고 만기일에 사채의 시가(時價)를 상환해야 한다.

④ 회사가 해산되었을 경우 사채가 완불되지 않으면 주주는 잔여재산분배를 받을 수 없다.

⑤ 사채는 원금과 이자를 상환 받지만 주식은 이익배당을 받을 수 있다.

6. 다음 (   ) 안에 들어갈 알맞은 말은?

( )은/는 사회 공헌에 노력하는 기업들을 거래소에서 심사·선정함으로써, 투자자들에게는 장기적으로 지속 가능한 기업을 쉽게 선별할 수 있도록 하고, 자산 운용사들에게는 펀드의 포트폴리오 구성을 위한 추가적인 기준을 제시한다. 이미 세계 많은 나라에서는 ( )이/가 사용되고 있는데, 미국에서의 한 조사 결과에 따르면 1993년에서 2006년 까지 ( )의 수익률이 평균 시장지수(모건 스탠리 지수)의 수익률을 크게 앞질렀다고 한다.

① 엥겔지수

② 거래량지수

③ SRI지수

④ 가격지수

⑤ 슈바베지수

7. 고위험, 고수익의 채권전용펀드로 신용등급이 투자부적격한 BB+이하 채권을 편입해 운용하기 때문에 발행자의 채무불이행 위험이 높은 펀드는?

① Mutual Fund

② Off Shore Fund

③ Spot Fund

④ Gray Fund

⑤ Private Placement Fund

8. 통화지표는 통화의 총량을 가늠하는 척도이다. 보기 중 가장 범위가 넓은 통화지표는?

① M1

② M2

③ Lf

④ 현금통화

⑤ 결제성 예금

9. 다음 설명이 뜻하는 용어는?

대규모의 자금이 필요한 석유, 탄광, 조선, 발전소, 고속도로 건설 등의 사업에 흔히 사용되는 방식으로 선진국에서는 보편화된 금융기법이다. 은행 등 금융기관이 사회간접자본 등 특정사업의 사업성과 장래의 현금흐름을 보고 자금을 지원한다.

① 프로젝트 파이낸싱

② 액면병합

③ 파생금융상품

④ 온디맨드

⑤ 선도거래

10. 다음에서 설명하고 있는 개념으로 옳은 것은?

> 두 재화가 서로 비슷한 용도를 지녀 한 재화 대신 다른 재화를 소비하더라도 만족에 별 차이가 없는 관계를 말한다. 서로 경쟁적인 성격을 띠고 있어 경쟁재라고도 하며 소비자의 효용, 즉 만족감이 높은 쪽을 상급재, 낮은 쪽을 하급재라 한다. 만약 두 재화 A, B가 대체재라면 A재화의 가격이 상승(하락)하면 A재화의 수요는 감소(증가)하고 B재화의 수요는 증가(감소)한다.

① 대체재   ② 보완재
③ 독립재   ④ 정상재
⑤ 열등재

11. 생산자 물가지수에 대한 설명으로 옳지 않은 것은?

① 한국은행에서 작성한다.
② 상품 및 서비스의 수급동향을 파악할 수 있다.
③ 상품 및 서비스의 경기동향을 판단할 수 있다.
④ 지수작성에 이용되는 가격은 1차 거래단계의 가격이다.
⑤ 가계가 소비하는 서비스의 가격수준 및 변동을 파악할 수 있다.

12. 다음 중 일반 은행의 업무가 아닌 것은?

> ㉠ 대출업무
> ㉡ 예금업무
> ㉢ 내국환 업무
> ㉣ 보호 예수 업무
> ㉤ 지급 결제 제도 업무

① ㉠㉡   ② ㉡㉢
③ ㉢㉤   ④ ㉣
⑤ ㉤

13. 디플레이션의 영향을 순서대로 나열한 것은 무엇인가?

> ㉠ 소비위축   ㉡ 상품가격하락
> ㉢ 채무자의 채무부담   ㉣ 경기침체 가속
> ㉤ 생산 및 고용감소

① ㉠ - ㉢ - ㉡ - ㉣ - ㉤
② ㉠ - ㉣ - ㉡ - ㉤ - ㉢
③ ㉠ - ㉡ - ㉤ - ㉣ - ㉢
④ ㉢ - ㉡ - ㉠ - ㉣ - ㉤
⑤ ㉢ - ㉤ - ㉣ - ㉠ - ㉡

14. 개인의 저축 증가가 국가적 저축 증가로 연결되지 않는 현상은 무엇인가?

① 승자의 저주   ② 구축 효과
③ 절대우위론   ④ 저축의 역설
⑤ 유동성의 함정

15. 다음에서 설명하고 있는 가격차별의 형태로 옳은 것은?

> • 재화의 구입량에 따라 가격을 다르게 설정하는 것을 말한다.
> • 1차 가격차별보다 현실적이며 현실에서 그 예를 찾기 쉽다.
> • 전화의 사용량에 따라 그 요금의 차이가 나는 것은 이것의 예이다.

① 1차 가격차별
② 2차 가격차별
③ 3차 가격차별
④ 4차 가격차별
⑤ 5차 가격차별

[분야별] IT전산

1. 프로그램을 실행에 적합한 기계어로 번역하여 목적코드를 만들어 실행하는 언어 번역기는?

① 컴파일러   ② 인터프리터
③ 코볼   ④ LISP
⑤ 트랜잭션

2. 다음 중 컴퓨터의 구조에 대한 용어와 내용이 가장 적절하게 연결된 것은?

① CPU – 중앙처리장치로 제어장치, 연산장치, 기억장치, 실행장치로 구성된다.
② 컴퓨터의 분류 – 하드웨어, 소프트웨어로 분류하거나 여기에 펌웨어를 추가하는 학자도 있다.
③ 제어장치 – 명령 계수기, 명령 해독기로만으로 구성되어 있으며, 명령인출단계와 실행단계만을 반복한다.
④ 기억장치 – 전자계산기에서 기억장치는 별 문제가 되지 않으며 보조기억장치의 필요성이 그다지 크지 않다.
⑤ 연산장치 – 외부데이터를 주기억장치에 입력시킨다.

3. 다음에서 설명하는 언어는?

> C에 Simula식의 클래스를 추가하고자 개발된 언어로, 사용자의 필요에 의해 개발된 효율적이고 실용적인 언어이다.

① C++   ② Smalltalk
③ Eiffel   ④ C
⑤ JAVA

4. 객체기반 언어에 해당하지 않는 것은?
① Ada   ② LISP
③ Modula − 2   ④ Smalltalk
⑤ C++

5. 1970년대 IBM에서 만든 관계대수와 관계해석을 갖춘 데이터베이스 언어는?

① Prolog   ② SQL
③ Java   ④ C
⑤ APL

6. 다음에서 설명하는 입·출력 장치로 옳은 것은?

> • 중앙처리장치로부터 입·출력을 지시받고 자신의 명령어를 실행 시켜 입·출력을 수행하는 독립된 프로세서이다.
> • 하나의 명령어로 여러 개의 블록을 입·출력할 수 있다.

① 버스(Bus)
② 채널(Channel)
③ 스풀링(Spooling)
④ DMA(Direct Memory Access)
⑤ 벡터 처리기(Vector Processor)

7. 프로그래밍 언어에 대한 설명으로 옳지 않은 것은?
① Objective−C, Java, C#은 객체지향 언어이다.
② Python은 정적 타이핑을 지원하는 컴파일러 방식의 언어이다.
③ ASP, JSP, PHP는 서버 측에서 실행되는 스크립트 언어이다.
④ XML은 전자문서를 표현하는 확장가능한 표준 마크업 언어이다.
⑤ LISP, PROLOG, SNOBOL는 인공지능 언어이다.

8. 프로그램 상태 워드(program status word)에 대한 설명으로 가장 옳은 것은?
① 시스템의 동작은 CPU 안에 있는 program counter에 의해 제어된다.
② interrupt 레지스터는 PSW의 일종이다.
③ CPU의 상태를 나타내는 정보를 가지고 독립된 레지스터로 구성된다.
④ PSW는 8bit의 크기이다.
⑤ PSW는 Program Counter, Flag 및 주요한 레지스터의 내용과 그 밖의 프로그램 실행상태를 나타내는 출력정보를 의미한다.

9. 3단계 스키마 중 다음 설명에 해당하는 것은?

> 물리적 저장 장치의 입장에서 본 데이터베이스 구조로서 실제로 데이터베이스에 저장될 레코드의 형식을 정의하고 저장 데이터 항목의 표현 방법, 내부 레코드의 물리적 순서 등을 나타낸다.

① internal schema

② conceptual schema

③ external schema

④ tree schema

⑤ query schema

10. 잔고가 100,000원에서 3,000,000원 사이인 고객계좌 테이블에서 고객들의 등급을 '우대고객'으로 변경하고자 〈보기〉와 같은 SQL문을 작성하였다. ㉠과 ㉡의 내용으로 옳은 것은?

> 〈보기〉
> UPDATE 고객계좌
> (㉠) 등급 = '우대고객'
> WHERE 잔고 (㉡) 100000 AND 3000000

	㉠	㉡
①	SET	IN
②	SET	BETWEEN
③	VALUES	AND
④	VALUES	BETWEEN
⑤	VALUES	IN

11. 128비트의 주소체계를 가진 인터넷 프로토콜(IP) 버전 6의 줄임말로 유니캐스트, 애니캐스트, 멀티캐스트 등의 주소유형을 가진것을 무엇이라 하는가?

① DMA

② DNS

③ UDP

④ IPv6

⑤ HDLC

12. 코드 작성상의 유의점이 아닌 것은?

① 자릿수가 짧을수록 좋다.

② 데이터 분류기준이 코드에 적용되어야 한다.

③ 데이터 증감을 고려하지 않아도 된다.

④ 컴퓨터 처리가 용이하여야 한다.

⑤ 단순명료하게 코드가 작성되어야 한다.

13. 어떤 컴퓨터의 메모리 용량이 4096워드이고, 워드당 16bit의 데이터를 갖는다면, MAR은 몇 비트인가?

① 12

② 14

③ 16

④ 18

⑤ 20

14. 인터럽트 발생 시 동작 순서로 옳은 것은?

> ㉠ 현재 수행중인 프로그램의 상태를 저장한다.
> ㉡ 인터럽트 요청 신호 발생
> ㉢ 보존한 프로그램 상태로 복귀
> ㉣ 인터럽트 취급 루틴을 수행
> ㉤ 어느 장치가 인터럽트를 요청했는지 찾는다.

① ㉠→㉡→㉤→㉣→㉢

② ㉡→㉤→㉠→㉣→㉢

③ ㉡→㉠→㉣→㉤→㉢

④ ㉡→㉣→㉠→㉤→㉢

⑤ ㉡→㉠→㉤→㉣→㉢

15. 소프트웨어 수명 주기 모형 중 폭포수 모형(Waterfall Model)의 개발 단계로 옳은 것은?

① 계획 → 분석 → 설계 → 시험 → 구현 → 유지보수

② 계획 → 분석 → 설계 → 구현 → 시험 → 유지보수

③ 계획 → 설계 → 분석 → 구현 → 시험 → 유지보수

④ 계획 → 분석 → 설계 → 구현 → 시험 → 설치

⑤ 계획 → 설계 → 분석 → 구현 → 시험 → 설치

NH농협은행

기출동형 모의고사

	영 역	직무능력평가 / 직무상식평가
제 3 회	문항수	80문항
	시 간	95분
	비 고	객관식 5지선다형

SEOWONGAK
(주)서원각

제 3 회 기출동형 모의고사

01 직무능력평가

1. 다음 제시된 낱말의 대응 관계로 볼 때 빈칸에 들어가기에 알맞은 것을 고르시오.

> 추렴하다 : (   ) = 해산하다 : 흩어지다

① 간추리다
② 확산하다
③ 수습하다
④ 뭉뚱그리다.
⑤ 갹출하다

2. 다음 중 밑줄 친 부분과 같은 의미로 쓰인 것은?

> 그가 라디오를 틀자 윗집의 떠드는 소리가 들리지 않았다.

① 그는 예고도 없이 차를 틀어버렸다.
② 엄마는 일을 시작하기 전에는 항상 머리를 틀어 올렸다.
③ 여자가 의견을 틀어버려도 남자는 군소리 없이 그 말을 따랐다.
④ 딸은 아빠의 잔소리에 오디오를 틀고 문을 닫아버렸다.
⑤ 뱀이 똬리를 틀고 있는 모습이 신기한지 한참을 바라보았다.

3. 다음 중 밑줄 친 부분의 한자어 표기로 옳지 않은 것은?

> 1. 상품특징
>   신용카드 매출대금 ㉠입금계좌를 당행으로 지정(변경)한 개인사업자에 대해 한도와 금리를 우대하고 일일상환이 가능한 개인사업자 전용 대출 상품
> 2. 대출대상
>   소호 CSS 심사대상 개인사업자로서 다음 조건을 모두 만족하는 자
>   • 사업기간 1년 이상 경과
>   • 3개사 이상(NH채움카드는 필수)의 신용카드 ㉡매출대금 입금계좌를 당행으로 지정(변경)
>   • 대출신청일 현재 최근 1년간 신용카드 매출금액이 12백만 원 이상
>   • 소호 CSS 심사 AS 7등급 이상
> 3. 대출기간
>   • 일일상환 : 1년 이내
>   • 할부상환 : 3년 이내
> 4. 대출한도
>   총 소요자금한도 범위 내에서 차주 ㉢신용등급, 업종, 상환능력, ㉣자금용도 및 규모 등을 감안하여 동일인당 최대 150백만 원 이내
> 5. 대출금리
>   대출금리는 신용등급 및 ㉤거래실적 등에 따라 차등 적용됨

① ㉠ – 入金計座
② ㉡ – 賣出代金
③ ㉢ – 信用等級
④ ㉣ – 資金用度
⑤ ㉤ – 去來實績

4. 다음 중 밑줄 친 부분의 표기가 어법상 옳지 않은 것은?

① 아들이 떠난 지 십년도 더 지났다.
② 외모는 꽃처럼 한철만 피고 지는 것이다.
③ 할머니는 살코기만 발라서 손주의 밥그릇에 올려주었다.
④ 윗층의 손님은 내일 아침에 방을 비운답니다.
⑤ 어머니는 김치를 담가서 앞집이고 옆집이고 모두 나눠주었다.

5. 제시된 글에서 틀린 단어는 모두 몇 개인가?

> 59오구 챌린지
>
> NH농협은행에서 10일부터 내달 4일까지 농협 창립 59주년을 기념해 통합 멤버십 플랫폼인 NH멤버스 앱에서 '59오구 챌린지' 이벤트를 실시합니다. NH멤버스 앱 이용 고객 중 미션을 수행하고 이벤트에 응모한 고객을 대상으로 추첨을 통해 푸짐한 경품을 제공합니다.
>
> • 5959 도전스탬프 이벤트
> –참여방법 : NH멤버스 제휴사에서 59포인트 이상 사용할 때마다 1개씩 생성되는 스탬프 3개를 모은 고객을 대상으로 추첨을 통해 경품 제공
> –경품 : 총 59명에게 LG 75인치 TV(1명), 삼성 노트북(1명), 쌀 10kg(5명), 치킨 모바일 쿠폰(10명), NH멤버스 1만 포인트(42명)
> • 5959 모여라 이벤트
> –참여방법 : NH멤버스 앱 미가입 친구에게 초대 메시지를 보낸 고객 중 친구가 해당 URL에서 앱을 가입하고 로그인까지 왈료한 고객을 대상으로 추첨을 통해 경품 제공
> –경품 : 총 101명에게 NH멤버스 59만 포인트(1명), NH멤버스 5900 포인트(100명)
> • 오구소 이벤트
> –참여방법 : NH멤버스 공식 SNS채널(페이스북, 인스타그램)에 등재된 '59오구 챌린지' 게시물을 공유하거나 댓글로 친구를 태그한 고객을 대상으로 경품 제공
> –경품 : 추첨을 통해 각 채널별 10명씩 총 20명에게 커피 모바일 쿠폰 제공

① 없음
② 1개
③ 2개
④ 3개
⑤ 4개

6. 제시된 단어의 동의어 또는 유의어를 고르면?

> 곁두리

① 덧두리
② 새참
③ 둘레
④ 눈초리
⑤ 잔명

7. 제시된 문장 안에서 사용되지 않는 단어를 고르면?

> ㉠ 남편이 형사가 된 후로 아내는 밤마다 하늘에 (　　)을/를 올렸다.
> ㉡ 그 곳은 유명한 바둑 기사를 배출한 (　　)(으)로 유명하다.
> ㉢ 찰스 다윈은 인류의 (　　)이/가 아프리카라고 추정했다.
> ㉣ 소년은 약하게 보였지만 절체절명의 순간에 (　　)을/를 발휘해냈다.
> ㉤ 뒷산에는 신묘한 (　　)이/가 흐르는 기와집이 한 채 있다.

① 기지
② 기원
③ 기운
④ 기도
⑤ 기사

8. 다음 빈칸에 들어가기 가장 적절한 문장은?

> 호랑이는 우리 민족의 건국 신화인 단군 신화에서부터 등장한다. 호랑이는 고려 시대의 기록이나 최근에 조사된 민속자료에서는 산신(山神)으로 나타나는데, '산손님', '산신령', '산군(山君)', '산돌이', '산 지킴이' 등으로 불리기도 하였다. 이처럼 신성시된 호랑이가 우리의 설화 속에서는 여러 가지 모습으로 나타난다. 호랑이는 가축을 해치고 사람을 다치게 하는 일이 많았던 모양이다. 그래서 설화 중에는 _____. 사냥을 하던 아버지가 호랑이에게 해를 당하자 아들이 원수를 갚기 위해 그 호랑이와 싸워 이겼다는 통쾌한 이야기가 있는가 하면, 밤중에 변소에 갔던 신랑이 호랑이한테 물려 가는 것을 본 신부가 있는 힘을 다하여 호랑이의 꼬리를 붙잡고 매달려 신랑을 구했다는 흐뭇한 이야기도 있다. 이러한 이야기들은 호랑이의 사납고 무서운 성질을 바탕으로 하여 꾸며진 것이다.

① 호랑이가 사람과 마찬가지로 따뜻한 정과 의리를 지니고 있는 것으로 나타나기도 한다.
② 호랑이가 산신 또는 산신의 사자로 나타나는 이야기가 종종 있다.
③ 사람이나 가축이 호랑이한테 해를 당하는 이야기가 많이 있다.
④ 호랑이를 구체적인 설명 없이 신이한 존재로 그리기도 한다.
⑤ 사람이 호랑이 손에 길러지는 장면이 등장하기도 한다.

9. 다음 글을 바탕으로 하여 빈칸을 쓰되 예시를 사용하여 구체적으로 진술하고자 할 때, 가장 적절한 것은?

> 사람들은 경쟁을 통해서 서로의 기술이나 재능을 최대한 발휘할 수 있는 기회를 갖게 된다. 즉, 개인이나 집단이 남보다 먼저 목표를 성취하려면 가장 효과적으로 목표에 접근하여야 하며 그러한 경로를 통해 경제적으로나 시간적으로 가장 효율적으로 목표를 성취한다면 사회 전체로 볼 때 이익이 된다. 그러나 이러한 경쟁에 전제되어야 할 것은 많은 사람들의 합의로 정해진 경쟁의 규칙을 반드시 지켜야 한다는 것이다. 즉,
> _____

① 농구나 축구, 마라톤과 같은 운동 경기에서 규칙과 스포츠맨십이 지켜져야 하는 것처럼 경쟁도 합법적이고 도덕적인 방법으로 이루어져야 하는 것이다.

② 21세기의 무한 경쟁 시대에 우리가 살아남기 위해서는 기초 과학 분야에 대한 육성 노력이 더욱 필요한 것이다.

③ 지구, 금성, 목성 등의 행성들이 태양을 중심으로 공전하는 것처럼 경쟁도 하나의 목표를 향하여 질서 있는 정진(精進)이 필요한 것이다.

④ 가수는 가창력이 있어야 하고, 배우는 연기에 대한 재능이 있어야 하듯이 경쟁은 자신의 적성과 소질을 항상 염두에 두고 이루어져야 한다.

⑤ 모로 가도 서울만 가면 된다고 어떤 수단과 방법을 쓰든 경쟁에서 이기기만 하면 되는 것이다.

┃10~11┃ 다음 글을 읽고 물음에 답하시오.

> 〈농협상호금융, 모바일 전용 「주머니(Money) 통장/적금」 출시〉
> 농협상호금융이 28일 비대면 수신상품 주머니(Money) 통장과 주머니 적금을 출시하고 대고객 이벤트를 실시한다고 밝혔다.
> 주머니 통장과 적금은 2030세대를 주요 가입대상으로 ⓐ개발한 상품으로 재미있는 저축(Fun Saving)을 모토로 의식적인 저축 활동 없이도 쉽게 재테크를 하는 데 주안점을 뒀다.
> 주머니 통장은 입출금이 ⓑ자유로운통장에 여유자금 목표금액(마이포켓)을 설정한 후 일정기간 목표금액(평잔기준)을 달성하면 최고 연1.5%의 금리를 받을 수 있다. 입출금의 편리함과 정기예치 효과를 동시에 누리는 ⓒ장점이다. 주머니 ⓓ적금도 모계좌에서 미리 설정한 잔돈을 적금으로 매일 적립해주는 스윙(Swing)서비스를 통해 최고 연 5%대의 금리를 받을 수 있다.
> 농협상호금융은 상품 출시를 기념해 9월 28일까지 '주머니에 쏙쏙' 이벤트를 펼친다. 주머니 통장과 적금을 동시 가입하는 고객을 대상으로 무작위 ⓔ추첨을 통해 갤럭시북 플렉스, 아이패드 프로, 다이슨 에어랩스타일러, 에어팟 프로 등 다양

> 한 상품을 제공한다.
> 이재식 상호금융대표이사는 "주머니 통장·적금을 통해 고객들에게 편리하게 재테크 할 수 있는 기회가 되길 기대한다"며 "친근하고 간편한 농협, 고객과 함께하는 농협이 되도록 노력하겠다"고 말했다.

10. 다음 중 윗글을 바르게 이해한 것을 모두 고르면?

> ㉠ 주머니 통장과 주머니 적금은 은행에 가지 않고 만들 수 있는 금융상품이다.
> ㉡ 주머니 통장에 가입하여 통해 최고 연 5%대의 금리를 받을 수 있다.
> ㉢ 농협상호금융은 매월 28일 이벤트를 통해 고객에게 다양한 상품을 제공한다.
> ㉣ 주머니 통장과 주머니 적금은 재테크에 진입장벽은 낮춘 펀세이빙의 일종으로 기획된 상품이다.

① ㉠, ㉡

② ㉡, ㉢

③ ㉡, ㉢, ㉣

④ ㉠, ㉣

⑤ ㉠, ㉢, ㉣

11. 윗글에서 밑줄 친 ⓐ~ⓔ를 우리말 어법에 맞고 언어 순화에 적절하도록 고치려 할 때, 다음 중 가장 적절하지 않은 것은?

① ⓐ 개발한 → 개발된

② ⓑ 자유로운통장에 → 자유로운 통장에

③ ⓒ 장점이다 → 장점이 있다.

④ ⓓ 적금도 → 적금은

⑤ ⓔ 추첨 → 추천

12. 다음의 내용을 논리적 흐름이 자연스럽도록 순서대로 배열한 것은?

> ⊙ 사물은 저것 아닌 것이 없고, 또 이것 아닌 것이 없다. 이쪽에서 보면 모두가 저것, 저쪽에서 보면 모두가 이것이다.
>
> ⓛ 그러므로 저것은 이것에서 생겨나고, 이것 또한 저것에서 비롯된다고 한다. 이것과 저것은 저 혜시(惠施)가 말하는 방생(方生)의 설이다.
>
> ⓒ 그래서 성인(聖人)은 이런 상대적인 방법에 의하지 않고, 그것을 절대적인 자연의 조명(照明)에 비추어 본다. 그리고 커다란 긍정에 의존한다. 거기서는 이것이 저것이고 저것 또한 이것이다. 또 저것도 하나의 시비(是非)이고 이것도 하나의 시비이다. 과연 저것과 이것이 있다는 말인가. 과연 저것과 이것이 없다는 말인가.
>
> ⓔ 그러나 그, 즉 혜시(惠施)도 말하듯이 삶이 있으면 반드시 죽음이 있고, 죽음이 있으면 반드시 삶이 있다. 역시 된다가 있으면 안 된다가 있고, 안 된다가 있으면 된다가 있다. 옳다에 의거하면 옳지 않다에 기대는 셈이 되고, 옳지 않다에 의거하면 옳다에 의지하는 셈이 된다.

① ⊙ - ⓛ - ⓒ - ⓔ

② ⊙ - ⓛ - ⓔ - ⓒ

③ ⊙ - ⓒ - ⓛ - ⓔ

④ ⊙ - ⓔ - ⓛ - ⓒ

⑤ ⊙ - ⓔ - ⓒ - ⓛ

13. 다음 〈조건〉이 모두 참이라고 할 때, 논리적으로 항상 거짓인 것은?

> 〈조건〉
> • 비가 오면 사무실이 조용하다.
> • 사무실이 조용하거나 복도가 깨끗하다.
> • 복도가 깨끗한데 비가 오지 않으면, 주차장이 넓고 비가 오지 않는다.
> • 사무실이 조용하지 않다.

① 사무실이 조용하지 않으면 복도가 깨끗하다.

② 주차장이 넓지만 비가 오지 않는다.

③ 복도가 깨끗하지 않다.

④ 비가 오지 않는다.

⑤ 비가 오지 않으면, 사무실이 조용하지 않고 주차장이 넓다.

14. 주어진 글을 통해 알 수 있는 내용이 아닌 것은?

> 농협 하나로유통이 창립 50주년을 맞이해 농협하나로유통의 캐릭터인 '나로'를 이용한 카카오톡 이모티콘을 출시했다고 5일 밝혔다.
>
> '나로'는 고객의 소리를 큰 귀로 귀담아 듣고 빠른 발로 언제나 고객을 신속하게 응대하겠다는 농협하나로유통의 모토를 담아 토끼를 형상화한 캐릭터다. 이번에 출시하는 이모티콘은 사람들이 자주 사용하는 메시지 총 16종을 선정하여 제작되었으며, 캐릭터와 국산 농산물을 활용하여 언어유희적인 요소를 담아낸 것이 특징이다.
>
> 이모티콘은 8월 6일부터 선착순으로 농협하나로유통 카카오채널을 친구 추가하는 고객 4만 명에게 무료로 지급된다.
>
> 카카오채널 친구 추가는 카카오 친구 찾기 검색란에 '농협하나로유통'을 검색한 후 친구 추가 버튼을 누르면 된다. 농협하나로유통은 이번 창립 50주년 맞이 이모티콘 출시를 시작으로 캐릭터 '나로'를 활용한 다양한 굿즈를 선보임으로써 기존 농협하나로유통 고객층과 더불어 젊은 세대를 대상으로 친숙한 농협 이미지를 구축할 계획이다.
>
> 농협하나로유통 김병수 대표이사는 "이번 이모티콘 출시뿐만 아니라 하나로마트 대표 캐릭터인 '나로'를 활용하여 다양한 마케팅을 선보일 것"이라면서 "이번 50주년 기념 '나로' 이모티콘 출시로 고객들과 더 소통하고 지속적으로 고객에게 다가가는 유통기업이 될 수 있도록 노력하겠다"고 밝혔다.

① 하나로유통에서 창립기념일을 위한 이벤트를 준비하였다.

② '나로'는 고객에 대한 기업의 서비스 정신을 담은 캐릭터이다.

③ 새롭게 출시된 이모티콘에는 우리 농산물을 이용한 아이디어가 담겨있다.

④ 이모티콘은 특정 메신저에 신규 가입하면 받을 수 있다.

⑤ 이모티콘 출시 이벤트는 고객과 적극적인 소통을 위한 기업의 노력이다.

15. 다음 글의 내용이 모두 참일 때, 타 지점에서 온 직원들의 지역으로 옳은 것은?

직원들은 전국 지점 직원들이 모인 캠프에서 만난 세 사람에 대한 이야기를 하고 있다. 이들은 캠프에서 만난 타 지점 직원들의 이름은 정확하게 기억하고 있다. 하지만 그들이 어느 지역에서 일하고 있는지에 대해서는 그렇지 않다.

이 사원 : 甲은 대구, 乙이 울산에서 일한다고 했어. 丙이 부산 지점이라고 했고.

김 사원 : 甲이랑 乙이 울산에서 일한다고 했지. 丙은 부산이 맞고.

정 사원 : 다 틀렸다. 丙이 울산이고 乙이 대구에서, 甲이 부산에서 일한다고 했어.

세 명의 직원들은 캠프에서 만난 직원들에 대하여 각각 단 한 명씩의 일하는 지역을 알고 있으며 캠프에서 만난 직원들이 일하는 지역은 부산, 울산, 대구 지역 외에는 없고, 모두 다른 지역에서 일한다.

① 甲 – 대구, 乙 – 울산, 丙 – 부산
② 甲 – 대구, 乙 – 부산, 丙 – 울산
③ 甲 – 울산, 乙 – 부산, 丙 – 대구
④ 甲 – 부산, 乙 – 울산, 丙 – 대구
⑤ 甲 – 부산, 乙 – 대구, 丙 – 울산

16. 다음 제시된 조건을 보고, 만일 영호와 옥숙을 같은 날 보낼 수 없다면, 목요일에 보내야 하는 남녀사원은 누구인가?

영업부의 박 부장은 월요일부터 목요일까지 매일 남녀 각 한 명씩 두 사람을 회사 홍보 행사 담당자로 보내야 한다. 영업부에는 현재 남자 사원 4명(길호, 철호, 영호, 치호)과 여자 사원 4명(영숙, 옥숙, 지숙, 미숙)이 근무하고 있으며, 다음과 같은 제약 사항이 있다.

㉠ 매일 다른 사람을 보내야 한다.
㉡ 치호는 철호 이전에 보내야 한다.
㉢ 옥숙은 수요일에 보낼 수 없다.
㉣ 철호와 영숙은 같이 보낼 수 없다.
㉤ 영숙은 지숙과 미숙 이후에 보내야 한다.
㉥ 치호는 영호보다 앞서 보내야 한다.
㉦ 옥숙은 지숙 이후에 보내야 한다.
㉧ 길호는 철호를 보낸 바로 다음 날 보내야 한다.

① 길호와 영숙　　　　② 영호와 영숙
③ 치호와 옥숙　　　　④ 길호와 옥숙
⑤ 영호와 미숙

17. 고 대리, 윤 대리, 염 사원, 서 사원 중 1명은 갑작스런 회사의 사정으로 인해 오늘 당직을 서야 한다. 이들은 논의를 통해 당직자를 결정하였고, 동료인 최 대리에게 다음 〈보기〉와 같이 말하였다. 이 중 1명만이 진실을 말하고, 3명은 거짓말을 한다면, 당직을 서게 될 사람과 진실을 말한 사람을 순서대로 알맞게 나열한 것은 어느 것인가?

〈보기〉
고 대리 : "윤 대리가 당직을 서겠다고 했어."
윤 대리 : "고 대리는 지금 거짓말을 하고 있어."
염 사원 : "저는 오늘 당직을 서지 않습니다, 최 대리님."
서 사원 : "당직을 서는 사람은 윤 대리님입니다."

① 고 대리, 서 사원
② 염 사원, 고 대리
③ 서 사원, 윤 대리
④ 염 사원, 윤 대리
⑤ 서 사원, 염 사원

18. 카페에서 메뉴를 정하는 데, A~G는 커피와 주스 중 하나를 고르기로 하였다. 이들의 의견이 다음과 같을 때 주스를 주문할 최소 인원은?

㉠ A나 B가 커피를 주문하면, C와 D도 커피를 주문한다.
㉡ B나 C가 커피를 주문하면, E도 커피를 주문한다.
㉢ D는 주스를 주문한다.
㉣ E와 F가 커피를 주문하면, B나 D 중 적어도 하나는 커피를 주문한다.
㉤ G가 주스를 주문하면, F는 커피를 주문한다.

① 2명
② 3명
③ 4명
④ 5명
⑤ 6명

19. 다음은 한 국가시험에 대한 자료이다. 시험의 일부 면제 대상이 되지 않는 경우는?

○ 응시자격
• 제한 없음
○ 시험 과목
• 1차 시험 : ①「상법」 보험편, ②「농어업재해보험법령」 및 농업재해보험손해평가요령(농림축산식품부고시 제2015-20호), ③ 농학 개론 중 재배학 및 원예작물학
• 2차 시험 : ① 농작물재해보험 이론과 실무, ② 농작물재해보험 손해평가 이론과 실무
○ 합격자 결정방법
• 제1차 시험 및 제2차 시험
– 매 과목 100점을 만점으로 하여 매 과목 40점 이상과 전 과목 평균 60점 이상인 사람을 합격자로 결정
○ 시험의 일부면제
① 시험에 의한 제1차 시험 면제
  제1차 시험에 합격한 사람에 대해서는 다음 회에 한정하여 제1차 시험을 면제함.(단 경력서류제출로 제1차 시험 면제된 자는 농어업재해보험법령이 개정되지 않는 한 계속 면제)
② 경력 또는 자격에 의한 제1차 시험 면제(다음 각 호의 어느 하나에 해당)
• 손해평가인으로 위촉된 기간이 3년 이상인 사람으로서 손해평가 업무를 수행한 경력이 있는 사람(「농어업재해보험법」 제11조 제1항)
• 손해사정사(「보험업법」 제186조)
• 아래 인정기관에서 손해사정 관련 업무에 3년 이상 종사한 경력이 있는 사람
–「금융위원회의 설치 등에 관한 법률」에 따라 설립된 금융감독원
–농업협동조합중앙회
–「보험업법」 제4조에 따른 허가를 받은 손해보험회사
–「보험업법」 제175조에 따라 설립된 손해보험협회
–「보험업법」 제187조 제2항에 따른 손해사정을 업(業)으로 하는 법인
–「화재로 인한 재해보상과 보험가입에 관한 법률」 제11조에 따라 설립된 한국화재보험협회

① 농업협동조합중앙회에서 4년 전부터 일하고 있는 A씨
② 손해사정사 자격으로 1년간 일한 경력이 있는 B씨
③ 직전 회차 1차 시험에서 과목별로 55점, 62점, 72점을 받은 C씨
④ 손해평가 업무를 해본 적은 없지만 손해평가인으로 위촉된 기간이 5년 이상인 D씨
⑤ 법에 따라 설립된 한국화재보험협회에서 4년간 일한 경력이 있는 E씨

20. 놀이기구 이용과 관련한 다음 명제들을 통해 추론한 설명으로 올바른 것은 어느 것인가?

• 우주특급을 타 본 사람은 공주의 모험도 타 보았다.
• 공주의 모험을 타 본 사람은 자이로스핀도 타 보았다.
• 자이로스핀을 타 본 사람은 번지번지를 타 보지 않았다.
• 번지번지를 타 본 사람은 기차팡팡을 타 보지 않았다.
• 기차팡팡을 타 본 사람은 우주특급을 타 보지 않았다.

① 자이로스핀을 타 보지 않은 사람은 우주특급을 타 보았다.
② 번지번지를 타 본 사람은 우주특급을 타 보지 않았다.
③ 기차팡팡을 타 보지 않은 사람은 자이로스핀을 타 보았다.
④ 공주의 모험을 타 본 사람은 기차팡팡을 타 보았다.
⑤ 자이로스핀을 타 보지 않은 사람은 번지번지를 타 보았다.

21. 다음 글의 내용이 참일 때, 반드시 거짓인 것은?

똑똑한 사람 중에서 믿음직스러운 여자는 모두 인기가 많다. 착한 사람 중에서 미소가 예쁜 남자는 모두 인기가 많다. "인기가 많지 않지만 멋진 남자가 있다."라는 말은 거짓이다. 이숙은 멋지지는 않지만 믿음직스러운 여자다. 지훈이는 인기는 많지 않지만 미소가 예쁜 남자이다. 여자든 남자든 당연히 사람이다.

① 이숙이 인기가 많지 않다면 그녀는 똑똑하지 않은 것이다.
② 이숙이 똑똑해진다면 인기가 많아 질 것이다.
③ 지훈이는 미소가 예쁜 멋진 남자이다.
④ 지훈이는 착하지 않다.
⑤ 착한 사람 중에 인기가 많지 않은 사람이 있다.

22. 다음 글의 내용이 참일 때, 반드시 참인 것은?

> 신메뉴 개발에 성공한다면, 가게에 손님이 늘거나 신메뉴와 함께 먹을 수 있는 메뉴들의 판매량이 늘어날 것이다. 만일 가게의 매출이 상승한다면, 신메뉴 개발에 성공한 것이다. 그리고 만일 가게의 매출이 상승한다면, 새직원을 뽑지 않는다는 전제 하에서 가게의 순수입이 늘어난다. 손님이 늘진 않았지만 가게의 매출은 상승했다. 그러나 새직원을 뽑는다면, 인건비 상승으로 순수입은 늘지 않는다.

① 다른 메뉴들의 판매량이 늘어난다.
② 순수입이 늘어난다.
③ 신메뉴 개발에 성공한다면, 순수입이 늘어난다.
④ 신메뉴 개발에 성공한다면, 새직원을 뽑지 않아도 된다.
⑤ 신메뉴 개발에 성공한다고 해도 매출이 상승하지 않을 수 있다.

┃23~24┃ A~E로 구성된 '갑'팀은 회식을 하고자 한다. 다음의 〈메뉴 선호 순위〉와 〈메뉴 결정 기준〉을 고려하여 회식메뉴를 정한다. 이어지는 각 물음에 답하시오.

〈메뉴 선호 순위〉

팀원＼메뉴	탕수육	양고기	바닷가재	방어회	삼겹살
A	3	2	1	4	5
B	4	3	1	5	2
C	3	1	5	4	2
D	2	1	5	3	4
E	3	5	1	4	2

〈메뉴 결정 기준〉
• 기준1 : 1순위가 가장 많은 메뉴로 정한다.
• 기준2 : 5순위가 가장 적은 메뉴로 정한다.
• 기준3 : 1순위에 5점, 2순위에 4점, 3순위에 3점, 4순위에 2점, 5순위에 1점을 부여하여 각각 합산한 뒤, 점수가 가장 높은 메뉴로 정한다.
• 기준4 : 기준3에 따른 합산 점수의 상위 2개 메뉴 중, 1순위가 더 많은 메뉴로 정한다.
• 기준5 : 5순위가 가장 많은 메뉴를 제외하고 남은 메뉴 중, 1순위가 가장 많은 메뉴로 정한다.

23. 제시된 자료와 함께 다음과 같은 상황이 주어졌을 때, 다음 중 옳지 않은 것은?

> • D는 바닷가재가 메뉴로 정해지면 회식에 불참한다.
> • D가 회식에 불참하면 C도 불참한다.
> • E는 양고기가 메뉴로 정해지면 회식에 불참한다.

① 기준1과 기준4 중 어느 것에 따르더라도 같은 메뉴가 정해진다.
② 기준2에 따르면 탕수육으로 메뉴가 정해진다.
③ 기준3에 따르면 모든 팀원이 회식에 참석한다.
④ 기준4에 따르면 D는 회식에 참여하지 않는다.
⑤ 기준5에 따르면 E는 회식에 참석하지 않는다.

24. '갑'팀은 이번 달 처음 회식은 기준1에 따라, 두 번째 회식은 기준3에 따라 회식 메뉴를 결정하였다. 두 회식 모두 팀원 전원이 참석하였을 때, 이번 달에 '갑'팀에서 회식비용으로 신청해야 하는 예산 금액은 얼마인가? (단, 메뉴별 1인당 가격은 다음과 같으며, 인원수에 맞게 주문하되 그 메뉴 선호 순위를 1위로 매긴 사람만 2인분씩 주문했다고 한다.)

메뉴	탕수육	양고기	바닷가재	방어회	삼겹살
1인당 가격	9,000원	17,000원	56,000원	45,000원	13,000원

① 567,000원
② 535,000원
③ 516,000원
④ 498,000원
⑤ 486,000원

25. 다음은 신입사원 이○○이 작성한 '최근 국내외 여러 상품의 가격 변화 조사 보고서'의 일부이다. 보고서에서 ㈎~㈐에 들어갈 말이 바르게 짝지어진 것은?

〈최근 국내외 여러 상품의 가격 변화 조사 보고서〉

작성자 : 이○○

※ 고려 사항
• 옥수수와 밀의 경작지 면적은 한정되어 있다.
• 옥수수는 바이오 에탄올 생산에 사용된다.
• 밀가루는 라면의 주원료이다.
• 바이오 에탄올은 원유의 대체 에너지로 사용된다.

※ 상품 가격의 변화

	㈎	㈏	㈐
①	상승	상승	상승
②	상승	상승	하락
③	하락	상승	하락
④	하락	하락	상승
⑤	불변	하락	불변

26. A 부서에서는 새로운 프로젝트를 위해 팀을 꾸리고자 한다. 이 부서에는 남자 직원 세현, 승훈, 영수, 준원 4명과 여자 직원 보라, 소희, 진아 3명이 소속되어 있다. 아래의 조건에 따라 이들 가운데 4명을 뽑아 프로젝트 팀에 포함시키려 한다. 다음 중 옳지 않은 것은?

〈조건〉
• 남자 직원 가운데 적어도 한 사람은 뽑아야 한다.
• 여자 직원 가운데 적어도 한 사람은 뽑지 말아야 한다.
• 세현, 승훈 중 적어도 한 사람을 뽑으면, 준원과 진아도 뽑아야 한다.
• 영수를 뽑으면, 보라와 소희는 뽑지 말아야 한다.
• 진아를 뽑으면, 보라도 뽑아야 한다.

① 남녀 동수로 팀이 구성된다.
② 영수와 소희 둘 다 팀에 포함되지 않는다.
③ 승훈과 세현은 함께 프로젝트 팀에 포함될 수 있다.
④ 준원과 보라 둘 다 팀에 포함된다.
⑤ 진아는 어떻게 구성을 해도 팀에 포함된다.

|27~28| 일정한 규칙으로 수나 문자를 나열할 때, 빈칸에 들어갈 알맞은 것을 고르시오.

27.

2 6 8 14 22 36 58 ( )

① 79 　　　　　② 83
③ 87 　　　　　④ 90
⑤ 94

28.

댜 베 죠 튜 개 ( )

① 뎌 　　　　　② 혜
③ 더 　　　　　④ 레
⑤ 려

29. A는 1개당 5만 원, B는 1개당 2만 원의 이익이 생기고, 두 제품 A, B를 총 50개 생산한다고 할 때, 이익을 최대로 하려면 제품 A는 몇 개를 생산해야 하는가?

제품	A제품	B제품	하루 사용 제한량
전력(kWh)	50	20	1,600
연료(L)	3	5	240

① 16개 　　　　　② 18개
③ 20개 　　　　　④ 24개
⑤ 26개

30. 다음은 A카페의 커피 판매정보에 대한 자료이다. 한 잔만을 더 판매하고 영업을 종료한다고 할 때, 총이익이 정확히 64,000원이 되기 위해서 판매해야 하는 메뉴는?

(단위 : 원, 잔)

구분 메뉴	판매가격 (1잔)	현재까지 판매량	한 잔당 재료				
			원두 (200)	우유 (300)	바닐라 (100)	초코 (150)	캐러멜 (250)
아메리카노	3,000	5	○	×	×	×	×
카페라떼	3,500	3	○	○	×	×	×
바닐라라떼	4,000	3	○	○	○	×	×
카페모카	4,000	2	○	○	×	○	×
캐러멜라떼	4,300	6	○	○	○	×	○

※ 메뉴별 이익＝(메뉴별 판매가격－메뉴별 재료비) × 메뉴별 판매량
※ 총이익은 메뉴별 이익의 합이며, 다른 비용은 고려하지 않음
※ A카페는 5가지 메뉴만을 판매하며, 메뉴별 1잔 판매가격과 재료비는 변동 없음
※ ○ : 해당 재료 한 번 사용, × : 해당 재료 사용하지 않음

① 아메리카노 ② 카페라떼
③ 바닐라라떼 ④ 카페모카
⑤ 캐러멜라떼

31. A사의 진급 테스트에서 20문제에서 한 문제를 맞히면 3점을 얻고, 틀리면 2점을 감점한다고 한다. 甲이 20문제를 풀어 40점의 점수를 얻었을 때, 甲이가 틀린 문제 수는?

① 2개 ② 3개
③ 4개 ④ 15개
⑤ 16개

32. 강 대리와 유 대리가 가위바위보를 하여 이긴 사람은 2계단씩 올라가고 진 사람은 1계단씩 내려가기로 하였다. 가위바위보 게임을 하여 처음보다 강대리는 7계단을 올라가 있었고 유대리는 2계단 내려와 있었을 때 강대리가 이긴 횟수는? (단, 비기는 경우는 생각하지 않는다.)

① 1회 ② 2회
③ 3회 ④ 4회
⑤ 5회

33. 금이 70% 포함된 합금과 금이 85% 포함된 합금을 섞어서 금이 80% 포함된 합금 600g을 만들었다. 이때 금이 85% 포함된 합금은 몇 g을 섞어야 하는가?

① 200g ② 250g
③ 300g ④ 350g
⑤ 400g

34. 5명의 사원 A, B, C, D, E가 김밥, 만두, 쫄면 중에서 서로 다른 2종류의 음식을 표와 같이 선택하였다. 이 5명 중에서 임의로 뽑힌 한 사원이 만두를 선택한 학생일 때, 이 사원이 쫄면도 선택하였을 확률은?

	A	B	C	D	E
김밥	○	○		○	
만두	○	○	○		○
쫄면			○	○	○

① $\frac{1}{4}$ ② $\frac{1}{3}$
③ $\frac{1}{2}$ ④ $\frac{2}{3}$
⑤ $\frac{3}{4}$

35. ○○사의 디자인 공모 대회에 윤 사원이 참가하였다. 참가자는 두 항목에서 점수를 받으며, 각 항목에서 받을 수 있는 점수는 표와 같이 3가지 중 하나이다. 윤 사원이 각 항목에서 점수 A를 받을 확률은 $\frac{1}{2}$, 점수 B를 받을 확률은 $\frac{1}{3}$, 점수 C를 받을 확률은 $\frac{1}{6}$이다. 관객 투표 점수를 받는 사건과 심사 위원 점수를 받는 사건이 서로 독립일 때, 윤 사원이 받는 두 점수의 합이 70일 확률은?

항목 점수	점수 A	점수 B	점수 C
관객 투표	40	30	20
심사 위원	50	40	30

① $\frac{1}{3}$ ② $\frac{11}{36}$
③ $\frac{5}{18}$ ④ $\frac{1}{4}$
⑤ $\frac{2}{9}$

다음 〈표〉는 2018년과 2019년 甲사의 창업아이디어 공모자를 대상으로 직업과 아이디어 진행 단계를 조사한 자료이다. 물음에 답하시오. (단, 복수응답 및 무응답은 없다)

〈창업아이디어 공모자의 직업 구성〉

(단위 : 명, %)

직업	2018		2019		합계	
	인원	비율	인원	비율	인원	비율
교수	34	4.2	183	12.5	217	9.6
연구원	73	9.1	118	8.1	ⓐ	8.4
대학생	17	2.1	74	5.1	91	4.0
대학원생	31	3.9	93	6.4	ⓑ	5.5
회사원	297	37.0	567	38.8	864	38.2
기타	350	43.6	425	29.1	775	34.3
계	802	100.0	1,460	100	2,262	100

〈창업아이디어 공모자의 아이디어 진행단계〉

(단위 : 명, %)

창업단계	2018	2019	합계	
			인원	비중
구상단계	79	158	237	10.5
기술개발단계	291	668	959	42.4
시제품제작단계	140	209	ⓒ	15.4
시장진입단계	292	425	717	31.7
계	802	1,460	1,913	100

36. 제시된 자료에서 ⓐ~ⓒ에 들어갈 수의 합은?

① 436

② 541

③ 664

④ 692

⑤ 712

37. 주어진 자료에 대한 설명으로 옳은 것은?

① 2019년 회사원 공모자의 전년대비 증가율은 90%를 넘지 못한다.

② 창업아이디어 공모자의 직업 구성의 1위와 2위는 2018년과 2019년 동일하다.

③ 2018년에 기술개발단계에 공모자수의 비중은 40% 이상이다.

④ 기술개발단계에 있는 공모자수 비중의 연도별 차이는 시장진입단계에 있는 공모자수 비중의 연도별 차이보다 크다.

⑤ 2019년에 시제품제작단계인 공모자수 비중과 시장진입단계인 공모자수 비중의 합은 전체의 50% 이상이다.

다음은 행정서비스 이용 방법별 선호도를 나타낸 자료이다. 물음에 답하시오.

〈행정서비스 이용 방법 선호도〉

(단위 : %)

이용방법\특성	직접방문	인터넷 홈페이지, 웹사이트	모바일 앱	이메일	SMS 문자 메시지	공공 무인 민원 발급기
성별 남성	16.6	49.7	15.3	1.5	0.9	0.7
성별 여성	16.6	48.1	15.0	1.5	2.0	0.4
교육수준별 중졸 이하	45.7	20.8	9.0	0.1	1.9	0.0
교육수준별 고졸	18.5	45.8	12.0	1.6	1.1	1.1
교육수준별 대졸 이상	10.7	55.6	18.6	1.7	1.7	0.1

38. 주어진 자료를 바르게 이해한 것만 고른 것은?

㉠ 직접방문을 선호하는 남성과 여성의 수가 같다.

㉡ 교육수준이 높을수록 인터넷 홈페이지, 웹사이트 이용을 선호하는 경향이 있다.

㉢ 어느 특성을 가진 집단에서도 공공 무인 민원발급기 이용 선호도가 2%를 넘지 않는다.

㉣ 모바일 앱 이용 선호도는 교육수준이 낮을수록 높다.

① ㉡, ㉣

② ㉡, ㉢

③ ㉠, ㉢

④ ㉠, ㉣

⑤ ㉢, ㉣

39. 조사에 참여한 남성의 수가 18,000명이라면 이메일을 선호하는 남성은 몇 명인가?

① 240명

② 250명

③ 270명

④ 280명

⑤ 290명

40. 다음 (가)~(다)의 설명에 맞는 용어가 순서대로 올바르게 짝 지어진 것은?

> (가) 유통분야에서 일반적으로 물품관리를 위해 사용된 바코드를 대체할 차세대 인식기술로 꼽히며, 판독 및 해독 기능을 하는 판독기(reader)와 정보를 제공하는 태그(tag)로 구성된다.
>
> (나) 컴퓨터 관련 기술이 생활 구석구석에 스며들어 있음을 뜻하는 '퍼베이시브 컴퓨팅(pervasive computing)'과 같은 개념이다.
>
> (다) 메신저 애플리케이션의 통화 기능 또는 별도의 데이터 통화 애플리케이션을 설치하면 통신사의 이동통신망이 아니더라도 와이파이(Wi-Fi)를 통해 단말기로 데이터 음성통화를 할 수 있으며, 이동통신망의 음성을 쓰지 않기 때문에 국외 통화 시 비용을 절감할 수 있다는 장점이 있다.

① RFID, 유비쿼터스, VoIP

② POS, 유비쿼터스, RFID

③ RFID, POS, 핫스팟

④ POS, VoIP, 핫스팟

⑤ RFID, VoIP, POS

41. 다음 표에 제시된 통계함수와 함수의 기능이 서로 잘못 짝 지어진 것은 어느 것인가?

함수명	기능
㉠ AVERAGEA	텍스트로 나타낸 숫자, 논리 값 등을 포함, 인수의 평균을 구함
㉡ COUNT	인수 목록에서 공백이 아닌 셀과 값의 개수를 구함
㉢ COUNTIFS	범위에서 여러 조건을 만족하는 셀의 개수를 구함
㉣ LARGE(범위, k번째)	범위에서 k번째로 큰 값을 구함
㉤ RANK	지정 범위에서 인수의 순위를 구함

① ㉠

② ㉡

③ ㉢

④ ㉣

⑤ ㉤

42. 다음에서 설명하고 있는 문자 자료 표현은 무엇인가?

> • BCD코드의 확장코드이다.
> • 8비트로 28(256)가지의 문자 표현이 가능하다.(zone : 4bit, digit : 4bit)
> • 주로 대형 컴퓨터에서 사용되는 범용코드이다.
> • EBCDIC 코드는 바이트 단위 코드의 기본으로 하나의 문자를 표현한다.

① BCD 코드

② ASCII 코드

③ 가중치 코드

④ EBCDIC 코드

⑤ 오류검출 코드

43. 국내에서 사용하는 인터넷 도메인(Domain)은 현재 2단계 도메인으로 구성되어 있다. 다음 중 도메인 종류와 해당 기관의 성격이 올바르게 연결되지 않은 것은?

① re.kr - 연구기관

② pe.kr - 개인

③ kg.kr - 유치원

④ ed.kr - 대학

⑤ mil.kr - 국방

44. 길동이는 이번 달 사용한 카드 사용금액을 시기별, 항목별로 다음과 같이 정리하였다. 항목별 단가를 확인한 후 D2 셀에 함수식을 넣어 D5까지 드래그를 하여 결과값을 알아보고자 한다. 길동이가 D2 셀에 입력해야 할 함수식으로 적절한 것은 어느 것인가?

	A	B	C	D
1	시기	항목	횟수	사용금액(원)
2	1주	식비	10	
3	2주	의류구입	3	
4	3주	교통비	12	
5	4주	식비	8	
6				
7	항목	단가		
8	식비	6500		
9	의류구입	43000		
10	교통비	3500		

① =C2*HLOOKUP(B2,$A$8:$B$10,2,0)

② =B2*HLOOKUP(C2,$A$8:$B$10,2,0)

③ =B2*VLOOKUP(B2,$A$8:$B$10,2,0)

④ =C2*VLOOKUP(B2,$A$8:$B$10,2,0)

⑤ =C2*HLOOKUP($A$8:$B$10,2,0)

45. 다음의 워크시트에서 2학년의 평균점수를 구하고자 할 때 [F5] 셀에 입력할 수식으로 옳은 것은?

	A	B	C	D	E	F
1	이름	학년	점수			
2	윤성희	1학년	100			
3	이지연	2학년	95			
4	유준호	3학년	80		학년	평균점수
5	송민기	2학년	80		2학년	
6	유시준	1학년	100			
7	임정순	4학년	85			
8	김정기	2학년	95			
9	신길동	4학년	80			

① =DAVERAGE(A1:C9, 3, E4:E5)

② =DAVERAGE(A1:C9, 2, E4:E5)

③ =DAVERAGE(A1:C9, 3, E4:E4)

④ =DMAX(A1:C9, 3, E4:E5)

⑤ =DMAX(A1:C9, 2, E4:E5)

46. 다음 중 아래 시트에서 수식 ' =MOD(A3:A4)'의 값과 수식 ' =MODE(A1:A9)'의 값으로 바르게 나열한 것은?

	A
1	6
2	8
3	7
4	6
5	1
6	3
7	4
8	6
9	3

① 1, 3 ② 1, 6

③ 1, 8 ④ 2, 3

⑤ 2, 6

47. 다음의 알고리즘에서 인쇄되는 S는?

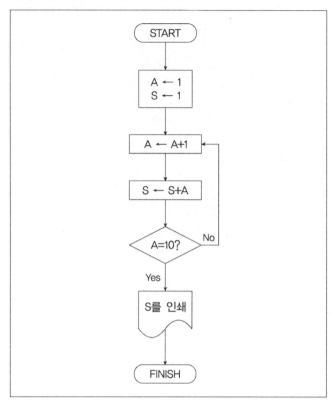

① 36 ② 45

③ 55 ④ 66

⑤ 77

│48~50│ 다음은 우리나라에 수입되는 물품의 코드이다. 다음 코드 목록을 보고 이어지는 물음에 답하시오.

생산연월	생산지역				상품종류				순서
	지역코드		고유번호		분류코드		고유번호		
• 1602 2016년 2월 • 1608 2016년 8월 • 1702 2017년 2월	1	유럽	A	프랑스	01	가공식품류	001	소시지	00001부터 시작하여 수입된 물품 순서대로 5자리의 번호가 매겨짐
			B	영국			002	맥주	
			C	이탈리아			003	치즈	
	2	남미	D	독일	02	육류	004	돼지고기	
			E	칠레			005	소고기	
			F	볼리비아			006	닭고기	
	3	동아시아	G	일본			007	파프리카	
			H	중국	03	농수산식품류	008	바나나	
	4	동남아시아	I	말레이시아			009	양파	
			J	필리핀			010	할라피뇨	
			K	태국			011	후추	
			L	캄보디아			012	파슬리	
	5	아프리카	M	이집트			013	의류	
			N	남아공			014	장갑	
	6	오세아니아	O	뉴질랜드	04	공산품류	015	목도리	
			P	오스트레일리아			016	가방	
							017	모자	
	7	중동아시아	Q	이란			018	신발	
			H	터키					

〈예시〉
2016년 3월 남미 칠레에서 생산되어 31번째로 수입된 농수산식품류 파프리카 코드

<u>1603</u>   —   <u>2E</u>   —   <u>03007</u>   —   <u>00031</u>

48. 다음 중 2016년 5월 유럽 독일에서 생산되어 64번째로 수입된 가공식품류 소시지의 코드로 맞는 것은?

① 16051A0100100034

② 16051D0200500064

③ 16054K0100200064

④ 16051D0100100064

⑤ 16051D0100200064

49. 다음 중 아시아 대륙에서 생산되지 않은 상품의 코드를 고르면?

① 16017Q0401800078

② 16054J0300800023

③ 14053G0401300041

④ 17035M0401400097

⑤ 17043H0100200001

50. 상품코드 17034L0301100001에 대한 설명으로 옳지 않은 것은 무엇인가?

① 첫 번째로 수입된 상품이다.

② 동남아시아 캄보디아에서 수입되었다.

③ 2017년 6월 수입되었다.

④ 농수산식품류에 속한다.

⑤ 후추이다.

[공통] 전체

1. 일본의 지산지소, 미국의 파머스 마켓은 이것에 해당한다. 중소농에게 안정적인 유통판로를 제공하고 일자리 창출 등의 지역경제를 활성화시키기 위한 지역단위 소비체계 모델을 의미하는 용어는?

① 로컬푸드
② 슬로푸드
③ 할랄푸드
④ 메디푸드
⑤ 로커보어

2. 다음 설명에 해당하는 것은?

> 귀농과 귀촌에 관심이 있고 이주를 고려 중인 도시민에게 농촌에 거주하면서 일자리와 생활 등을 체험하고 주민과 교류하는 기회를 제공하여 농촌에 정착할 수 있도록 지원하는 사업

① 귀농인의 집
② 함께 쓰는 농업일기
③ 마을 가꾸기
④ 농촌에서 살아보기
⑤ 귀농 닥터 프로그램

3. 농산물우수관리(GAP)에 대한 설명으로 옳지 않은 것은?

① 생산부터 판매까지 안전관리체계를 구축하여 소비자에게 농산물을 공급이 목적이다.
② 우수관리인증의 대상품목은 식용(食用)을 목적으로 생산·관리한 농산물로 한다.
③ 농림축산식품부 장관이 농산물우수관리의 기준을 정하여 고시한다.
④ 우수관리인증이 취소된 후 6개월이 지난 이후에 신청할 수 있다.
⑤ 인삼류의 우수관리인증의 유효기간은 5년 이내이다.

4. 다음 중 농산물의 값이 오르면서 식품을 비롯한 일반 물가가 동반 상승하는 현상의 원인으로 볼 수 없는 것은?

① 농산물 경작지의 감소
② 기상 악화 등으로 인한 농산물의 생산량 감소
③ 국제 유가 급등으로 인한 곡물 생산 및 유통 비용의 증가
④ 화석 연료의 활성화
⑤ 대체 연료의 활성화

5. 고랭지 농업에 대한 설명으로 옳은 것은?

① 남부지방이나 제주도에서 주로 이루어지는 농업이다.
② 여름철 강우량이 적고 일조시간이 긴 기후를 이용한다.
③ 표고(標高) 200 ~ 300m 정도의 지대가 적당하다.
④ 벼, 보리 등 곡식류 재배가 주로 이루어진다.
⑤ 진딧물, 바이러스병의 발생이 적다.

6. 화학비료나 유기합성 농약 등의 합성화학 물질을 일체 사용하지 않거나 아주 소량만을 사용하는 농업은?

① 유축농업   ② 유기농업
③ 관개농업   ④ 도시농업
⑤ 근교농업

7. 24절기 중 14번째에 해당하는 절기로, 여름이 지나면서 더위가 그친다는 의미로 붙여진 이름이다. 농사에 있어서는 여름밭을 정리하고 무와 배추, 갓 등 김장농사 준비를 시작해야 하는 시기로, '모기도 (   )이/가 지나면 입이 삐뚤어진다.', '(   )이/가 지나면 풀도 울며 돌아간다.'는 관련 속담이 있는 이 절기는?

① 입춘   ② 곡우
③ 입추   ④ 처서
⑤ 백로

8. 다음은 '1세대 스마트 팜'과 '2세대 스마트 팜'을 비교한 표이다. 다음 중 옳지 않은 것은?

구분	1세대 스마트 팜	2세대 스마트 팜
데이터 수집	동식물의 생육환경 정보	생육환경정보 + ㉠생체정보
데이터 분석	지식, 경험, 분석도구	㉡인공지능
서비스	편의성 제고, 긴급 알림, ㉢의사결정	1세대 + 자동조절
시스템 제어	㉣농장 단위 제어	㉤클라우드 시스템

① ㉠

② ㉡

③ ㉢

④ ㉣

⑤ ㉤

9. 최근에는 SNS를 통해 정치·사회적 운동에 참여하고 행동하는 경우가 늘어났다. 국민청원에 서명하거나 캠페인에 참여하는 등 상대적으로 적은 시간과 노력이 필요한 활동에 소극적으로 참여하는 행동을 의미하는 용어는?

① 클릭티비즘

② 슬랙티비즘

③ 할리우디즘

④ 핵티비즘

⑤ 프리즘

10. 〈보기〉의 설명에 해당하는 기술로 가장 적절한 것은?

> 〈보기〉
> • 서비스 모델은 IaaS, PaaS, SaaS로 구분한다.
> • 필요한 만큼 자원을 임대하여 사용할 수 있다.
> • 가상화 기술, 서비스 프로비저닝(Provisioning) 기술, 과금 체계 등을 필요로 한다.

① 빅데이터(Bigdata)

② 딥러닝(Deep Learning)

③ 사물인터넷(Internet Of Things)

④ 클라우드 컴퓨팅(Cloud Computing)

⑤ 머신 러닝(Machine Learning)

11. 데이터에 의미를 부여하여 문제를 분석하고 해결해 나가는 신종 직업은?

① 빅데이터 큐레이터

② 인포그래픽 전문가

③ 데이터 마이닝 전문가

④ 디지털광고게시판기획자

⑤ 데이터 사이언티스트

12. 다음 중 4차 산업혁명의 핵심 기술인 '5G'가 가져올 변화 내용으로 가장 적절하지 않은 것은?

① 자동차 산업 – 주위 차량의 운행정보를 실시간으로 공유하여 안전하고 스마트한 자율주행차의 운행을 지원

② 제조업 – 실시간으로 정보를 공유하고 최적상태를 자동으로 유지하도록 하는 스마트 팩토리 구현

③ 미디어 – 인터넷에서 음성이나 영상, 애니메이션 등을 실시간으로 재생

④ 금융 – 사용자 데이터와 AR기술을 활용한 마케팅 및 경제 기회 창출

⑤ 스마트 시티 – 네트워크와 ICT로 교통, 유틸리티, 시설관리 등의 인프라를 효율적으로 운영

13. OECD 개인정보보호 8개 원칙 중 다음의 설명에 해당하는 것은?

> 개인정보 침해, 누설, 도용을 방지하기 위한 물리적·조직적·기술적인 안전조치를 확보해야 한다.

① 수집 제한의 원칙

② 이용 제한의 원칙

③ 정보 정확성의 원칙

④ 안전성 확보의 원칙

⑤ 개인 참가의 원칙

14. 다음 보기에서 설명하는 효과와 관련이 높은 것은?

- 탄소배출량을 저감시키는 효과로 녹색경영이 가능하다.
- 시간과 장소에 구애받지 않는 유연한 업무환경을 제공한다.
- 클라우드 컴퓨팅 기술, 화상회의 등의 기술로 원격업무가 가능하다.
- 다양한 기기로 근무가 가능하다.
- 결제 프로세서를 간략하게 하여 시간을 단축한다.

① 긱 워커(Gig Worker)

② 공유 오피스

③ 온디맨드(On Demand)

④ 스마트 워크(Smart Work)

⑤ 옴니채널(Omni Channel)

15. 경기불황과 1인 가구가 증가하면서 공유경제가 확산되고 있다. 공유경제 디지털 플랫폼으로 적절하지 않은 것은?

① 에어비앤비　　　② 현대셀렉션

③ 위워크　　　　　④ 우버

⑤ 쏘카

[분야별] 일반

1. 화폐의 발달 순서로 옳은 것은?

① 상품화폐 – 지폐 – 신용화폐 – 금속화폐 – 전자화폐

② 상품화폐 – 금속화폐 – 지폐 – 신용화폐 – 전자화폐

③ 상품화폐 – 금속화폐 – 신용화폐 – 지폐 – 전자화폐

④ 금속화폐 – 지폐 – 상품화폐 – 신용화폐 – 전자화폐

⑤ 금속화폐 – 상품화폐 – 지폐 – 신용화폐 – 전자화폐

2. 가구의 소득 흐름은 물론 금융 및 실물 자산까지 종합적으로 고려하여 가계부채의 부실위험을 평가하는 지표로, 가계의 채무상환능력을 소득 측면에서 평가하는 원리금상환비율(DSR : Debt Service Ratio)과 자산 측면에서 평가하는 부채/자산비율(DTA : Debt To Asset Ratio)을 결합하여 산출한 지수를 무엇이라고 하는가?

① 가계신용통계지수　　② 가계수지

③ 가계순저축률　　　　④ 가계부실위험지수

⑤ 가계처분가능소득지수

3. 다음 내용을 읽고 (　　) 안에 들어갈 말로 가장 적절한 것을 고르면?

( )을/를 시행하게 되면 환율 변동에 따른 충격을 완화하고 거시경제정책의 자율성을 어느 정도 확보할 수 있다는 장점이 있다. 하지만 특정 수준의 환율을 지속적으로 유지하기 위해서는 정부나 중앙은행이 재정정책과 통화정책을 실시하는 데있어서 국제수지 균형을 먼저 고려해야하는 제약이 따르고 불가피하게 자본이동을 제한해야 한다.

① 고통지수　　　　　　② 자유변동환율제도

③ 고정환율제도　　　　④ 고정자본소모

⑤ 고정이하여신비율

4. 1인 가구가 늘어나면서 나타나는 현상으로, 혼자 밥을 먹거나 혼자 쇼핑을 하거나 여행을 다니는 등 혼자서 소비생활을 즐기는 소비 트렌드를 뜻하는 말은?

① 일점호화소비

② 일물일가의 법칙

③ 일코노미

④ 일대일로

⑤ 일비

5. 다음이 설명하는 경제학의 개념으로 옳은 것은?

우리는 항상 처음 경험하는 일에 큰 감흥을 받는다. 첫사랑을 못 잊는 것도, 새 옷을 즐겨 찾는 것도, 남이 갖지 않은 새 것을 원하고, 해 보지 않은 일을 시도하는 용기도 모두 이에서 비롯된다. 모든 일을 처음 시작할 때의 다짐처럼 추진한다면 얼마나 좋을까? 하지만 항상 처음처럼 살아가지 못하는 것이 우리들의 모습이다. 처음 순간에 만끽했던 그 기쁨과 감흥, 때로는 큰 결심이나 고통마저도 시간이 흐르면 무덤덤하게 일상의 흐름에 묻혀 버린다. 세월이 흐를수록 첫 경험은 빛바랜 추억으로 묻히고, 반복되는 일상은 별다른 감동을 주지 못한다.
－정갑영, 「열보다 더 큰 아홉」－

① 기회비용

② 형평성

③ 한계효용 체감의 법칙

④ 규모에 대한 수확체감의 법칙

⑤ 삼면 등가의 법칙

6. 치열한 경쟁 끝에 승리를 얻었지만 승리를 얻기 위해 과도한 비용과 희생으로 오히려 커다란 후유증을 겪는 상황을 뜻하는 말은?

① 시장실패   ② 깨진 유리창의 법칙

③ 죄수의 딜레마   ④ 트롤리 딜레마

⑤ 승자의 저주

7. 다음 중 내생적 성장모형에서 국가 간 1인당 GNP 성장률 격차에 영향을 미치는 요인으로 보는 것을 모두 고르면?

> ㉠ 교육수준의 차이
> ㉡ 자본축적의 차이
> ㉢ 기술수준의 차이

① ㉠   ② ㉠㉡

③ ㉠㉢   ④ ㉡㉢

⑤ ㉠㉡㉢

8. 다음 중 구매력평가설에 관한 설명으로 옳지 않은 것은?

① 환율이 양국 통화의 구매력에 의하여 결정된다는 이론이다.

② 균형환율수준 혹은 변화율은 각국의 물가수준을 반영하여야 한다는 이론이다.

③ 절대적 구매력평가설은 일물일가의 법칙(Law of One Price)을 국제시장에 적용한 이론이다.

④ 무역거래에 있어서 관세부과나 운송비로 인해 구매력평가설의 기본가정인 일물일가의 법칙이 현실적으로 성립하기 쉽다.

⑤ 무역이 자유롭고 운송비용이 저렴하다는 점을 가정한다.

9. 다음 중 금리의 기능을 모두 고르면?

> ㉠ 자금배분   ㉡ 경기전망
> ㉢ 경기조절   ㉣ 물가조정

① ㉠㉡   ② ㉡㉢

③ ㉠㉢㉣   ④ ㉡㉢㉣

⑤ ㉠㉡㉢㉣

10. 소득분배의 불균등도를 측정하는 방법이 아닌 것은?

① 로렌츠 곡선

② 엥겔법칙

③ 지니계수

④ 지브라의 법칙

⑤ 10분위 분배율

11. 방카슈랑스에 대한 내용으로 옳지 않은 것은?

① 방카슈랑스란 보험상품을 은행창구를 통하여 판매하는 것을 말한다.

② 은행은 이미 구축되어 있는 점포망을 활용하여 보험상품을 판매하기 때문에 보험료가 저렴하다.

③ 은행에서 은행상품과 보험상품의 장점만을 갖고 있는 복합상품을 접할 수도 있다.

④ 보험금 지급은 은행에서 전액 부담한다.

⑤ 우리나라에서는 2003년부터 시행되었다.

12. 레온티에프의 역설에 대한 설명으로 옳은 것은?

① 미국은 자본이 풍부한 국가이지만, 노동집약적 제품을 수출한다.

② 무역개시 후 완전특화가 이루어지는 것이 아니라 부분특화가 이루어진다.

③ 유치산업을 보호하는 정책을 쓰면 단기적으로는 오히려 사회후생이 감소한다.

④ 관세를 제거하면 실업과 효율성이 동시에 증가하므로 그 효과를 사전적으로 알 수 없다.

⑤ 세율이 일정 수준(최적조세율)을 넘으면 반대로 세수가 줄어드는 현상이 나타난다.

13. 시장에서의 경쟁을 약화시킴으로써 높은 이윤을 확보하는 것이 주 목적인 기업형태와 거리가 먼 것은?

① 트러스트(Trust)

② 콤비나트(Combinat)

③ 신디케이트(Syndicate)

④ 카르텔(Cartel)

⑤ 조인트벤처(Joint Venture)

14. 다음 ( ) 안에 들어갈 알맞은 말은?

> 니콜라스 탈레브는 그의 책에서 ( )을/를 '과거의 경험으로로 확인할 수 없는 기대 영역 바깥쪽의 관측 값으로, 극단적으로 예외적이고 알려지지 않아 발생가능성에 대한 예측이 거의 불가능하지만 일단 발생하면 엄청난 충격과 파장을 가져오고, 발생 후에야 적절한 설명을 시도하여 설명과 예견이 가능해지는 사건'이라고 정의했다. 이것의 예로 20세기 초에 미국에서 일어난 경제대공황이나 9·11 테러, 구글(Google)의 성공 같은 사건을 들 수 있다. 최근 전 세계를 강타한 미국 발 세계금융위기도 포함된다.

① 블랙 스완

② 그레이 스완

③ 어닝 쇼크

④ 더블 딥

⑤ 유동성 함정

15. 통신사업자가 대도시나 아파트 단지 등 고수익 – 저비용 지역에만 서비스를 제공하는 현상에 빗댄 것으로, 기업이 이익을 창출할 것으로 보이는 시장에만 상품과 서비스를 제공하는 현상을 의미하는 것은?

① OSJD

② 스마일 커브

③ 코드 커팅

④ 크림 스키밍

⑤ 스놉 효과

[분야별] IT전산

1. 다음은 DBMS를 구성할 때 고려해야 할 사항이다. 옳지 않은 것은?

① DATA의 중복성을 최소화해야 한다.

② 최신의 DATA를 보유해야 한다.

③ DATA의 일관성을 유지해야 한다.

④ 모든 사용자가 DATA를 자유로이 탐색할 수 있어야 한다.

⑤ DATA의 보안을 유지해야 한다.

2. 데이터베이스의 특성에 대한 설명으로 옳지 않은 것은?

① 데이터베이스는 어느 한 조직의 여러 응용 시스템들이 공유할 수 있도록 통합·저장된 운영데이터의 집합이다.

② 데이터베이스의 특성은 실시간 접근, 계속적인 변화, 동시공유, 내용에 의한 참조가 있다.

③ 관계는 개체의 특성이나 상태를 기술하는 것으로 데이터의 가장 작은 논리적 단위이다.

④ 개체는 표현하려는 유형, 무형 정보의 대상으로 '존재'하면서 서로 구별이 될 수 있는 것을 말한다.

⑤ 데이터베이스는 동적이기 때문에 삽입, 수정, 삭제 등의 변화를 거치며 현재의 정확한 데이터를 유지해야 한다.

3. 다음 중 운영체제의 발달순서로 옳은 것은?

> ㉠ 일괄처리 시스템
> ㉡ 시분할처리 시스템
> ㉢ 다중처리 시스템
> ㉣ 분산처리 시스템

① ㉠㉡㉢㉣

② ㉠㉢㉡㉣

③ ㉡㉢㉣㉠

④ ㉢㉠㉣㉡

⑤ ㉣㉠㉡㉢

4. 컴퓨터에서 데이터 송·수신 시 일반적으로 많이 사용되는 속도는?

① MIPS

② BPS

③ CPS

④ PPM

⑤ Gbps

5. TCP/IP 프로토콜에 대한 설명으로 옳지 않은 것은?

① ARP(Address Resolution Protocol)는 IP주소를 물리주소로 변환해 준다.

② RARP는 호스트의 논리주소를 이용하여 물리 주소인 IP주소를 얻어 오기 위해 사용되는 프로토콜이다.

③ TCP는 패킷 손실을 이용하여 혼잡정도를 측정하여 제어하는 기능도 있다.

④ IGMP는 인터넷 그룹 관리 프로토콜이라 하며, 멀티캐스트를 지원하는 호스트나 라우터 사이에서 멀티캐스터 그룹 유지를 위해 사용된다.

⑤ TCP는 데이터의 흐름을 관리하고 데이터가 정확한지 확인하고 IP는 데이터를 네트워크를 통해 한 장소에서 다른 장소로 옮기는 역할이다.

6. 암호 방식에 대한 설명으로 옳은 것을 〈보기〉에서 모두 고른 것은?

〈보기〉
㉠ 대칭키 암호 방식(Symmetric Key Cryptosystem)은 암호화 키와 복호화 키가 동일하다.
㉡ 공개키 암호 방식(Public Key Cryptosystem)은 사용자 수가 증가하면 관리해야 할 키의 수가 증가하여 키 변화의 빈도가 높다.
㉢ 대칭키 암호 방식은 공개키 암호 방식에 비하여 암호화 속도가 빠르다.
㉣ 공개키 암호 방식은 송신자와 발신자가 같은 키를 사용하여 통신을 수행한다.

① ㉠, ㉡

② ㉠, ㉢

③ ㉡, ㉢

④ ㉡, ㉣

⑤ ㉠, ㉣

7. 네트워크 장치에 대한 설명으로 옳지 않은 것은?

① 허브(Hub)는 여러 대의 단말 장치가 하나의 근거리 통신망(LAN)에 접속할 수 있도록 지원하는 중계 장치이다.

② 리피터(Repeater)는 물리 계층(Physical Layer)에서 동작하며 전송 신호를 재생·중계해 주는 증폭 장치이다.

③ 브리지(Bridge)는 데이터 링크 계층(Data Link Layer)에서 동작하며 같은 MAC 프로토콜(Protocol)을 사용하는 근거리 통신망 사이를 연결하는 통신 장치이다.

④ 게이트웨이(Gateway)는 네트워크 계층(Network Layer)에서 동작하며 동일 전송 프로토콜을 사용하는 분리된 2개 이상의 네트워크를 연결해주는 통신 장치이다.

⑤ 라우터(Router)는 인터넷에 접속할 때 반드시 필요한 장비로, 최적의 경로를 설정하여 전송한다.

8. DMA에 대한 설명으로 가장 옳은 것은?

① 인코더와 같은 기능을 수행한다.

② inDirect Memory Acknowledge의 약자이다.

③ CPU와 메모리 사이의 속도 차이를 해결하기 위한 장치이다.

④ 메모리와 입출력 디바이스 사이에 데이터의 주고받음이 직접 행해지는 기법이다.

⑤ 주변기기와 CPU 사이에서 데이터를 주고받는 방식으로 데이터가 많아지면 효율성이 저하된다.

9. 정보통신망의 형태에 해당하지 않는 것은?

① 패킷형　　　　　　② 성형

③ 망형　　　　　　　④ 버스형

⑤ 링형

10. 다음 중 진공관을 주요소자로 사용한 최초의 전자계산기는?

① EDSAC　　　　　　② PCS

③ ENIAC　　　　　　④ IBM 701

⑤ UNIVAC-1

11. 동일 빌딩 또는 구내, 기업 내의 비교적 좁은 지역에 분산 배치된 각종 단말장치는?

① WAN

② LAN

③ MAN

④ VAN

⑤ ISDN

12. micro-kernel OS에 대한 설명으로 알맞은 것을 모두 고른 것은?

```
㉠ speedy kernel execution
㉡ adding a new service does not require modifying thte
  kernel
㉢ easy to port to new hardware
㉣ less message communicaation
㉤ Unix was a micro-kernel structured system
```

① ㉠, ㉡

② ㉠, ㉢

③ ㉡, ㉢

④ ㉡, ㉣

⑤ ㉣, ㉤

13. C 프로그램의 실행 결과로 옳은 것은?

```c
#include<stdio.h>
int main( )
{
    int i, sum=0:
    for(i=1: i<=10 : i+=2) {
        if(i%2 && i%3) continue:
        sum += i:
    }
    printf("%d \n", sum):
    return 0:
}
```

① 6

② 12

③ 25

④ 55

⑤ 75

14. 다음 중 스마스시티를 구성하는 요소로 적절한 것은?

```
㉠ ICT           ㉡ APT
㉢ 스니핑         ㉣ IoT
㉤ 알고리즘       ㉥ DoS
```

① ㉠, ㉡, ㉢

② ㉡, ㉢, ㉤

③ ㉠, ㉣, ㉤

④ ㉣, ㉤, ㉥

⑤ ㉠, ㉤, ㉥

15. 다음은 ADD 명령어의 마이크로 오퍼레이션이다. t2 시간에 가장 알맞은 동작은? (단, MAR : Memory Address Register, MBR : Memory Buffer Register, M(addr) : Memory, AC : 누산기)

```
t0 : MAR ← MBR(addr)
t1 : MBR ← M(MAR)
t2 : (                    )
```

① AC ← MBR

② MBR ← AC

③ M(MBR) ← MBR

④ AC ← AC + MBR

⑤ AC + MBR ← MBR

NH농협은행

기출동형 모의고사

제 4 회	영 역	직무능력평가 / 직무상식평가
	문항수	80문항
	시 간	95분
	비 고	객관식 5지선다형

SEOWONGAK
(주)서원각

제4회 기출동형 모의고사

01 직무능력평가

┃1~2┃ 다음 제시된 낱말의 대응 관계로 볼 때 빈칸에 들어가기에 알맞은 것을 고르시오.

1.

홍길동전 : (　　) = 무정 : (　　)

① 난설헌, 최남선
② 허균, 이광수
③ 이광수, 최남선
④ 허균, 서정주
⑤ 최남선, 서정주

2.

강직하다 : (　　) = 함구하다 : (　　)

① 교활하다, 떠벌리다
② 기민하다, 무디다
③ 강건하다, 영민하다
④ 금구하다, 유쾌하다
⑤ 당착하다, 난발하다

3. 다음 짝지어진 단어 사이의 관계가 나머지와 다른 하나를 고르면?

① 꽃 – 프리지아
② 동물 – 하마
③ 과일 – 망고
④ 화가 – 작가
⑤ 악기 – 바순

4. 다음 밑줄 친 부분과 가장 가까운 의미로 쓰인 것은?

저 멀리 연기를 뿜으며 앞서가는 기차의 머리가 보였다.

① 그는 우리 모임의 머리 노릇을 하고 있다.
② 머리도 끝도 없이 일이 뒤죽박죽이 되었다.
③ 그는 테이블 머리에 놓인 책 한 권을 집어 들었다.
④ 주머니에 비죽이 술병이 머리를 내밀고 있었다.
⑤ 그녀는 머리를 숙여 공손하게 선생님께 인사를 했다.

5. 다음 중 제시된 문장에서 사용될 수 없는 단어는?

• 나는 이 일을 훌륭하게 (　　)했다. • 민수는 위기(　　) 능력이 월등하다. • 이것은 일상생활을 (　　)하기 어려운 노인 분들에게 필요한 지원이다. • 요즘 심부름 (　　)업체가 큰 인기를 끌고 있다.

① 완수
② 대처
③ 대행
④ 수행
⑤ 대필

6. 다음 제시된 단어의 반의어를 고르면?

과묵하다

① 듬직하다
② 묵중하다
③ 수다스럽다
④ 침착하다
⑤ 조용하다

7. 다음 내용에서 주장하고 있는 것은?

기본적으로 한국 사회는 본격적인 자본주의 시대로 접어들었고 그것은 소비사회, 그리고 사회 구성원들의 자기표현이 거대한 복제 기술에 의존하는 대중문화 시대를 열었다. 현대인의 삶에서 대중매체의 중요성은 더욱더 높아지고 있으며 따라서 이제 더 이상 대중문화를 무시하고 엘리트 문화 지향성을 가진 교육을 하기는 힘든 시기에 접어들었다. 세계적인 음악가로 추대 받고 있는 비틀스도 영국 고등학교가 길러낸 음악가이다.

① 대중문화에 대한 검열이 필요하다.
② 한국에서 세계적인 음악가의 탄생을 위해 고등학교에서 음악 수업의 강화가 필요하다.
③ 한국 사회에서 대중문화를 인정하는 것은 중요하다.
④ 교양 있는 현대인의 배출을 위해 고전음악에 대한 교육이 필요하다.
⑤ 대중문화를 이끌어 갈 젊은 세대 육성에 힘을 쏟아야 한다.

┃8~9┃ 다음은 선물 거래에 관련된 설명이다. 물음에 답하시오.

선물 거래는 경기 상황의 변화에 의해 자산의 가격이 변동하는 데서 올 수 있는 경제적 손실을 피하려는 사람과 그 위험을 대신 떠맡으면서 그것이 기회가 될 수 있는 상황을 기대하며 경제적 이득을 얻으려는 사람 사이에서 이루어지는 것이다.

[A]
배추를 경작하는 농민이 주변 여건에 따라 가격이 크게 변동하는 데서 오는 위험에 대비해 3개월 후 수확하는 배추를 채소 중개상에게 1포기당 8백 원에 팔기로 미리 계약을 맺었다고 할 때, 이와 같은 계약을 선물 계약, 8백 원을 선물 가격이라고 한다. 배추를 경작하는 농민은 선물 계약을 맺음으로써 3개월 후의 배추 가격이 선물 가격 이하로 떨어지더라도 안정된 소득을 확보할 수 있게 된다. 그렇다면 채소 중개상은 왜 이와 같은 계약을 한 것일까? 만약 배추 가격이 선물 가격 이상으로 크게 뛰어오르면 그는 이 계약을 통해 많은 이익을 챙길 수 있기 때문이다. 즉 배추를 경작한 농민과는 달리 3개월 후의 배추 가격이 뛰어오를지도 모른다는 기대에서 농민이 우려하는 위험을 대신 떠맡는 데 동의한 것이다.

선물 거래의 대상에는 농산물이나 광물 외에 주식, 채권, 금리, 외환 등도 있다. 이 중 거래 규모가 비교적 크고 그 방식이 좀 더 복잡한 외환 즉, 통화 선물 거래의 경우를 살펴보자. 세계 기축 통화인 미국 달러의 가격, 즉 달러 환율은 매일 변동하기 때문에 달러로 거래 대금을 주고받는 수출입 기업의 경우 뜻하지 않은 손실의 위험이 있다. 따라서 달러 선물 시장에서 약정된 가격에 달러를 사거나 팔기로 계약해 환율 변동에 의한 위험에 대비하는 방법을 활용한다.

미국에서 밀가루를 수입해 식품을 만드는 A 사는 7월 25일에 20만 달러의 수입 계약을 체결하고 2개월 후인 9월 25일에 대금을 지급하기로 하였다. 7월 25일 현재 원/달러 환율은 1,300원/US$이고 9월에 거래되는 9월물 달러 선물의 가격은 1,305원/US$이다. A 사는 2개월 후에 달러 환율이 올라 손실을 볼 경우를 대비해 선물 거래소에서 9월물 선물 20만 달러어치를 사기로 계약하였다. 그리고 9월 25일이 되자 A 사가 우려한 대로 원/달러 환율은 1,350원/US$, 9월물 달러 선물의 가격은 1,355원/US$으로 올랐다. A 사는 아래의 〈표〉와 같이 당장 미국의 밀가루 제조 회사에 지급해야 할 20만 달러를 준비하는 데 2개월 전에 비해 1천만 원이 더 들어가는 손실을 보았다. 하지만 선물 시장에서 달러당 1,305원에 사서 1,355원에 팔 수 있으므로 선물 거래를 통해 1천만 원의 이익을 얻어 현물 거래에서의 손실을 보전할 수 있게 된다.

외환 거래	환율 변동에 의한 손익 산출	손익
현물	−50원(1,300원−1,350원) × 20만 달러	−1,000만 원
선물	50원(1,355원−1,305원) × 20만 달러	1,000만 원

〈표〉 A 사의 외환 거래로 인한 손익

반대로 미국에 상품을 수출하고 그 대금을 달러로 받는 기업의 경우 받은 달러의 가격이 떨어지면 손해이므로, 특정한 시점에 달러 선물을 팔기로 계약하여 선물의 가격 변동을 이용함으로써 손실에 대비하게 된다.

㉠선물이 자산 가격의 변동으로 인한 손실에 대비하기 위해 약정한 시점에 약정한 가격으로 사거나 팔기로 한 것이라면, 그 약정한 시점에 사거나 파는 것을 선택할 수 있는 권리를 부여하는 계약이 있는데 이를 ㉡옵션(option)이라고 한다. 계약을 통해 옵션을 산 사람은 약정한 시점, 즉 만기일에 상품을 사거나 파는 것이 유리하면 그 권리를 행사하고, 그렇지 않으면 그 권리를 포기할 수 있다. 그런데 포기하면 옵션 계약을 할 때 지불했던 옵션 프리미엄이라는 일종의 계약금도 포기해야 하므로 그 금액만큼의 손실은 발생한다. 만기일에 약정한 가격으로 상품을 살 수 있는 권리를 콜옵션, 상품을 팔 수 있는 권리를 풋옵션이라고 한다. 콜옵션을 산 사람은 상품의 가격이 애초에 옵션에서 약정한 것보다 상승하게 되면, 그 권리 행사를 통해 가격 변동 폭만큼 이익을 보게 되고 이 콜옵션을 판 사람은 그만큼의 손실을 보게 된다. 마찬가지로 풋옵션을 산 사람은 상품의 가격이 애초에 옵션에서 약정한 것보다 하락하게 되면, 그 권리 행사를 통해 가격 변동 폭만큼 이익을 보게 되고 이 풋옵션을 판 사람은 그만큼의 손실을 보게 된다.

선물이나 옵션은 상품의 가격 변동에서 오는 손실을 줄여 시장의 안정성을 높이고자 하는 취지에서 만들어진 것이다. 하지만 이것이 시장 내에서 손실 그 자체를 줄이는 것은 아니고 새로운 부가가치를 창출하는 것도 아니다. 또한 위험을 무릅쓰고 높은 수익을 노리고자 하는 투기를 조장한다는 점에서 오히려 시장의 안정성을 저해한다는 비판도 제기되고 있다.

8. [A]의 거래 방식을 바르게 평가한 사람은?

① 甲 : 안정된 소득을 거래 당사자 모두에게 보장해 주기 위한 것이군.

② 乙 : 상품의 수요와 공급이 불균형한 상태를 극복하기 위한 경제 활동인 것이군.

③ 丙 : 가격 변동에 따른 위험 부담을 거래 당사자의 어느 한쪽에 전가하는 것이군.

④ 丁 : 서로의 이익을 극대화하기 위해 거래 당사자 간에 손실을 나누어 가지는 것이군.

⑤ 戊 : 소득이 균형 있게 분배되도록 거래 당사자의 소득에 따라 가격을 달리하는 것이군.

9. ㉠, ㉡에 대한 설명으로 적절하지 않은 것은?

① ㉠은 ㉡과 달리 가격 변동의 폭에 따라 손익의 규모가 달라진다.

② ㉡은 ㉠과 달리 약정한 상품에 대한 매매의 실행 여부를 선택할 수 있다.

③ ㉡은 ㉠의 거래로 인해 발생하는 손실에 대비하기 위해 활용될 수 있다.

④ ㉠, ㉡은 모두 계약 시점과 약정한 상품을 매매할 수 있는 시점이 서로 다르다.

⑤ ㉠, ㉡은 모두 위험 요소로 인한 시장 내의 경제적 손실 자체를 제거하지는 못한다.

10. 다음 글을 읽고 논리적 흐름에 따라 바르게 배열한 것을 고르시오.

> ㈎ 그러나 지금까지의 연구에 따르면 정보해석능력과 정치참여가 그런 상관관계를 갖고 있다는 증거를 발견하기 힘들다. 그 이유를 살펴보자. 먼저 교육 수준이 높을수록 시민들의 정보해석능력이 향상된다.
>
> ㈏ 의사소통의 장애가 시민들의 낮은 정보해석능력 때문에 발생하고 그 결과 시민들의 정치참여가 저조하다고 생각할 수 있다. 즉 정보해석능력이 향상되지 않으면 시민들의 정치참여가 증가하지 않는다는 것이다. 다른 한편으로 정보해석능력이 향상되면 시민들의 정치참여가 증가한다는 사실에는 의심의 여지가 없다. 그렇다면 정보해석능력과 시민들의 정치참여는 양의 상관관계를 갖게 될 것이다.
>
> ㈐ 미국의 경우 2차 대전 이후 교육 수준이 지속적으로 향상되어 왔지만 투표율은 거의 높아지지 않았다. 우리나라에서도 지난 30여 년 동안 국민들의 평균 교육 수준은 매우 빠르게 향상되어 왔지만 투표율이 높아지지는 않았으며, 평균 교육 수준이 도시보다 낮은 농촌지역의 투표율이 오히려 높았다.
>
> ㈑ 예를 들어 대학교육에서는 다양한 전문적 정보와 지식을 이해하고 구사하는 훈련을 시켜주기 때문에 대학교육의 확대가 시민들의 정보해석능력의 향상을 가져다준다. 그런데 선거에 관한 국내외 연구를 보면, 시민들의 교육 수준이 높아지지만 정치참여는 증가하지 않는다는 것을 보여주는 경우들이 있다.

① ㈎ - ㈏ - ㈐ - ㈑

② ㈎ - ㈑ - ㈏ - ㈐

③ ㈏ - ㈎ - ㈑ - ㈐

④ ㈑ - ㈏ - ㈎ - ㈐

⑤ ㈑ - ㈎ - ㈏ - ㈐

11. 다음은 아래 기사문을 읽고 나눈 직원들의 대화이다. 대화의 흐름상 빈칸에 들어갈 말로 가장 적절한 것은 어느 것인가?

영양과 칼로리 면에서 적절한 식량 공급보다 인간의 건강과 복지에 더 중요한 것은 없다. 지난 50년 동안 세계 인구의 상당 부분이 영양실조를 겪었지만 식량 확보에 실패한 것은 생산보다는 분배의 문제였다. 실제로 지난 50년 동안 우리는 주요 작물의 잉여를 경험했다. 이로 인해 많은 사람들이 식량 부족에 대해 걱정하지 않게 되었다. 2013년에 생산된 수백만 톤의 가장 중요한 주요 식량은 옥수수(1,018 Mt), 논 쌀(746 Mt), 밀(713 Mt), 대두(276 Mt)였다. 이 네 가지 작물은 전 세계적으로 소비되는 칼로리의 약 2/3를 차지한다. 더욱이, 이들 작물 각각에 대한 토지 단위 면적당 평균 수확량은 1960년 이후 두 배 이상 증가했다. 그렇다면 지금 왜 식량 안보에 대해 걱정해야 할까? 한 가지 이유는 주요 작물의 이러한 전 세계적인 잉여물로 인해 식물 과학 연구 및 작물 개선에 대한 관심이 점진적으로 줄어들었기 때문이다. 이는 세계적인 수준으로 나타났다. 그러나 이러한 무관심은 현재의 세계 인구 및 식량 소비 경향에 직면하여 근시안적이다. 전 세계 인구는 오늘날 70억 명에서 2050년 95억 명까지 증가할 것으로 예상된다. 인구가 증가하는 곳은 주로 도시가 될 것이고, 식단이 구황 작물에서 가공 식품으로 점차 바뀌게 될 것이다. 그러면 많은 육류 및 유제품이 필요하고 그보다 더 많은 사료가 필요하다. 예를 들어 1kg의 소를 생산하기 위해서는 10kg의 사료가 필요하다. 도시 인구의 증가는 동물성 식품에 대한 수요 증가를 가져오고 예상되는 인구 증가에만 기초하여 추정된 것보다 훨씬 빠른 작물 생산량의 증가를 요구할 것이다. 이 추세는 계속될 것으로 예상되며, 세계는 2013년 대비 2050년까지 85% 더 많은 기본 식료품이 필요할 것으로 예측된다.

A : 식량 문제가 정말 큰일이군. 이러다가 대대적인 식량난에 직면하게 될 지도 모르겠다.
B : 현재의 기술로 농작물 수확량을 증가시키면 큰 문제는 없지 않을까?
A : 문제는 (   )
B : 그래서 생산보다 분배가 더 문제라는 거구나.

① 과학기술이 수요량을 따라가지 못할 거라는 점이야.
② 인구의 증가가 너무 빠른 속도로 진행되고 있다는 사실이야.
③ 지구의 일부 지역에서는 농작물 수확량 향상 속도가 정체될 거라는 사실이지.
④ 지구의 모든 지역에서 식량 소비 속도가 동일하지는 않다는 점이지.
⑤ 지구의 많은 토지들이 비옥하지 않다는 점이지.

12. 다음 글을 참고할 때, '깨진 유리창의 법칙'이 시사하는 바로 가장 적절한 설명은 무엇인가?

1969년 미국 스탠포드 대학의 심리학자인 필립 짐바르도 교수는 아주 흥미로운 심리실험을 진행했다. 범죄가 자주 발생하는 골목을 골라 새 승용차 한 대를 보닛을 열어놓은 상태로 방치시켰다. 일주일이 지난 뒤 확인해보니 그 차는 아무런 이상이 없었다. 원상태로 보존된 것이다. 이번에는 똑같은 새 승용차를 보닛을 열어놓고, 한쪽 유리창을 깬 상태로 방치시켜 두었다. 놀라운 일이 벌어졌다. 불과 10분이 지나자 배터리가 없어지고 차 안에 쓰레기가 버려져 있었다. 시간이 지나면서 낙서, 도난, 파괴가 연이어 일어났다. 1주일이 지나자 그 차는 거의 고철상태가 되어 폐차장으로 실려 갈 정도가 되었던 것이다. 훗날 이 실험결과는 '깨진 유리창의 법칙'이라는 이름으로 불리게 된다.

1980년대의 뉴욕 시는 연간 60만 건 이상의 중범죄가 발생하는 범죄도시로 악명이 높았다. 당시 여행객들 사이에서 '뉴욕의 지하철은 절대 타지 마라'는 소문이 돌 정도였다. 미국 라토가스 대학의 켈링 교수는 '깨진 유리창의 법칙'에 근거하여, 뉴욕 시의 지하철 흉악 범죄를 줄이기 위한 대책으로 낙서를 철저하게 지울 것을 제안했다. 낙서가 방치되어 있는 상태는 창문이 깨져있는 자동차와 같은 상태라고 생각했기 때문이다.

① 범죄는 대중교통 이용 공간에서 발생확률이 가장 높다.
② 문제는 확인되기 전에 사전 단속이 중요하다.
③ 작은 일을 철저히 관리하면 큰 사고를 막을 수 있다.
④ 낙서는 가장 핵심적인 범죄의 원인이 된다.
⑤ 범죄를 막기 위해서는 지하철을 폐쇄해야 한다.

13. 다음은 해외이주자의 외화송금에 대한 설명이다. 옳지 않은 것은?

> 1. 필요서류
>   - 여권 또는 여권 사본
>   - 비자 사본 또는 영주권 사본
>   - 해외이주신고확인서(환전용) – 국내로부터 이주하는 경우
>   - 현지이주확인서(이주비환전용) – 현지이주의 경우
>   - 세무서장이 발급한 자금출처 확인서 – 해외이주비 총액이 10만 불 초과 시
> 2. 송금한도 등
>   한도 제한 없음
> 3. 송금방법
>   농협은행 영업점을 거래외국환은행으로 지정한 후 송금 가능
> 4. 알아야 할 사항
>   - 관련법규에 의해 해외이주자로 인정받은 날로부터 3년 이내에 지정거래외국환은행을 통해 해외이주비를 지급받아야 함
>   - 해외이주자에게는 해외여행경비를 지급할 수 없음

① 송금 한도에는 제한이 없다.
② 국내로부터 이주하는 경우 해외이주신고확인서(환전용)가 필요하다.
③ 관련법규에 의해 해외이주자로 인정받은 날로부터 3년 이내에 지정거래외국환은행을 통해 해외이주비를 지급받아야 한다.
④ 농협은행 영업점을 거래외국환은행으로 지정한 후 송금이 가능하다.
⑤ 해외이주자의 외화송금에서 반드시 필요한 서류 중 하나는 세무서장이 발급한 자금출처 확인서다.

▎14~15 ▎ 다음에 주어진 조건이 모두 참일 때 옳은 결론을 고르면?

14.

> - 모든 A는 B다.
> - 모든 B는 C이다.
> - 어떤 D는 B다.
> - 어떠한 E도 B가 아니다.

> A : 모든 A는 C다.
> B : 어떤 C는 B다.

① A만 옳다.
② B만 옳다.
③ A와 B 모두 옳다.
④ A와 B 모두 그르다.
⑤ A와 B 모두 옳은지 그른지 알 수 없다.

15.

> - 김대리보다 큰 사람은 없다.
> - 박차장이 이과장보다 크다.
> - 박차장이 최부장보다는 크지 않다.

> A : 이과장이 가장 작다.
> B : 박차장은 세 번째로 크다.

① A만 옳다.
② B만 옳다.
③ A와 B 모두 옳다.
④ A와 B 모두 그르다.
⑤ A와 B 모두 옳은지 그른지 알 수 없다.

┃16~17┃ H공사 홍보팀에 근무하는 이 대리는 사내 홍보 행사를 위해 관련 준비를 진행하고 있다. 다음을 바탕으로 물음에 답하시오.

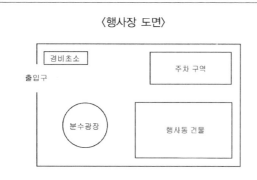

〈행사장 도면〉

경비초소
출입구
주차 구역
분수광장
행사동 건물

〈행사 장소〉

행사동 건물 1층 회의실

〈추가 예상 비용〉
• 금연 표지판 설치
– 단독 입식 : 45,000원
– 게시판 : 120,000원
• 쓰레기통 설치
– 단독 설치 : 25,000원/개
– 벤치 2개 + 쓰레기통 1개 : 155,000원
• 안내 팸플릿 제작

구분	단면	양면
2도 인쇄	5,000원/100장	10,000원/100장
5도 인쇄	1,300원/100장	25,000원/100장

16. 행사를 위해 홍보팀에서 추가로 설치해야 할 물품이 다음과 같을 때, 추가 물품 설치에 필요한 비용은 총 얼마인가?

• 금연 표지판 설치
– 분수대 후면 1곳
– 주차 구역과 경비초소 주변 각 1곳
– 행사동 건물 입구 1곳
　※ 실외는 게시판 형태로 설치하고 행사장 입구에는 단독 입식 형태로 설치
• 쓰레기통
– 분수광장 금연 표지판 옆 1곳
– 주차 구역과 경비초소 주변 각 1곳
　※ 분수광장 쓰레기통은 벤치와 함께 설치

① 550,000원
② 585,000원
③ 600,000원
④ 610,000원
⑤ 625,000원

17. 이 대리는 추가 비용을 정리하여 팀장에게 보고하였다. 이를 검토한 팀장은 다음과 같이 별도의 지시사항을 전달하였다. 팀장의 지시사항에 따른 팸플릿의 총 인쇄에 소요되는 비용은 얼마인가?

"이 대리, 아무래도 팸플릿을 별도로 준비하는 게 좋겠어. 한 800명 정도 참석할 거 같으니 인원수대로 준비하고 2도 단면과 5도 양면 인쇄를 반씩 섞도록 하게."

① 98,000원
② 99,000원
③ 100,000원
④ 110,000원
⑤ 120,000원

18. A, B, C 세 사람은 같은 지점에서 출발하여 임의의 순서로 나란히 이웃한 은행, 마트, 쇼핑몰에 자가용, 지하철, 버스 중 한 가지를 이용하여 갔다. 다음 조건을 만족할 때, 다음 중 옳은 것은?

• 가운데에 위치한 곳에 간 사람은 버스를 통해 이동했다.
• B와 C는 서로 이웃해 있지 않은 곳으로 갔다.
• C는 가장 먼 곳으로 갔다.
• 마트와 쇼핑몰은 서로 이웃해있다.
• B는 마트에 갔다.
• 은행에 갈 수 있는 유일한 방법은 지하철이다.

① 은행 – 마트 – 쇼핑몰이 순서대로 있다.
② 마트에 가기 위해 자가용을 이용해야 한다.
③ A는 버스를 이용하고, B는 지하철을 이용한다.
④ C는 은행에 가지 않았다.
⑤ 은행은 쇼핑몰보다 가까이에 있다.

19. 다음과 같은 구조를 가진 놀이기구에 A~H 8명이 탑승하려고 한다. 알 수 있는 정보가 다음과 같을 때, B가 (4)에 탑승 중이라면, D가 탑승중인 칸은? (단, 한 칸에 한 명씩 탑승한다.)

1라인(앞)	(1)	(2)	(3)	(4)	(5)
2라인(뒤)	(6)	(7)	(8)	(9)	⑩

- 비어있는 칸은 한 라인에 한 개씩 있고, A · B · F · H는 1라인에, 나머지는 2라인에 탑승한다.
- A와 C는 서로를 등지고 있다.
- F는 (3)에 탑승중이며, 맞은편은 비어있다.
- C의 오른쪽 칸은 비어있고 그 옆 칸에 E가 탑승하고 있다.
- B의 옆은 비어있다.
- H와 D는 누구보다 멀리 떨어져 앉았다.

① (6)

② (7)

③ (8)

④ (9)

⑤ ⑩

20. 다음 중 '단것을 좋아하는 사람은 수박을 좋아한다.'의 명제가 참이 되기 위해 필요한 명제 3가지를 보기에서 고르시오.

> ㉠ 딸기를 좋아하는 사람은 초콜릿을 싫어한다.
> ㉡ 초콜릿을 좋아하는 사람은 수박을 좋아하지 않는다.
> ㉢ 단것을 좋아하는 사람은 딸기를 좋아하지 않는다.
> ㉣ 수박을 좋아하지 않는 사람은 초콜릿을 좋아한다.
> ㉤ 딸기를 싫어하는 사람은 수박을 좋아한다.
> ㉥ 초콜릿을 좋아하지 않는 사람은 단것을 좋아하지 않는다.

① ㉠㉢㉤

② ㉠㉤㉥

③ ㉡㉢㉣

④ ㉡㉣㉥

⑤ ㉣㉤㉥

21. 빵, 케이크, 마카롱, 쿠키를 판매하고 있는 달콤 베이커리 프랜차이즈에서 최근 각 지점 제품을 섭취하고 복숭아 알레르기가 발생했다는 민원이 제기되었다. 해당 제품에는 모두 복숭아가 들어가지 않지만, 복숭아를 사용한 제품과 인접 시설에서 제조하고 있다. 아래의 사례를 참고할 때 다음 중 반드시 거짓인 경우는?

> - 복숭아 알레르기 유발 원인이 된 제품은 빵, 케이크, 마카롱, 쿠키 중 하나이다.
> - 각 지점에서 복숭아 알레르기가 있는 손님이 섭취한 제품과 알레르기 유무는 아래와 같다.
>
> | 광화문점 | 빵과 케이크를 먹고 마카롱과 쿠키를 먹지 않은 경우, 알레르기가 발생했다. |
> |---|---|
> | 종로점 | 빵과 마카롱을 먹고 케이크와 쿠키를 먹지 않은 경우, 알레르기가 발생하지 않았다. |
> | 대학로점 | 빵과 쿠키를 먹고 케이크와 마카롱을 먹지 않은 경우 알레르기가 발생했다. |
> | 홍대점 | 케이크와 마카롱을 먹고 빵과 쿠키를 먹지 않은 경우 알레르기가 발생했다. |
> | 상암점 | 케이크와 쿠키를 먹고 빵과 마카롱을 먹지 않은 경우 알레르기가 발생하지 않았다. |
> | 강남점 | 마카롱과 쿠키를 먹고 빵과 케이크를 먹지 않은 경우 알레르기가 발생하지 않았다. |

① 광화문점, 종로점, 홍대점의 사례만을 고려하면 케이크가 알레르기의 원인이다.

② 광화문점, 대학로점, 상암점의 사례만을 고려하면, 빵이 알레르기의 원인이다.

③ 종로점, 홍대점, 강남점의 사례만을 고려하면, 케이크가 알레르기의 원인이다.

④ 대학로점, 홍대점, 강남점의 사례만을 고려하면, 마카롱이 알레르기의 원인이다.

⑤ 대학로점, 상암점, 강남점의 사례만을 고려하면, 빵이 알레르기의 원인이다.

22. 갑, 을, 병, 정, 무 다섯 사람은 6층 건물 각 층에서 업무를 본다. 다음 조건을 모두 만족할 경우 항상 5층에서 내리는 사람은?

- 모든 사람은 1층에서 근무하지 않고, 엘리베이터를 1층에서 탑승하여 각 층에 내린다.
- 을은 무가 내리기 직전에 내렸다.
- 5층에서 2명이 함께 내리고 나머지는 혼자 내렸다.
- 정은 자신이 내리기 전 2명이 내리는 것을 보았다.
- 병이 내리기 직전에는 아무도 내리지 않았다.

① 갑
② 을
③ 병
④ 정
⑤ 무

23. R사는 공작기계를 생산하는 업체이다. 이번 주 R사에서 월요일~토요일까지 생산한 공작기계가 다음과 같을 때, 월요일에 생산한 공작기계의 수량이 될 수 있는 수를 모두 더하면 얼마인가? (단, 1대도 생산하지 않은 날은 없었다.)

- 화요일에 생산된 공작기계는 금요일에 생산된 수량의 절반이다.
- 이 공장의 최대 하루 생산 대수는 9대이고, 이번 주에는 요일별로 생산한 공작기계의 대수가 모두 달랐다.
- 목요일부터 토요일까지 생산한 공작기계는 모두 15대이다.
- 수요일에는 9대의 공작기계가 생산되었고, 목요일에는 이보다 1대가 적은 공작기계가 생산되었다.
- 월요일과 토요일에 생산된 공작기계를 합하면 10대가 넘는다.

① 10
② 11
③ 12
④ 13
⑤ 14

24. A~E 5명 중 2명이 귤을 먹었다고 한다. 범인은 거짓을 말하고 나머지는 참을 말할 때, 5명의 진술은 다음과 같다고 한다. 이때, 항상 귤을 먹은 범인과 귤을 먹지 않은 사람의 조합으로 가능한 것은?

- A : 난 거짓을 말하고 있지 않아.
- B : 난 귤을 먹지 않았어.
- C : 귤을 먹은 사람은 E야.
- D : A는 지금 거짓을 말하고 있어.
- E : B는 귤을 먹은 사람이 아니야.

	귤을 먹은 범인	귤을 먹지 않은 사람
①	A	E
②	B	D
③	C	B
④	D	A
⑤	B	D

25. 초코쿠키 1개, 딸기쿠키 2개, 녹차쿠키 2개, 바닐라쿠키 2개를 A, B, C, D 4명이서 나누어가졌다. 누가 어떤 맛을 가지고 있는지 모르지만 A, B, D 3명은 쿠키를 두 개씩 가지고 있으며, 한 사람이 동일한 맛을 가질 수 없다고 한다. 서로가 가진 쿠키 맛의 조합은 다른 사람과 겹치지 않으며, 주어진 정보가 다음과 같을 때 A가 항상 가지게 되는 쿠키의 맛은?

- 본인이 가지고 있는 쿠키가 다른 사람이 가지고 있는 쿠키 맛과 하나도 겹치지 않았을 때 서로 교환할 수 있다면, A는 C와만 교환이 가능하며, B는 D와만 교환이 가능하고 C는 D와 교환이 가능하다고 한다.
- B가 가진 쿠키 중 하나는 딸기맛이며, D가 가진 쿠키 중 하나는 녹차맛이다.

① 바닐라
② 녹차
③ 딸기
④ 초코
⑤ 없음

26. 다음 글을 근거로 판단할 때, 부산으로 함께 파견 갈 수 있는 사람들이 바르게 짝지어진 것은?

> N회사는 업무상 지방으로 파견이 잦은 편이다. 인사부 A씨는 매달 파견 갈 직원들을 정하는 업무를 담당하고 있다. 이번 달에는 부산−4명, 대구−3명, 강릉−1명, 울산−4명이 파견을 가야한다.
>
> 파견을 갈 직원은 A~G 7명이며 개인별 파견 가능한 지역은 다음과 같다. 한 사람이 두 지역까지만 파견을 갈 수 있으며, 모든 사람은 한 지역 이상에 파견을 가야 한다.

구분	A	B	C	D	E	F	G
부산	−	−	O	−	O	O	O
대구	O	O	O	−	O	−	O
강릉	−	−	−	O	−	−	O
울산	−	O	O	O	−	−	O

① A, G
② D, G
③ B, F
④ B, C
⑤ C, E

|27~28| 빈칸에 들어갈 알맞은 수를 고르면?

27.

60 $\dfrac{\sqrt{2}}{2}$ 75 100 0.5 50 5 ( ) 105	

① 1
② $\dfrac{\sqrt{3}}{2}$
③ $\dfrac{\sqrt{2}}{2}$
④ $\dfrac{1}{2}$
⑤ $\dfrac{1}{\sqrt{2}}$

28.

93 96 102 104 108 ( )	

① 114
② 116
③ 118
④ 120
⑤ 122

29. 농도 25%인 소금물 xg이 있다. 이 소금물에 소금의 양만큼 물을 더 넣고, 소금을 추가로 25g 넣었을 때의 농도가 25%였다면 최종 소금물의 양은?

① 400g
② 450g
③ 500g
④ 550g
⑤ 600g

30. 부피가 32인 구의 지름과 동일한 길이를 반지름으로 가진 원뿔의 높이가 6이라면, 원뿔의 부피는 구의 부피의 몇 배인가? (단, 원주율은 3으로 계산한다.)

① 1
② 2
③ 3
④ 4
⑤ 5

31. 입구부터 출구까지의 총 길이가 840m인 터널을 열차가 초속 50m의 속도로 달려 열차가 완전히 통과할 때까지 걸린 시간이 25초라고 할 때, 이보다 긴 1,400m의 터널을 동일한 열차가 동일한 속도로 완전히 통과하는 데 걸리는 시간은 얼마인가?

① 34.5초
② 35.4초
③ 36.2초
④ 36.8초
⑤ 37.3초

32. 어떤 이동 통신 회사에서는 휴대폰의 사용 시간에 따라 매월 다음과 같은 요금 체계를 적용한다고 한다.

요금제	기본 요금	무료 통화	사용 시간(1분)당 요금
A	10,000원	0분	150원
B	20,200원	60분	120원
C	28,900원	120분	90원

예를 들어, B요금제를 사용하여 한 달 동안의 통화 시간이 80분인 경우 사용 요금은 다음과 같이 계산한다.

$$20,200 + 120 \times (80 - 60) = 22,600 \text{ 원}$$

B요금제를 사용하는 사람이 A요금제와 C요금제를 사용할 때보다 저렴한 요금을 내기 위한 한 달 동안의 통화 시간은 a분 초과 b분 미만이다. 이 때, $b - a$의 값은? (단, 매월 총 사용 시간은 분 단위로 계산한다.)

① 70
② 80
③ 90
④ 100
⑤ 110

33. 다음은 어느 공과대학의 각 학과 지원자의 비율을 나타낸 것이다. 2008년 건축공학과를 지원한 학생 수가 270명일 때 2008년 건축공학과 지원자 수는 전년 대비 몇 명이 증가하였는가? (단, 2007년과 2008년의 공과대학 전체 지원자 수는 같았다)

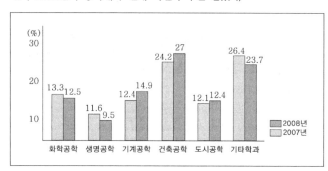

① 28명 ② 21명

③ 14명 ④ 7명

⑤ 0명

|34~35 | 다음은 성별 경제활동인구를 나타낸 자료이다. 다음을 보고 물음에 답하시오.

(단위 : 천 명, %)

구분	2019		2018	
	남	여	남	여
15세 이상인구	21,886	22,618	21,699	22,483
취업자	15,463	11,660	15,372	11,450
실업자	627	437	630	443
비경제활동인구	5,797	10,521	5,697	10,590
경제활동참가율	73.5	53.5	73.7	52.9
실업률	3.9	3.6	3.9	3.7
고용률	(가)	(나)	(다)	(라)

※ 경제활동인구란 15세 이상 인구 중 취업자와 실업자를 의미한다.
※ 비경제활동인구란 15세 이상 인구 중 경제활동인구를 제외한 나머지를 의미한다.
※ 경제활동참가율 : 15세 이상 인구 중 취업자와 실업자를 합한 경제활동인구의 비율
※ 실업률 : 경제활동인구 중 실업자가 차지하는 비율
※ 고용률 : 15세 이상 인구 중 취업자의 비율

34. (가)~(라)에 들어갈 숫자들의 합은? (고용률은 소수점 둘째자리에서 반올림하여 구한다.)

① 243.8

② 243.9

③ 244.0

④ 244.1

⑤ 244.2

35. 만약 2020년 남성의 고용률, 취업자 수는 전년과 동일하며, 2020 남성의 실업자 수가 작년에 비해 8천 명 많아졌다면, 남성의 비경제활동인구 수는? (비경제활동인구 수는 소수점 첫째자리에서 반올림한다.)

① 5,763천 명

② 5,773천 명

③ 5,783천 명

④ 5,793천 명

⑤ 5,803천 명

36. 다음은 교육복지지원 정책사업 내 단위사업 세출 결산 현황을 나타낸 표이다. 2012년 대비 2013년의 급식비 지원 증감률로 옳은 것은? (단, 소수 둘째자리에서 반올림한다)

(단위 : 백만 원)

단위사업명	2013	2012	2011
	결산액	결산액	결산액
총계	5,016,557	3,228,077	2,321,263
학비 지원	455,516	877,020	1,070,530
방과후교육 지원	636,291	–	–
급식비 지원	647,314	665,984	592,300
정보화 지원	61,814	64,504	62,318
농어촌학교 교육여건 개선	110,753	71,211	77,334
교육복지우선 지원	157,598	188,214	199,019
누리과정 지원	2,639,752	989,116	–
교과서 지원	307,519	288,405	260,218
학력격차해소	–	83,622	59,544

① -2.9% ② -1.4%

③ 2.9% ④ 10.5%

⑤ 1.4%

37. 다음은 N은행에서 투자를 검토하고 있는 사업평가 자료인데, 직원의 실수로 일부가 훼손되었다. 다음 중 ㉮, ㉯, ㉰, ㉱에 들어갈 수 있는 수치는? (단, 인건비와 재료비 이외의 투입요소는 없다)

구분	목표량	인건비	재료비	산출량	효과성 순위	효율성 순위
A	㉮	200	50	500	3	2
B	1,000	㉯	200	1,500	2	1
C	1,500	1,200	㉰	3,000	1	3
D	1,000	300	500	㉱	4	4

※ 효율성 = 산출 / 투입
※ 효과성 = 산출 / 목표

　 ㉮ 　 ㉯ 　 ㉰ 　 ㉱

① 300　500　800　800

② 500　800　300　800

③ 800　500　300　300

④ 500　300　800　800

⑤ 800　800　300　500

38. 다음은 2015년 세계 100대 은행에 포함된 국내 5개 은행의 평균 성과지표를 비교한 표이다. 국내 5개 은행 평균 자산은 세계 10대 은행 평균 자산의 약 몇 %에 해당하는가? (단, 소수점 둘째자리에서 반올림한다)

	자산 (억 달러)	세전이익 (억 달러)	ROA (%)	BIS비율 (%)	자산 대비 대출 비중(%)
세계 10대 은행 평균	23,329	303	1.3	14.6	47.9
국내 5개 은행 평균	2,838	8.1	0.2	13.6	58.9

① 약 12.2%　　　② 약 12.4%

③ 약 12.6%　　　④ 약 12.8%

⑤ 약 13.0%

39. 서울시 유료 도로에 대한 자료이다. 산업용 도로 3km의 건설비는 얼마가 되는가?

분류	도로수	총길이	건설비
관광용 도로	5	30km	30억
산업용 도로	7	55km	300억
산업관광용 도로	9	198km	400억
합계	21	283km	730억

① 약 5.5억 원

② 약 11억 원

③ 약 16.5억 원

④ 약 22억 원

⑤ 약 25.5억 원

40. 다음 설명을 참고할 때, 'ISBN 89 349 0490'코드를 EAN코드로 올바르게 바꾼 것은 어느 것인가?

한국도서번호란 국제적으로 표준화된 방법에 의해, 전 세계에서 생산되는 각종 도서에 부여하는 국제표준도서번호(International Standard Book Number : ISBN) 제도에 따라 우리나라에서 발행되는 도서에 부여하는 고유번호를 말한다. 또한 EAN(European Artical Number)은 바코드 중 표준화된 바코드를 말한다. 즉, EAN코드는 국내뿐만 아니라 전 세계적으로 코드체계(자리수와 규격 등)가 표준화되어 있어 소매점이 POS시스템 도입이나 제조업 혹은 물류업자의 물류관리 등에 널리 사용이 가능한 체계이다.

ISBN코드를 EAN코드로 변환하는 방법은 다음과 같다.

먼저 9자리로 구성된 ISBN코드의 맨 앞에 3자리 EAN 도서번호인 978을 추가한다. 이렇게 연결된 12자리 숫자의 좌측 첫 자리 수부터 순서대로 번갈아 1과 3을 곱한다. 그렇게 곱해서 산출된 모든 수들을 더하고, 다시 10으로 나누게 된다. 이때 몫을 제외한 '나머지'의 값이 다음과 같은 체크기호와 대응된다.

나머지	0	1	2	3	4	5	6	7	8	9
체크기호	0	9	8	7	6	5	4	3	2	1

나머지에 해당하는 체크기호가 확인되면 처음의 12자리 숫자에 체크기호를 마지막에 더하여 13자리의 EAN코드를 만들 수 있게 된다.

① EAN 9788934904909

② EAN 9788934904903

③ EAN 9788934904907

④ EAN 9788934904906

⑤ EAN 9788934904908

41. 다음 중 아래와 같은 자료에서 '기록(초)' 필드를 이용하여 최길동의 순위를 계산하고자 할 때 C3에 들어갈 함수식으로 올바른 것은 어느 것인가?

	A	B	C
1	이름	기록(초)	순위
2	김길동	53	3
3	최길동	59	4
4	박길동	51	1
5	이길동	52	2
6			

① =RANK(B3,$B$2:$B$5,1)

② =RANK(B3,$B$2:$B$5,0)

③ =RANK(B3,$B$2:B5,1)

④ =RANK(B3,B2:$B$5,0)

⑤ =RANK(B3,B$2:B5,1)

42. 워크시트에서 다음 〈보기〉의 표를 참고로 55,000원에 해당하는 할인율을 'C6'셀에 구하고자 할 때의 적절한 수식은 어느 것인가?

	A	B	C	D	E	F
1		〈보기〉				
2		금액	30,000	50,000	80,000	150,000
3		할인율	3%	7%	10%	15%
4						
5		금액	55,000			
6		할인율	7%			
7						

① =VLOOKUP(C5,C2:F2,C3:F3)

② =LOOKUP(C5,C2:F2,C3:F3)

③ =HLOOKUP(C5,C2:F2,C3:F3)

④ =LOOKUP(C6,C2:F2,C3:F3)

⑤ =HLOOKUP(C6,C2lF2,C3:F3)

❘43~45❘ 다음 K서점 물류 창고 책임자와 담당하고 있는 재고 상품의 코드 목록을 보고 이어지는 질문에 답하시오.

책임자	코드번호	책임자	코드번호
정수빈	11082D0200400135	김재호	11056N0401100030
허경민	12083F0200901009	최주환	11046O0300900045
박건우	11093F0200600100	정진호	11053G0401201182
김재환	12107P0300700085	박세혁	12076N0200700030
오재일	12114H0601501250	양의지	12107Q0501300045
오재원	12091C0200500835	김태형	11091B0100200770
유희관	11035L0601701005	김대한	12081B0100101012

예시

* 2016년 5월에 인천 남도 사에서 출판된 '중국 철학'의 125번째 입고 제품

→ 1605 - 4J - 04012 - 00125

출판 연월	출판지		서적 코드				입고품 수량
	출판지 코드	출판사 코드	분야 코드		세부 코드		
	1 서울	A 참빛	01 요리		001	양식	
		B 성호			002	한식	
		C 세영			003	초등	
	2 부산	D 서인당	02 참고서		004	중등	
		E 시대			005	고등	
2011년 10월 - 1110 2009년 1월 - 0901	3 대구	F 바탕골			006	일반	00001부터 다섯 자리 시리얼 넘버가 부여됨.
		G 한빛			007	장식	
	4 인천	H 명로	03 라이프		008	자동차	
		I 예명사			009	가구	
		J 남도			010	서양	
	5 광주	K 남경사	04 철학		011	동양	
		L 태인			012	중국	
		M 원우	05 아동		013	놀이	
	6 세종	N 향인사			014	심리	
		O 세종당			015	Mac	
	7 제주	P 바다북	06 컴퓨터		016	윈도우	
		Q 해명			017	도스	

43. 재고 상품 중 2012년 10월 광주 '남경사'에서 출판된 고등학교 참고서의 상품 코드로 알맞은 것은 어느 것인가?

① 12105K0200500025

② 12104H0200401000

③ 12105K0400500120

④ 12104H0500210030

⑤ 12105H0200500020

44. 다음 중 출판물의 분야가 동일한 서적을 보관하는 물류 창고의 책임자들로 알맞게 짝지어진 것은 어느 것인가?

① 오재일, 박세혁

② 오재원, 김재호

③ 정수빈, 양의지

④ 김재환, 최주환

⑤ 정수빈, 김재호

45. 물류 창고에서, 제주도 지역에서 출판된 서적과 '라이프' 분야의 서적을 모두 찾아 본사 매장으로 보내야 한다. 이에 해당하는 서적을 보관 중인 물류 창고 책임자는 모두 몇 명인가?

① 2명

② 3명

③ 4명

④ 5명

⑤ 6명

46. 다음의 알고리즘에서 인쇄되는 A의 값은?

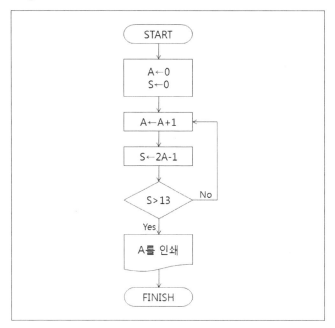

① 7

② 8

③ 9

④ 10

⑤ 11

13

【47~49】 다음은 A전자의 한 영업점에 오늘 입고된 30개의 전자제품의 코드 목록이다. 모든 제품은 A전자에서 생산된 제품이다. 다음의 코드 부여 방식을 참고하여 물음에 답하시오.

RE – 10 – CNB – 2A – 1501	TE – 34 – CNA – 2A – 1501	WA – 71 – CNA – 3A – 1501
RE – 10 – CNB – 2A – 1409	TE – 36 – KRB – 2B – 1512	WA – 71 – CNA – 3A – 1506
RE – 11 – CNB – 2C – 1503	TE – 36 – KRB – 2B – 1405	WA – 71 – CNA – 3A – 1503
RE – 16 – CNA – 1A – 1402	TE – 36 – KRB – 2B – 1502	CO – 81 – KRB – 1A – 1509
RE – 16 – CNA – 1A – 1406	TE – 36 – KRB – 2C – 1503	CO – 81 – KRB – 1A – 1412
RE – 16 – CNA – 1C – 1508	AI – 52 – CNA – 3C – 1509	CO – 83 – KRA – 1A – 1410
TE – 32 – CNB – 3B – 1506	AI – 52 – CNA – 3C – 1508	CO – 83 – KRA – 1B – 1407
TE – 32 – CNB – 3B – 1505	AI – 58 – CNB – 1A – 1412	CO – 83 – KRC – 1C – 1509
TE – 32 – CNB – 3C – 1412	AI – 58 – CNB – 1C – 1410	CO – 83 – KRC – 1C – 1510
TE – 34 – CNA – 2A – 1408	AI – 58 – CNB – 1C – 1412	CO – 83 – KRC – 1C – 1412

〈코드부여방식〉

[제품 종류] – [모델 번호] – [생산 국가/도시] – [공장과 라인] – [제조연월]

〈예시〉

WA – 16 – CNA – 2B – 1501

2015년 1월에 중국 후이저우 2공장 B라인에서 생산된 세탁기 16번 모델

제품 종류 코드	제품 종류	생산 국가/도시 코드	생산 국가/도시
RE	냉장고	KRA	한국/창원
TE	TV	KRB	한국/청주
AI	에어컨	KRC	한국/구미
WA	세탁기	CNA	중국/후이저우
CO	노트북	CNB	중국/옌타이

47. 오늘 입고된 제품의 목록에 대한 설명으로 옳은 것은?

① 제품 종류와 모델 번호가 같은 제품은 모두 같은 도시에서 생산되었다.

② 15년에 생산된 제품보다 14년에 생산된 제품이 더 많다.

③ TV는 모두 중국에서 생산된다.

④ 노트북은 2개의 모델만 입고되었다.

⑤ 냉장고 10번과 11번 모델은 같은 공장, 같은 라인에서 생산되었다.

48. 중국 옌타이 제1공장의 C라인에서 생산된 제품들이 모두 부품결함으로 인한 불량품이었다. 영업점에서 반품해야 하는 제품은 총 몇 개인가?

① 1개　　　　　　② 2개

③ 3개　　　　　　④ 4개

⑤ 5개

49. 2015년 11월 6일 한국 청주 제2공장 B라인에서 생산된 에어컨 59번 제품의 코드로 옳은 것은?

① AI – 59 – KRB – 2B – 1511

② AI – 59 – KRA – 2B – 1106

③ AI – 59 – KRB – 2B – 1506

④ AI – 59 – KRA – 2B – 1511

⑤ AI – 59 – KRB – 2B – 1106

50. 지민 씨는 회사 전화번호부를 1대의 핸드폰에 저장하였다. 핸드폰 전화번호부에서 검색을 했을 때 나타나는 결과로 옳은 것은? ('6'을 누르면 '5468', '7846' 등이 뜨고 'ㅌ'을 누르면 '전태승' 등이 뜬다)

구분	이름	번호
총무팀	이서경	0254685554
마케팅팀	김민종	0514954554
인사팀	최찬웅	0324457846
재무팀	심빈우	0319485575
영업팀	민하린	01054892464
해외사업팀	김혜서	01099843232
전산팀	전태승	01078954654

① 'ㅎ'을 누르면 4명이 뜬다.

② '03'을 누르면 3명이 뜬다.

③ '55'를 누르면 2명이 뜬다.

④ 'ㅂ'을 누르면 아무도 나오지 않는다.

⑤ '32'를 누르면 2명이 뜬다.

[공통] 전체

1. 농업활동을 통해 환경보전·농촌 공동체 유지·먹거리 안전 등의 기능을 증진하기 위해 정부가 농업인에게 보조금을 지원하는 제도는 무엇인가?

① 고정직불금
② 이중곡가제
③ 농민공익수당
④ 추곡수매제도
⑤ 공익직불제

2. 농가에서 숙식하며 농사·문화체험·생활 등을 참여할 수 있는 농촌체험 관광 상품은?

① 플랜테이션
② 팜 스테이
③ 팜 파티플래너
④ 애그플레이션
⑤ 에어로 팜

3. 지역 특산물을 올바르게 연결한 것은?

① 여주 – 미나리
② 횡성 – 한우
③ 고령 – 오징어
④ 안동 – 곶감
⑤ 정선 – 딸기

4. 대한민국 우수 품종상 대회에 대한 설명으로 옳은 것을 모두 고르면?

> ㉠ 국립종자원이 주도하는 사업이다.
> ㉡ 2020년 제16회 대통령상을 받은 작물은 마늘이다.
> ㉢ 지난 대회에서 장관상 수상품종은 출품대상에서 제외된다.
> ㉣ 국내외 육성된 모든 작물 품종으로 품종 보호등록 또는 국가품종목록에 등재된 품종이 출품할 수 있다.

① ㉠㉡
② ㉡㉣
③ ㉢㉣
④ ㉠㉡㉣
⑤ ㉡㉢㉣

5. 포장 재료를 이용하여 포장내부 가스농도가 자연적으로 일정 수준에 이르도록 하는 포장 방식은?

① CA저장
② MA저장
③ 저온저장
④ 고온저장
⑤ 진공포장

6. 조류인플루엔자(AI)에 대한 설명으로 옳지 않은 것은?

① 야생조류나 닭, 오리 등 가금류에 감염되는 인플루엔자 바이러스이다.
② AI 확산을 방지하기 위해서는 축산농가 철새 도래지 방문을 자제한다.
③ AI 바이러스는 열에 강해 가열조리를 한 후에도 살아남는다.
④ AI 인체감염을 예방하기 위해서는 손을 자주, 30초 이상 씻고 가급적 손으로 눈, 코, 입을 만지지 않는다.
⑤ 닭, 오리의 AI가 의심된다면 즉시 가축방역기관으로 신고한다.

7. 다음 중 각각의 핵심기술이 농업 분야에 적용되는 사례로 옳지 않은 것은?

> ㉠ 무선 통신으로 각종 사물을 연결하는 기술
> ㉡ 인간의 학습능력 등을 컴퓨터 프로그램으로 실현한 기술
> ㉢ 대규모 데이터를 수집하고 분석하는 기술

① ㉠은 센서를 이용하여 농산물 재배 환경의 데이터를 실시간으로 측정하고 수집할 수 있다.
② ㉡은 숙련 농업인의 기술을 데이터로 수집하고 시각화하여 신규 농업인들이 단기간에 기술을 습득하거나 농작물의 병충해를 진단할 수 있도록 하는 해외의 농업기술 학습지원시스템을 사례로 들 수 있다.
③ ㉢은 비정형 데이터와 토양 및 기상데이터 등을 접목하여 생산량을 예측하거나 생산·유통 데이터를 연계·분석하여 수급 예측에 활용할 수 있다.
④ 통신 기업들이 통신사업의 장점을 이용하여 스마트 농업에 진출하는 것, 농산물 직거래 유통 플랫폼 사업을 추진하는 것 등을 4차 산업혁명으로 인해 나타난 변화로 볼 수 있다.
⑤ 과학기술정보통신부에 따르면 2세대 스마트 팜은 농수산 산업을 중심으로 확산되고 있다.

8. 차량사물통신인 V2X의 통신으로 적절하지 않은 것은?

① V2V(Vehicle to Vehicle)

② V2I(Vehicle to Infrastructure)

③ V2R(Vehicle to Road)

④ V2P(Vehicle to Pedestrian)

⑤ V2N(Vehicle to Nomadic Device)

9. 사용자 생활환경 안에서 자연스럽게 요구 사항을 인지하여 필요한 서비스를 제공하며 인터페이스를 최소화하는 것은?

① NUI   ② NUX

③ GUI   ④ SMI

⑤ 제로 UI

10. 다음 〈보기〉 중 정보보호 및 개인정보보호 관리체계인증(ISMS-P)에 대한 설명으로 적절한 것을 모두 고르면?

〈보기〉
㉠ 정보보호 관리체계 인증만 선택적으로 받을 수 있다.
㉡ 개인정보 제공뿐만 아니라 파기할 때 보호조치도 포함한다.
㉢ 위험 관리 분야의 인증기준은 보호대책 요구사항 영역에서 규정한다.
㉣ 관리체계 수립 및 운영 영역은 Plan, Do, Check, Act의 사이클에 따라 지속적이고 반복적으로 실행되는지 평가한다.

① ㉠㉡   ② ㉡㉣

③ ㉢㉣   ④ ㉠㉡㉣

⑤ ㉡㉢㉣

11. 코로나 시기에 카카오 브런치 어플 사용자가 증가하면서 게시글의 작성자가 증가하였다. 멜론과 같은 음악 스트리밍 어플에서도 인기 차트 중심보다 자신의 취향별 플레이 리스트를 듣는 이용자가 증가하는 추세이다. 인터넷에서 콘텐츠 생산에 영향을 미치는 이들을 일컫는 용어는?

① 유비노마드

② 리뷰슈머

③ 트라이슈머

④ 디지털 프로슈머

⑤ 트랜슈머

12. 불법으로 이미지 형식을 변환한 스캔 웹툰이나 만화를 식별하는 서비스를 의미하는 것은?

① SCOBIS

② Argos

③ Random Stow

④ 크로스 플레이

⑤ RPA(Robotic Process Automation)

13. 세계이동통신사업자연합회(GSMA)가 정의한 RCS에 관한 설명으로 옳은 것은?

① SMS보다 더 많은 정보를 담을 수 있다.

② 별도의 애플리케이션을 설치한 뒤에 사용한다.

③ 사용할 때 데이터 과금이 있다.

④ 데이터를 사용하여 전송실패가 빈번하다.

⑤ 카카오톡이 RCS의 대표적이다.

14. 5G에 대한 설명으로 적절하지 않은 것은?

① 주파수 효율을 높이기 위해서 Massive MIMO이 5G 표준에 도입되었다.

② 5G는 최대 20Gbps의 속도로 데이터 전송이 가능하다.

③ 초고주파수를 활용하기 위해 빔포밍 기술을 사용한다.

④ 국제 표준화단체(3GPP)에서 5G 기술표준을 개발한다.

⑤ 음성서비스에서 별도의 QoS 보장 기능을 제공한다.

15. 플랫폼의 일종으로 하드웨어 기술과 3D 기술을 접목하여 나만의 아바타로 가상세계를 체험할 수 있다. 이용자가 플랫폼 내에서 디지털 콘텐츠를 소비하는 3차원 가상세계를 의미하는 것은?

① 가상현실

② 증강현실

③ 혼합현실

④ 확장현실

⑤ 메타버스

1. 하나의 물건을 갖게 되면 그것에 어울리는 다른 물건들을 계속해서 구매하게 되는 현상은?

① 디드로 효과
② 채찍 효과
③ 캘린더 효과
④ 쿠퍼 효과
⑤ 톱니 효과

2. 중국 기업들과 단순히 협력하는 수준을 넘어 공동으로 중국 내수시장으로의 진출을 꾀하는 전략은?

① 메이드 인 차이나
② 메이드 위드 차이나
③ 메이드 포 차이나
④ 메이드 바이 차이나
⑤ 메이드 아웃 차이나

3. 다음 중 리카도의 비교우위론에 대한 설명으로 옳지 않은 것은?

① 다른 생산자에 비해 같은 상품을 더 적은 생산요소로 생산할 수 있는 능력을 말한다.
② 비교우위론에서 비교우위는 곧 기회비용의 상대적 크기를 나타낸다.
③ 비교우위론은 노동만이 유일한 생산요소이고 노동은 균질적으로 가정하고 있다.
④ 비교우위론은 생산함수를 규모의 불변함수이고 1차 동차함수로 가정하고 있다.
⑤ 비교우위론에서 무역은 비교생산비의 차이에서 발생한다고 보고 있다.

4. 최고가격제에 대한 설명으로 옳은 것을 모두 고르면?

㉠ 암시장이 출현한다.	㉡ 초과공급이 발생한다.
㉢ 수요량이 증가한다.	㉣ 제품의 질이 저하된다.
㉤ 공급량이 증가한다.	

① ㉠㉡㉢
② ㉠㉢㉣
② ㉡㉢㉣
③ ㉡㉣㉤
④ ㉢㉣㉤

5. 다음 중 차등의결권 제도에 대한 설명으로 옳지 않은 것은?

① 경영권을 가지고 있는 대주주의 주식에 대해 보통주보다 적은 의결권을 주는 제도이다.
② 최대 주주가 보유한 지분율보다 더 많은 의결권을 가지는 제도로, 경영권 방어 수단 중 하나이다.
③ 무능한 경영자를 교체하기 어렵고 소수의 지분으로 전 회사를 장악해 경영진의 이익만 쫓을 수 있다.
④ 소수 대주주의 의사가 다수 의사인 것처럼 왜곡될 가능성이 있다.
⑤ 경영권 승계에서 대주주의 지배권 강화 수단으로 악용될 수 있다.

6. 다음 (   ) 안에 들어갈 말로 옳은 것은?

> 물가가 지속적으로 상승하는 경제현상으로 총수요의 증가와 생산비 상승이 주요 원인이다. (   )로/으로 명목임금은 올라도 실질임금은 낮아져 임금소득자에게는 불리한 소득의 재분배가 이루어지며, 채무자에게는 유리하고 채권자에게는 불리한 부의 재분배 현상도 발생한다. (   )은/는 이렇게 생산과정을 통하지 않고 사회구성원 사이에 소득과 부를 재분배하고, 경제적 효율성을 낮춰 경제 성장에 악영향을 미친다.

① 인플레이션
② 디플레이션
③ 본원통화
④ 통화창조
⑤ 통화승수

7. 다음 내용을 읽고 (   ) 안에 들어갈 말로 옳은 것을 고르면?

> (   )은/는 생명보험이나 손해보험의 어느 한 종류로 분류하기가 어렵다. 왜냐하면 질병보장상품의 경우 사람을 보험대상으로 하기 때문에 생명보험처럼 보이지만, 질병으로 인한 소득상실분의 보장, 각종 질병치료비의 실손보상 등으로 인해 손해보험으로 볼 수 있기 때문이다. 보험업법에서는 (   )을/를 생명보험과 손해보험이 아닌 독립적인 보험으로 구분하고 있다

① 제3보험
② 언더라이팅 보험
③ 화재보험
④ 적화보험
⑤ 국민연금

8. 손해보험에 관한 설명으로 옳지 않은 것은?

① 보험의 목적의 성질 및 하자로 인한 손해는 보험자가 보상할 책임이 있다.

② 피보험이익은 적어도 사고발생 시까지 확정할 수 있는 것이어야 한다.

③ 보험자가 손해를 보상할 경우에 보험료의 지급을 받지 않은 잔액이 있으면 이를 공제할 수 있다.

④ 경제적 가치를 평가할 수 있는 이익은 피보험이익이 된다.

⑤ 보험대리인이나 중개인이 보험 계약서를 발행하고 보험회사는 계약서를 검사하는 업무를 한다.

9. 다음 중 환율이 상승함으로써 수입과 수출에 미치는 영향을 바르게 나타낸 것은?

① 수출촉진, 수입억제

② 수출억제, 수입억제

③ 수출촉진, 수입촉진

④ 수출억제, 수입촉진

⑤ 수출·수입에 변화가 없다.

10. 지니계수(Gini Coefficient)를 증가시켜 소득분배를 불균등하게 하는 요인은?

① 양도소득세   ② 무료급식제도

③ 상속세   ④ 의무교육제도

⑤ 금리인상

11. 영기준예산(Zero Base Budgeting)의 장점이라고 할 수 없는 것은?

① 재정운용의 탄력성

② 자원의 합리적 배분

③ 적절한 정보의 제시

④ 시간·노력의 절약

⑤ 계층 간 원활한 의사소통

12. 다음 중 마찰적 실업을 줄이기 위한 방법 중 가장 효율적인 것은?

① 임시직을 정규직으로 전환한다.

② 임금상승을 생산성 증대 수준 이하로 억제한다.

③ 노동시장의 수급상황에 대한 정보활동을 강화한다.

④ 근로자의 직업교육을 확대한다.

⑤ 일자리 정보를 제공한다.

13. 다음 중 우리나라 GDP에 영향을 주지 않는 것은?

① 전기가스 비용

② 미국 텍사스에 위치한 국내 유명 대기업의 제조공장

③ 외국 유명 대기업의 한국지사 제조공장

④ 국내 광공업 수입

⑤ 건강보험료

14. 경제문제가 발생하는 가장 근본적인 원인은?

① 이윤극대화의 원칙

② 한계효용 체감의 법칙

③ 희소성의 원칙

④ 3면 등가의 원칙

⑤ 조세평등의 원칙

15. 다음 중 소득이 떨어져도 소비수준이 변하지 않는 현상은?

① 도플러 효과   ② 잠재가격

③ 의존 효과   ④ 관성 효과

⑤ 구축 효과

[분야별] IT전산

1. 한 모듈 내의 각 구성요소들이 공통의 목적을 달성하기 위하여 서로 얼마나 관련이 있는지의 기능적 연관의 정도를 나타내는 것은?

① cohesion   ② coupling

③ structure   ④ unity

⑤ utility

2. 주문 릴레이션에서 "3개 이상 주문한 주문제품을 검색하라"는 질의에 대한 SQL문을 작성하였다. 잘못된 부분은?

> ① SELECT 주문제품
> ② FROM 주문
> ③ GROUP BY 주문제품
> ④ WHERE ⑤ COUNT(*) >= 3;

3. 다음은 E-R 다이어그램을 그래프로 표현한 표기법과 그 의미를 나타낸 〈표〉이다. ㉠, ㉡에 들어갈 내용으로 옳은 것은?

기호	의미
☐	개체(Entity) 타입
☐	약한 개체 타입
◇	㉠
◯	㉡
──	개체에 속하는 속성을 연결할 때, 개체와 관계를 연결할 때 사용

	㉠	㉡
①	유도속성	부분키
②	기본키	링크
③	링크	기본키
④	속성	관계(relationship) 타입
⑤	관계(relationship) 타입	속성

4. 다음 중 데이터베이스의 용어에 대한 설명으로 옳은 것은?

① 자료(Data)란 관찰이나 측정을 통해 얻은 사실을 말한다.
② 정보(Information)는 자료를 목적에 따라 가공하여 만든 것으로, 주관적인 가치 판단이 개입되어서는 안된다.
③ 애트리뷰트(attribute)는 특정한 상황에서 사용하기 위하여 데이터로부터 가공한 상태이다.
④ 투플(tuple)은 테이블의 열을 나타낸다.
⑤ 카디널리티(cardicality)는 하나의 릴레이션에서 속성의 전체 개수를 의미한다.

5. 다음은 관계형 데이터베이스의 정규화 과정을 서술한 것이다. 정규화 작업 순서를 바르게 나열한 것은?

> ㉠ 결정자이면서 후보키가 아닌 것을 제거한다.
> ㉡ 부분적 함수 종속성을 제거한다.
> ㉢ 릴레이션에 속한 모든 속성의 도메인이 원자값으로만 구성되도록 한다.
> ㉣ 다치 종속성을 제거한다.
> ㉤ 이행적 함수 종속성을 제거한다.

① ㉠ → ㉡ → ㉢ → ㉣ → ㉤
② ㉠ → ㉢ → ㉡ → ㉤ → ㉣
③ ㉡ → ㉠ → ㉢ → ㉤ → ㉣
④ ㉢ → ㉡ → ㉤ → ㉠ → ㉣
⑤ ㉢ → ㉠ → ㉡ → ㉤ → ㉣

6. 다음 중 11을 2진수로 변환한 것으로 옳은 것은?

① $1011_{(2)}$ ② $1111_{(2)}$
③ $1110_{(2)}$ ④ $0001_{(2)}$
⑤ $0100_{(2)}$

7. 다음 중 두 개의 입력 값 중 하나 이상이 1이면 출력값이 1이 되는 기본논리회로로 옳은 것은?

① AND   ② NOT
③ OR   ④ NAND
⑤ NOR

8. 다음 설명으로 옳은 것은?

> 하나의 CPU를 이용하여 여러 개의 프로그램을 실행시킴으로써 짧은 시간에 많은 작업을 수행할 수 있게 하여 시스템의 효율을 높여 주는 방식의 시스템이다.

① 실시간 시스템
② 다중 프로그래밍 시스템
③ 분산처리 시스템
④ 시분할 처리 시스템
⑤ 다중 처리 시스템

9. 다음 중 미국의 벨 연구소에서 개발한 미니 컴퓨터용 운영체제로서 C언어로 작성되어 다양한 컴퓨터에서 사용되는 운영체제로 옳은 것은?

① LISP

② UNIX

③ MS-DOS

④ WINDOWS

⑤ NFS

10. 소프트웨어의 설계에서 결합도와 응집도에 대한 개념이다. 빈칸에 들어갈 말을 바르게 나열한 것은?

> ▶ 결합도란 모듈 (㉠)의 상호의존성의 척도로, 결합도가 (㉡) 좋다.
> ▶ 응집도란 모듈 (㉢)의 상호의존성의 척도로, 응집도는 (㉣) 좋다.

	㉠	㉡	㉢	㉣
①	사이	강할수록	내부	약할수록
②	내부	약할수록	사이	강할수록
③	사이	강할수록	내부	강할수록
④	내부	약할수록	사이	약할수록
⑤	사이	약할수록	내부	강할수록

11. 다음은 무엇에 대한 설명인가?

> • 하나의 채널로만 사용하는 아날로그 방식의 문제점을 해결하기 위해 개발된 다중화 방식이다.
> • TDM 방식으로 각 신호를 전송할 시간대역으로 분리한 후 각 시간대역을 FDM 방식으로 전송할 주파수 대역을 분리한다.
> • 여러 사용자가 시간과 주파수를 공유하면서 신호를 송·수신할 수 있는 통신 방식이다.

① TDM(Time Division Multiplexing)

② FDM(Frequency Division Multiplexing)

③ ATDM(Asynchronous Time Division Multiplexing)

④ STDM(Synchronous Time Division Multiplexing)

⑤ CDM(Code Division Multiplexing)

12. 다음 중 전송회선이 단절되면 전체 네트워크가 중단되는 네트워크 토폴로지로 옳은 것은?

① 트리형　　　　　② 그물형

③ 링형　　　　　　④ 버스형

⑤ 성형

13. 다음 중 능동적 공격 및 수동적 공격기법이 옳게 짝지어진 것을 고르면?

① 수동적 공격 - 재전송

② 능동적 공격 - 메시지 변조

③ 수동적 공격 - 메시지 변조

④ 능동적 공격 - 패킷 분석

⑤ 능동적 공격 - 도청

14. 다음 설명으로 옳은 것은?

> 프로그램 작성자가 일반적으로 보호되고 있는 시스템에 들어가기 위한 통로를 의미하는 말로 원래는 관리자가 외부에서도 시스템을 점검할 수 있도록 만들어 두었으나 해킹에 취약한 부분이 될 수도 있다.

① 게이트웨이　　　② 크래커

③ 방화벽　　　　　④ 백도어

⑤ 루트킷

15. 다음 중 각 시스템마다 매번 인증 절차를 밟지 않고 한 번의 로그인 과정으로 기업 내의 각종 업무 시스템이나 인터넷 서비스에 접속할 수 있게 해 주는 보안 응용 솔루션으로 옳은 것은?

① CGI　　　　　　② SSO

③ OSS　　　　　　④ Wibro

⑤ I-PIN

NH농협은행

기출동형 모의고사

영 역	직무능력평가 / 직무상식평가
문항수	80문항
시 간	95분
비 고	객관식 5지선다형

제 5 회

SEOWONGAK
(주)서원각

제 5 회 기출동형 모의고사

01 직무능력평가

▌1~2▐ 다음 제시된 낱말의 대응 관계로 볼 때 빈칸에 들어가기에 알맞은 것을 고르시오.

1.

애매모호하다 : 분명하다 = (　　) : (　　)

① 터득, 체득
② 발견, 발명
③ 하숙, 자취
④ 죽음, 삶
⑤ 운영, 경영

2.

기쁨 : 즐거움 = 결핍 : (　　)

① 충족
② 충분
③ 만족
④ 행복
⑤ 궁핍

3. 다음 짝지어진 단어 사이의 관계가 나머지와 다른 것을 고르면?

① 소-중-대
② 1-2-3
③ 일-십-백
④ 빨강-주황-노랑
⑤ mm-cm-m

4. 다음 글의 밑줄 친 '나오다'와 가장 의미가 유사한 것은 어느 것인가?

A씨는 아버지 같았던 선생님과 연락이 끊긴 이유를 묻자 "어린 나이에 아이를 갖게 됐다. 그 사실을 온 국민에게 기자회견으로 말하고 방송에 <u>나오다</u> 보니까…"라고 운을 뗐다.

① 잡지에 내 친구가 찍은 사진이 <u>나왔다</u>.
② 이번에 새로 <u>나온</u> 자동차가 불티나게 팔리고 있다.
③ 이런 촌구석에서 그런 위대한 인물이 <u>나왔다</u>니 믿어지지 않는다.
④ 범수는 사장과 싸운 뒤 그 회사에서 <u>나왔다</u>.
⑤ 정희는 건강상의 이유로 활동하던 NGO 단체에서 <u>나왔다</u>.

5. 다음 중 의미가 가장 다른 한자성어는?

① 파죽지세(破竹之勢)
② 사기충천(士氣衝天)
③ 석권지세(席卷之勢)
④ 욱일승천(旭日昇天)
⑤ 천경지위(天經地緯)

6. 다음 중 밑줄 친 단어의 맞춤법이 옳은 문장은?

① 하늘이 뚫린 것인지 <u>몇 날 몇 일</u>을 기다려도 비는 그치지 않았다.
② 스승이란 모름지기 제자들의 마음을 어루만져 줄 수 있는 사람이 <u>되야</u> 한다.
③ 신제품을 <u>선뵀어도</u> 매출에는 큰 영향이 없을 것이다.
④ 나는 미로처럼 <u>얽히고설킨</u> 비탈길을 몇 번이고 오르락내리락했다.
⑤ 우리는 <u>오랫만에</u> 만나 회포를 풀었다.

7. 다음 글을 통해 답을 찾을 수 없는 질문은?

사진은 자신의 주관대로 끌고 가야 한다. 일정한 규칙이 없는 사진 문법으로 의사소통을 하고자 할 때 필요한 것은 대상이 되는 사물의 객관적 배열이 아니라 주관적 조합이다. 어떤 사물을 어떻게 조합해서 어떤 생각이나 느낌을 나타내는가 하는 것은 작가의 주관적 판단에 의할 수밖에 없다. 다만 철저하게 주관적으로 엮어야 한다는 것만은 확실하다.

주관적으로 엮고, 사물을 조합한다고 해서 소위 '만드는 사진'처럼 합성을 하고 이중촬영을 하라는 뜻은 아니다. 특히 요즘음 디지털 사진이 보편화되면서 포토샵을 이용한 합성이 많이 보이지만, 그런 것을 권하려는 것이 아니다. 사물을 있는 그대로 찍되, 주위 환경과 어떻게 어울리게 하여 어떤 의미로 살려 낼지를 살펴서 그들끼리 연관을 지을 줄 아는 능력을 키우라는 뜻이다.

사람들 중에는 아직도 사진이 객관적인 매체라고 오해하는 사람들이 퍽 많다. 그러나 사진의 형태만 보면 객관적일 수 있지만, 내용으로 들어가 보면 객관성은 한 올도 없다. 어떤 대상을 찍을 것인가 하는 것부터가 주관적인 선택 행위이다. 아름다움을 표현하기 위해서 꽃을 찍는 사람이 있는가 하면 꽃 위를 나는 나비를 찍는 사람도 있을 것이고 그 곁의 여인을 찍는 사람도 있을 것이다. 이처럼 어떤 대상을 택하는가 하는 것부터가 주관적인 작업이며, 이것이 사진이라는 것을 머리에 새겨 두고 사진에 임해야 한다. 특히 그 대상을 어떻게 찍을 것인가로 들어가면 이제부터는 전적으로 주관적인 행위일 수밖에 없다. 렌즈의 선택, 셔터 스피드나 조리개 값의 결정, 대상과의 거리 정하기 등 객관적으로는 전혀 찍을 수 없는 것이 사진이다. 그림이나 조각만이 주관적 예술은 아니다.

때로 객관적이고자 하는 마음으로 접근할 수도 있기는 하다. 특히 다큐멘터리 사진의 경우 상황을 객관적으로 파악, 전달하고자 하는 마음은 이해가 되지만, 어떤 사람도 완전히 객관적으로 접근할 수는 없다. 그 객관이라는 것도 그 사람 입장에서의 객관이지 절대적 객관이란 이 세상에 있을 수가 없는 것이다. 더구나 예술로서의 사진으로 접근함에 있어서야 말할 것도 없는 문제이다. 객관적이고자 하는 시도도 과거의 예술에서 있기는 했지만, 그 역시 객관적이고자 실험을 해 본 것일 뿐 객관적 예술을 이루었다는 것은 아니다.

예술이 아닌 단순 매체로서의 사진이라 해도 객관적일 수는 없다. 그 이유는 간단하다. 사진기가 저 혼자 찍으면 모를까, 찍는 사람이 있는 한 그 사람의 생각과 느낌은 어떻게든지 그 사진에 작용을 한다. 하다못해 무엇을 찍을 것인가 하는 선택부터가 주관적인 행위이다. 더구나 예술로서, 창작으로서의 사진은 주관을 배제하고는 존재조차 할 수 없다는 사실을 깊이 새겨서, 언제나 '나는 이렇게 보았다. 이렇게 생각한다. 이렇게 느꼈다.'라는 점에 충실하도록 노력해야 할 것이다.

① 사진의 주관성을 염두에 두어야 하는 까닭은 무엇인가?
② 사진으로 의사소통을 하고자 할 때 필요한 것은 무엇인가?
③ 단순 매체로서의 사진도 객관적일 수 없는 까닭은 무엇인가?
④ 사진의 객관성을 살리기 위해서는 구체적으로 어떤 작업을 해야 하는가?
⑤ 사진을 찍을 때 사물을 주관적으로 엮고 조합하라는 것은 어떤 의미인가?

8. 다음 글의 밑줄 친 ㉠~㉤ 중, 전체 글의 문맥과 논리적으로 어울리지 않는 의미를 포함하고 있는 것은 어느 것인가?

정부의 지방분권 강화의 흐름은 에너지정책 측면에서도 매우 시의적절해 보인다. 왜냐하면 현재 정부가 강력히 추진 중인 에너지전환정책의 성공 여부는 그 특성상 지자체의 협력과 역할에 달려 있기 때문이다.

현재까지의 중앙 정부 중심의 에너지정책은 필요한 에너지를 값싸게 충분히 안정적으로 공급한다는 공급관리 목표를 달성하는데 매우 효율적이었다고 평가할 수 있다. 또한 중앙 정부 부처가 주도하는 현재의 정책 결정 구조는 에너지공급 설비와 비용을 최소화할 수 있으며, ㉠ 일관된 에너지정책을 추구하여 개별 에너지정책들 간의 충돌을 최소화할 수 있는 장점이 있다. 사실, 특정지역 대형설비 중심의 에너지정책을 추진할 때는 지역 경제보다는 국가경제 차원의 비용편익 분석이 타당성을 확보할 수 있고, 게다가 ㉡ 사업 추진 시 상대해야 할 민원도 특정지역으로 한정되는 경우가 많기 때문에 중앙정부 차원에서의 정책 추진이 효율적일 수 있다.

그러나 신재생에너지 전원과 같이 소규모로 거의 전 국토에 걸쳐 설치되어야 하는 분산형 전원 비중이 높아지는 에너지전환정책 추진에는 사정이 달라진다. 중앙 정부는 실제 설비가 들어서는 수많은 개별 지역의 특성을 세심히 살펴 추진할 수 없어 소규모 전원의 전국적 관리는 불가능하다. 실제로 현재 태양광이나 풍력의 보급이 지체되는 가장 큰 이유로 지자체의 인허가 단계에서 발생하는 다양한 민원이 지적되고 있다. 중앙정부 차원에서 평가한 신재생에너지의 보급 잠재력이 아무리 많아도, 실제 사업 단계에서 부딪치는 다양한 어려움을 극복하지 못하면 보급 잠재력은 허수에 지나지 않게 된다. 따라서 ㉢ 소규모 분산전원의 확대는 거시적 정책이 아니라 지역별 특성을 세심히 고려한 미시적 정책에 달려 있다고 해도 지나치지 않다. 당연히 지역 특성을 잘 살필 수 있는 지자체가 분산 전원 확대에 주도권을 쥐는 편이 에너지전환정책의 성공에 도움이 될 수 있다.

이뿐만 아니라 경제가 성장하면서 에너지소비 구조도 전력, 도시가스, 지역난방 등과 같은 네트워크에너지 중심으로 변화하다 보니 지역별 공급비용에 대한 불균형을 고려해 ㉣ 지역별 요금을 단일화해야한다는 목소리도 점점 커지고 있고, 환경과 안전에 대한 국민들의 인식도 과거와 비교해 매우 높아져 이와 관련한 지역 사안에 관심도 커지고 있다. 이러한 변화는 때로는 지역 간 갈등으로 혹은 에너지시설 건설에 있어 님비(NIMBY)현상 등으로 표출되기도 한다. 모두 지역의 특성을 적극적으로 감안하고 지역주민들의 의견을 모아 해결해야할 사안이다. 당연히 중앙정부보다 지자체가 훨씬 잘 할 수 있는 영역이다.

하지만 중앙정부의 역할이 결코 축소되어서는 안 된다. 소규모 분산전원이 확대됨에 따라 에너지공급의 안정성을 유지하기 위해 현재보다 더 많은 에너지 설비가 요구될 수 있으며 설비가 소형화되면서 공급 비용과 비효율성이 높아질 우려도 있기 때문이다. ㉤ 따라서 지역 간 에너지시스템을 연계하는 등 공급 효율성을 높이기 위해 지자체 간의 협력과 중앙정부의 조정기능이 더욱 강조되어야 한다. 에너지전환정책은 중앙정부와 지자체 모두의 에너지정책 수요를 증가시키고 이들 간의 협력의 필요성을 더욱 요구할 것이다.

① ㉠ ② ㉡
③ ㉢ ④ ㉣
⑤ ㉤

9. 다음은 '원자재 가격 상승에 따른 문제점과 대책에 관한 글을 쓰기 위해 작성한 개요이다. 논지 전개상 적절하지 않은 것은?

Ⅰ. 서론 : 원자재 가격 상승의 현황
　국제 시장에서 원자재 가격이 연일 최고가를 경신하는 상황을 언급함. ……ⓐ
Ⅱ. 본론
　1. 원자재 가격 상승에 따른 문제점
　　가. 경제적 측면 : 상품의 가격 상승으로 수출 둔화, 수출 상품의 경쟁력 상실, 외국 바이어 방문의 감소 … ⓑ
　　나. 사회적 측면 : 내수 부진으로 소비 생활 위축, 경기 침체로 실업자 증가, 소득 감소로 가계 소비의 위축 ……ⓒ
　2. 원자재 가격 상승에 대한 대책
　　가. 경제적 측면 : 수출 경쟁력 확보를 위한 노력, 품질이 뛰어난 신상품 개발, 새로운 시장 개척으로 판로 확보 ……ⓓ
　　나. 사회적 측면 : 소비 활성화 정책 시행, 수입 원자재에 대한 과세 강화 ……ⓔ
Ⅲ. 결론 : 경쟁력 확보와 소비 활성화 방안 모색
　수출 경쟁력을 확보하고 소비 활성화를 위한 정책을 시행함.

---

① ⓐ
② ⓑ
③ ⓒ
④ ⓓ
⑤ ⓔ

10. 다음 제시된 글의 주제로 가장 적합한 것은?

만약 영화관에서 영화가 재미없다면 중간에 나오는 것이 경제적일까, 아니면 끝까지 보는 것이 경제적일까? 아마 지불한 영화 관람료가 아깝다고 생각한 사람은 영화가 재미없어도 끝까지 보고 나올 것이다. 과연 그러한 행동이 합리적일까? 영화관에 남아서 영화를 계속 보는 것은 영화관에 남아 있으면서 기회비용을 포기하는 것이다. 이 기회비용은 영화관에서 나온다면 할 수 있는 일들의 가치와 동일하다. 영화관에서 나온다면 할 수 있는 유용하고 즐거운 일들은 얼마든지 있으므로, 영화를 계속 보면서 치르는 기회비용은 매우 크다고 할 수 있다. 결국 영화관에 남아서 재미없는 영화를 계속 보는 행위는 더 큰 기회와 잠재적인 이익을 포기하는 것이므로 합리적인 경제 행위라고 할 수 없다.

경제 행위의 의사 결정에서 중요한 것은 과거의 매몰비용이 아니라 현재와 미래의 선택기회를 반영하는 기회비용이다. 매몰비용이 발생하지 않도록 신중해야 한다는 교훈은 의미가 있지만 이미 발생한 매몰비용, 곧 돌이킬 수 없는 과거의 일에 얽매이는 것은 어리석은 짓이다. 과거는 과거일 뿐이다. 지금 얼마를 손해 보았는지가 중요한 것이 아니라, 지금 또는 앞으로 얼마나 이익을 또는 손해를 보게 될지가 중요한 것이다. 매몰비용은 과감하게 잊어버리고, 현재와 미래를 위한 삶을 살 필요가 있다. 경제적인 삶이란, 실패한 과거에 연연하지 않고 현재를 합리적으로 사는 것이기 때문이다.

---

① 돌이킬 수 없는 과거의 매몰비용에 얽매이는 것은 어리석은 짓이다.
② 경제 행위의 의사결정에서 중요한 것은 미래의 선택기회를 반영하는 기회비용이다.
③ 매몰비용은 과감하게 잊어버리고, 기회비용을 고려할 필요가 있다.
④ 실패한 과거에 연연하지 않고 현재를 합리적으로 사는 경제적인 삶을 살아가는 것이 중요하다.
⑤ 기회비용을 고려하지 않아도 된다.

11. 다음 글을 읽고 이에 관련한 내용으로 보기 가장 어려운 것을 고르면?

　　현대는 소비의 시대다. 소비가 하나의 이데올로기가 된 세상이다. 소비자들은 쏟아져 나오는 여러 상품들을 선택하는 행위를 통해 욕구 충족을 할 뿐 아니라 개인의 개성과 정체성을 형성한다. 소비가 인간을 만드는 것이다. 그뿐 아니다. 다른 사람의 소비를 보면서 그를 평가하기도 한다. 그 사람이 무엇을 소비하느냐에 따라 그 사람의 값을 매긴다.

　　거기서 자연스럽게 배태되는 게 바로 유행이다. 온통 소비에 신경을 쓰다 보니 유명인이나 트렌드 세터들이 만들어내는 소비패턴에 민감하다. 옷이든 장신구든 아니면 먹거리든 간에 이런 유행을 타지 않은 게 드물 정도다. 유행을 따르지 않으면 어딘지 시대에 뒤지고 소외되는 것 같은 강박관념이 사람들을 짓누르고 있다.

　　문제는 유행이 무척 짧은 수명을 갖는다는 것이다. 옷 같은 경우는 일 년이 멀다하고 새로운 패션이 밀려온다. 소비시장이 그만큼 다양화, 개성화, 전문화됐다는 뜻이다. 제대로 유행의 첨단에 서자면 정신이 달아날 지경일 것이다.

　　원래 제품 수명주기이론에서는 제품이 태어나 사라질 때까지를 보통 3-5년 정도로 본다. 즉 도입기와 성장기-성숙기-쇠퇴기를 거치는 데 몇 년 정도는 걸린다는 설명이다. 상품의 생명력이 이 정도 유지되는 게 정상이다. 그래야 생산자들도 어느 정도 이 속도에 맞춰 신상품을 개발하는 등 마케팅 전략을 세울 수 있다.

　　그런데 최근 풍조는 상품 수명이 1년을 넘기지 못하는 경우가 잦다고 한다. 소득이 늘면서 유행에 목을 매다보니 남보다 한 발짝이라도 빨리 가고 싶은 욕망이 생기고 그것이 유행의 주기를 앞당기는 것이다. 한 때 온 나라를 떠들썩하게 했던 아웃도어 열풍이 급격히 식어가고 있다는 보도도. 업계에 따르면 국내 아웃도어 시장 규모는 2014년 7조 4000억 원을 정점으로 급격한 내림세에 접어들었다. 작년 백화점 등 유통업체들은 아웃도어에서 6-9% 마이너스 성장을 했다. 업체들은 일부 브랜드를 접고 감원에 들어가는가 하면 백화점에서도 퇴점하는 사례가 증가하고 있다.

　　과거에도 하얀국물 라면 등 음식이나 패션 등 일부 상품에서 빠른 트렌드 변화가 읽혔다. 소비자 요구는 갈수록 복잡다단해지고 기업이 이에 적응하는 데는 한계가 있는 것이다. 피곤한 것은 기업 쪽이다. 한편으로는 갈수록 부박해지는 소비문화가 걱정스럽기도 하다. 환경보호 등 여러 측면에서 소비가 미덕인 시대는 아닌 것 같기 때문이다.

① 사람들은 제품구매를 통해 니즈를 충족하고 그들의 개성을 형성하게 된다.
② 현대에 들어 분야를 막론하고 유행을 좇지 않는 게 거의 없다.
③ 제품수명주기는 도입기-성장기-성숙기-쇠퇴기의 4단계를 겪게 된다.
④ 빠른 트렌드의 변화로 인해 소비자들의 욕구충족이 되는 반면에 기업의 경우에는 이에 맞추기 위해 상당히 피곤해진다.
⑤ 소득이 증가하면서 제품의 유행주기가 점차적으로 느리게 된다.

┃12~13┃ 다음 글을 읽고 물음에 답하시오.

스마트폰 청색광, 눈 건강 위협!
망막 세포 파괴 및 시력 저하 유발

　　A 대학 ○○ 연구 팀은 스마트폰의 청색광(blue light)이 망막 세포를 파괴할 수 있다는 연구 결과를 발표했다. 청색광은 어떻게 발생할까? 청색광은 얼마나 해로울까? 스마트폰의 청색광이 일으키는 피해를 줄이려면 어떻게 해야 할까?

▲ 청색광이 발생되는 스마트폰의 원리

　　스마트폰의 화면은 백라이트(back light)에서 나온 빛이 컬러 필터를 통과하면서 색상을 표현하는 구조로 되어 있다. 백라이트에서 지속적으로 빛을 내보내면서 원하지 않는 색을 내는 부분은 액정이 막아 다양한 색상을 <u>구현</u>하게 된다. 백색의 빛을 비추는 백라이트는 전류를 흘려주면 발광하는 반도체 소자의 일종인 엘이디(LED)를 사용한다. 엘이디는 적색, 녹색, 청색 등의 색깔을 만들 수 있지만 태양광처럼 직접 백색을 낼 수는 없다. 스마트폰의 백라이트는 청색 엘이디에 노란색 형광물질을 씌워 만들기 때문에 <u>필연적</u>으로 청색광이 발생한다.

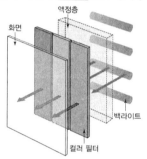

[그림 1] 스마트폰 화면의 구현 방식

▲ 청색광의 유해성

　　청색광은 가시광선 중에서도 자외선에 가까운 빛으로, 파장이 짧고 강한 에너지를 가진다. 이 때문에 눈에 있는 세포를 강하게 자극하여 눈의 피로감을 크게 <u>유발</u>한다. 이 연구 팀의 연구 결과에 따르면 눈이 청색광에 직접적으로 노출되었을 때 다른 빛에 비해 망막 세포가 손상되는 정도가 심하게 나타난다고 한다. 특히 어두운 곳에서 스마트폰을 사용하면 청색광에 의한 시력 <u>저하</u> 현상이 심해져서 눈 건강에 해롭다고 한다.

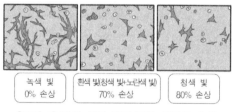

녹색 빛 0% 손상	흰색 빛(청색+노란색 빛) 70% 손상	청색 빛 80% 손상

[그림 2] 빛의 색에 따른 망막 세포의 손상

▲ 청색광의 피해를 줄이기 위한 방안

　　현대인은 스마트폰을 일상적으로 사용할 수밖에 없는 환경에서 살고 있기 때문에 스마트폰으로부터 자유로워지기 어렵다. 하지만 스마트폰의 화면을 따뜻한 계열의 색상으로 <u>조절</u>하는 것만으로도 눈의 부담을 덜어줄 수 있다. 대부분의 스마트폰에는 청색광을 줄여 화면을 노랗게 바꿔주는 청색광 감소 기능이 있어 화면을 변경할 수 있다. 이 기능을 사용하면 스마트폰의 청색광이 어느 정도 줄어든다.

12. 위 기사에 대해 잘못 이해하고 있는 사람은 누구인가?

① 甲 : 청색광과 눈 건강과의 관계를 표제에 밝혀 글의 주제를 선명하게 드러내고 있군.

② 乙 : 청색광이 주는 부정적인 영향을 부제로 써서 표제의 내용을 구체화하고 있군.

③ 丙 : 청색광의 유해성과 관련한 상반된 관점을 대조하여 객관성을 높이고 있군.

④ 丁 : 스마트폰 화면의 구현 방식을 그림으로 제시하여 독자의 이해를 돕고 있군.

⑤ 戊 : 청색광의 유해성에 대한 전문적인 연구를 인용하여 글의 신뢰성을 높이고 있군.

13. 밑줄 친 단어의 뜻풀이가 잘못된 것은?

① 구현(具現) : 어떤 내용이 구체적인 사실로 나타나게 함

② 필연적(必然的) : 사물의 관련이나 일의 결과가 반드시 그렇게 될 수밖에 없음

③ 유발(誘發) : 어떤 것이 다른 일을 일어나게 함

④ 저하(低下) : 자기 자신을 낮춤

⑤ 조절(調節) : 균형이 맞게 바로잡음. 또는 적당하게 맞추어 나감

14. A, B, C, D, E 다섯 명 중 출장을 가는 사람이 있다. 출장을 가는 사람은 반드시 참을 말하고, 출장에 가지 않는 사람은 반드시 거짓을 말한다. 다음과 같이 각자 말했을 때 항상 참인 것은?

> • A : E가 출장을 가지 않는다면, D는 출장을 간다.
> • B : D가 출장을 가지 않는다면, A는 출장을 간다.
> • C : A는 출장을 가지 않는다.
> • D : 2명 이상이 출장을 간다.
> • E : C가 출장을 간다면 A도 출장을 간다.

① 최소 1명, 최대 3명이 출장을 간다.

② C는 출장을 간다.

③ E는 출장을 가지 않는다.

④ A와 C는 같이 출장을 가거나, 둘 다 출장을 가지 않는다.

⑤ A가 출장을 가면 B도 출장을 간다.

15. 다음에 제시된 세 개의 명제가 참이라고 할 때, 결론 A, B에 대한 판단으로 알맞은 것은?

> 명제 1. 강 사원이 외출 중이면 윤 사원도 외출 중이다.
> 명제 2. 윤 사원이 외출 중이 아니면 박 사원도 외출 중이 아니다.
> 명제 3. 박 사원이 외출 중이 아니면 강 사원도 외출 중이 아니다.
>
> 결론 A. 윤 사원이 외출 중이 아니면 강 사원도 외출 중이 아니다.
> 결론 B. 박 사원이 외출 중이면 윤 사원도 외출 중이다.

① A만 옳다.

② B만 옳다.

③ A, B 모두 옳다.

④ A, B 모두 옳지 않다.

⑤ 옳은지 그른지 알 수 없다.

16. 다음과 같은 상황과 조건을 바탕으로 할 때, A가 오늘 아침에 수행한 아침 일과에 포함될 수 없는 것은?

> • A는 오늘 아침 7시 20분에 기상하여 25분 후인 7시 45분에 집을 나섰다. A는 주어진 25분을 모두 아침 일과를 쉼 없이 수행하는 데 사용했다.
> • 아침 일과를 수행하는 데 정해진 순서는 없으며, 같은 아침 일과를 두 번 이상 수행하지 않는다.
> • 단, 머리를 감았다면 반드시 말리며, 각 아침 일과 수행 중에 다른 아침 일과를 동시에 수행할 수는 없다.
> • 각 아침 일과를 수행하는 데 소요되는 시간은 다음과 같다.
>
> | 아침 일과 | 소요 시간 | 아침 일과 | 소요 시간 |
> |---|---|---|---|
> | 샤워 | 10분 | 몸치장 하기 | 7분 |
> | 세수 | 4분 | 구두 닦기 | 5분 |
> | 머리 감기 | 3분 | 주스 만들기 | 15분 |
> | 머리 말리기 | 5분 | 양말 신기 | 2분 |

① 세수

② 머리 감기

③ 구두 닦기

④ 몸치장 하기

⑤ 양말 신기

17. 다음 〈상황〉과 〈자기소개〉를 근거로 판단할 때 옳지 않은 것은?

〈상황〉

5명의 직장인(A~E)이 커플 매칭 프로그램에 참여했다.

1) 남성이 3명이고 여성이 2명이다.

2) 5명의 나이는 34세, 32세, 30세, 28세, 26세이다.

3) 5명의 직업은 의사, 간호사, TV드라마감독, 라디오작가, 요리사이다.

4) 의사와 간호사는 성별이 같다.

5) 라디오작가는 요리사와 매칭 된다.

6) 남성과 여성의 평균 나이는 같다.

7) 한 사람당 한 명의 이성과 매칭이 가능하다.

〈자기소개〉

A : 안녕하세요. 저는 32세이고 의료 관련 일을 합니다.

B : 저는 방송업계에서 일하는 남성입니다.

C : 저는 20대 남성입니다.

D : 반갑습니다. 저는 방송업계에서 일하는 여성입니다.

E : 제가 이 중 막내네요. 저는 요리사입니다.

① TV드라마감독은 B보다 네 살이 많다.

② 의사와 간호사 나이의 평균은 30세이다.

③ D는 의료계에서 일하는 두 사람 중 나이가 적은 사람보다 두 살 많다.

④ A의 나이는 방송업계에서 일하는 사람들 나이의 평균과 같다.

⑤ E는 A~E 중 가장 어리다.

---

18. '가' 은행 '나' 지점에서는 3월 11일 회계감사 관련 서류 제출을 위해 본점으로 출장을 가야 한다. 다음에 제시된 〈조건〉과 〈상황〉을 바탕으로 판단할 때, 출장을 함께 갈 수 있는 직원들의 조합으로 가능한 것은?

〈조건〉

1) 08시 정각 출발이 확정되어 있으며, 출발 후 '나' 지점에 복귀하기까지 총 8시간이 소요된다. 단, 비가 오는 경우 1시간이 추가로 소요된다.

2) 출장인원 중 한 명이 직접 운전하여야 하며, '운전면허 1종 보통' 소지자만 운전할 수 있다.

3) 출장시간에 사내 업무가 겹치는 경우에는 출장을 갈 수 없다.

4) 출장인원 중 부상자가 포함되어 있는 경우, 서류 박스 운반 지연으로 인해 30분이 추가로 소요된다.

5) 차장은 책임자로서 출장인원에 적어도 한 명 포함되어야 한다.

6) 주어진 조건 외에는 고려하지 않는다.

〈상황〉

1) 3월 11일은 하루 종일 비가 온다.

2) 3월 11일 당직 근무는 17시 10분에 시작한다.

직원	직급	운전면허	건강 상태	출장 당일 사내 업무
A	차장	1종 보통	부상	없음
B	차장	2종 보통	건강	17시 15분 계약업체 담당
C	과장	없음	건강	17시 35분 고객 상담
D	과장	1종 보통	건강	당직 근무
E	대리	2종 보통	건강	없음

① A, B, C

② A, C, D

③ B, C, E

④ B, D, E

⑤ C, D, E

| 19~20 | 다음 자료를 보고 이어지는 물음에 답하시오.

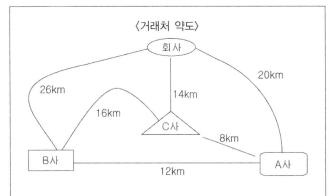

〈거래처 약도〉

〈각 구간별 연비〉
- 회사~A사/B사/C사 : 각 10km/L(시내)
- A사~B사 : 14km/L(국도)
- B사~C사 : 8km/L(비포장도로)
- C사~A사 : 20km/L(고속도로)
※ 연료비는 1L당 1,500원으로 계산한다.

19. 최 대리는 오늘 외출을 하여 A, B, C 거래처를 방문해야 한다. 세 군데 거래처를 모두 방문하고 마지막 방문지에서 바로 퇴근을 할 예정이지만, 서류 전달을 위해 중간에 한 번은 다시 회사로 돌아왔다 가야 한다. A사를 가장 먼저 방문할 경우 최 대리의 모든 거래처 방문이 완료되는 최단 거리 이동 경로는 몇 km인가?

① 58km
② 60km
③ 64km
④ 68km
⑤ 70km

20. 위와 같은 거래처 방문 조건 하에서 최장 거리 이동 경로와 최단 거리 이동 경로의 총 사용 연료비 차액은 얼마인가?

① 3,000원
② 3,100원
③ 3,200원
④ 3,300원
⑤ 3,400원

21. 점포의 다양한 매력을 고려한 MCI(Multiplicative Competitive Interaction)모형에서 상품구색 효용, 판매원의 서비스 효용, 상업시설까지의 거리 효용 등을 포함하는 각종 인적 자원 및 물적 자원에 대한 효용이 아래와 같을 때, B마트를 찾을 경우에 그 확률은 얼마인가?

〈성업시설 명단 및 효용치 구분〉

구분		상품구색에 대한 효용치	판매원서비스에 대한 효용치	상업시설까지의 거리에 대한 효용치
A	할인점	10	3	5
B	마트	5	4	5
C	상점가	2	5	10
D	백화점	5	5	6

① 10%
② 20%
③ 30%
④ 40%
⑤ 50%

22. 다음은 물품을 배송할 때, 물건의 정보와 요금을 나타낸 표이다. A지역부터 거리가 150km인 B지역까지 가로, 세로, 높이의 길이가 5m, 2m, 4m인 트럭을 이용해 옮긴다면 운송비용이 저렴한 물품부터 순서대로 나열한 것은? (트럭에 최대한 많은 물건을 싣는다.)

구분	무게	부피 (가로·세로·높이cm^3)	10kg요금 (원)	10km당 요금(원)
A	5kg	700×30×10	6,000	2,500
B	3kg	80×60×30	5,000	4,000
C	3kg	50×50×50	5,500	3,000
D	2.5kg	40×20×120	4,000	8,000

① B, D, C, A
② B, C, A, D
③ A, C, D, B
④ A, D, B, C
⑤ D, B, C, A

| 23~24 | 다음은 ○○회사 영업팀, 경영팀, 개발팀의 9월 일정표 및 메모이다. 9월 1일이 화요일일 때, 다음을 보고 물음에 답하시오.

〈9월 일정표〉

영업팀		경영팀		개발팀	
16일 → 회사 전체 회의					
7	개발팀과 A제품 판매 회의	10	영업팀과 A제품 판매를 위한 회의	1	A제품 개발 마감
10	경영팀과 A제품 판매를 위한 회의	25	다음 달 채용 준비 시작	4	A제품 시연
14	국내에서 A제품 판매시작			7	영업팀과 A제품 판매를 위한 회의

〈필독사항〉

영업팀	경영팀	개발팀
• 경영팀과 판매회의를 끝낸 후에 국내에서 판매를 시작하겠습니다. • 국내에서 제품 판매 이후에 해외에서 제품을 판매하려고 계획 중입니다.	• 출장을 다녀오신 분들은 출장 직후 경영팀에게 보고해 주세요. • 채용 준비 시작 일주일 동안은 바쁘니 보고사항은 그 전에 해주세요.	• 영업팀은 국내외의 제품 사용자들의 후기를 듣고 정리하여 개발팀에 보고해주세요.

23. 영업팀 이 대리는 A제품 판매를 위해 해외로 3박 4일 동안 출장을 다녀왔다. 출장 시작일 또는 도착일 중 어느 날도 주말이 아니었으며, 출장보고를 작성하는 데 하루가 소요되었다면, 이 대리는 언제 출발하였는가?

① 17일
② 18일
③ 20일
④ 21일
⑤ 22일

24. 이 대리는 출장 이후 개발팀에게 전할 보고서를 2일간 작성했다고 한다. 보고서 작성을 끝낸 다음 날 개발팀에게 보고서를 넘겨주었을 때, 개발팀이 보고서를 받은 요일은?

① 월
② 화
③ 수
④ 목
⑤ 금

25. 어느 공장에서 A제품과 B제품을 1회에 각각 10개씩 제조한다. 다음을 참고하여 A와 B제품을 불량품 없이 100개, 150개 만드는데 필요한 금액을 구하시오. (단, 공장은 제품을 1개씩 제조하지 않고 1회씩 제조한다.)

〈제품 제조시 나오는 불량품과 필요한 재료〉

A			B		
불량품	고무	플라스틱	불량품	고무	플라스틱
4개	5kg 필요	3kg 필요	2개	4kg 필요	4kg 필요

〈재료의 가격〉

(1) 고무(5kg 단위로 판매)
• 60kg까지 5kg에 2,500원
• 61kg부터 5kg에 3,000원

(2) 플라스틱(2kg 단위로 판매)
• 20kg까지 2kg에 1,000원
• 21kg부터 1kg에 1,000원

① 182,000원
② 184,000원
③ 186,000원
④ 188,000원
⑤ 190,000원

26. 다음 표는 어떤 렌터카 회사에서 제시한 차종별 자동차 대여료이다. C동아리 학생 10명이 차량을 대여하여 9박 10일간의 전국일주를 계획하고 있다. 다음 중 가장 경제적인 차량 임대 방법을 고르면?

구분	대여 기간별 1일 요금			대여 시간별 요금	
	1~2일	3~6일	7일 이상	6시간	12시간
소형(4인승)	75,000	68,000	60,000	34,000	49,000
중형(5인승)	105,000	95,000	84,000	48,000	69,000
대형(8인승)	182,000	164,000	146,000	82,000	119,000
SUV(7인승)	152,000	137,000	122,000	69,000	99,000
승합(15인승)	165,000	149,000	132,000	75,000	108,000

① 승합차 1대를 대여한다.
② 소형차 3대를 대여한다.
③ 중형차 2대를 대여한다.
④ 소형차 1대와 SUV 1대를 대여한다.
⑤ 중형차 1대와 대형차 1대를 대여한다.

27.

78	86	92	94	98	106	( )	

① 110   ② 112

③ 114   ④ 116

⑤ 118

28.

55	10		51	6
40	25	→	( )	21

① 28   ② 30

③ 32   ④ 34

⑤ 36

29. 가장 큰 값을 가지는 것부터 순서대로 나열한 것은?

ㄱ $3 \div \frac{1}{2} + 17.5 \times \frac{1}{2}$

ㄴ $21 - 8 \times 3 \times \frac{1}{30}$

ㄷ $45 + (-15) \times 2.5$

ㄹ $10 \div 3 + 2 \times 5$

① ㄱ > ㄹ > ㄴ > ㄷ

② ㄴ > ㄹ > ㄱ > ㄷ

③ ㄴ > ㄱ > ㄹ > ㄷ

④ ㄷ > ㄱ > ㄴ > ㄹ

⑤ ㄷ > ㄴ > ㄱ > ㄹ

30. 다음 중 계산된 값이 가장 큰 것은?

① $5,524 \div 4 + 21$

② $5,184 - 818 \div 0.2$

③ $1,546 + 8 \times 13$

④ $6,561 \times \frac{1}{3} \div \frac{3}{2}$

⑤ $(4,912 - 1,234) \times 0.5$

31. 농도를 알 수 없는 소금물 350g에 5%의 소금물 200g과 7%의 소금물 100g을 섞었더니, 소금물의 농도가 10%가 되었다. 처음 350g의 소금물 속에 들어 있던 소금의 양은 얼마인가?

① 46g

② 48g

③ 50g

④ 52g

⑤ 54g

32. 甲과 乙은 18km 떨어진 지점에서 동시에 출발하여 서로 마주 보고 걷다가 만났다. 甲은 시속 4km, 乙은 시속 5km로 걸었다고 할 때, 乙은 甲보다 몇 km를 더 걸었는가?

① 1km

② 1.5km

③ 2km

④ 2.5km

⑤ 3km

33. 주 대리는 집에서 3km 떨어진 회사까지 가는데 처음에는 시속 3km로 걷다가 늦을 것 같아서 시속 6km로 뛰어서 40분 만에 회사에 도착하였다. 주 대리가 걸어간 거리는?

① 1km

② 1.5km

③ 2km

④ 2.5km

⑤ 3km

34. 가은이와 수연이를 포함한 친구 6명이 식사 값을 내는데 가은이가 18,000원, 수연이가 21,000원을 내고 나머지 다른 친구들이 같은 값으로 나누어 냈을 때, 6명 평균 10,000원을 낸 것이 된다면 나머지 친구 중 한 명이 낸 값은?

① 5,100원   ② 5,120원

③ 5,200원   ④ 5,250원

⑤ 5,300원

35. 어떤 일을 하는데 정빈이는 18일, 수인이는 14일이 걸린다. 처음에는 정빈이 혼자서 3일 동안 일하고, 그 다음은 정빈이와 수인이가 같이 일을 하다가 마지막 하루는 수인이만 일하여 일을 끝냈다. 정빈이와 수인이가 같이 일한 기간은 며칠인가?

① 3일   ② 4일

③ 5일   ④ 6일

⑤ 7일

36. 길이 200m의 기차가 1km의 터널을 완전히 통과하기까지 40초가 걸렸다고 한다. 이 기차가 A역에서 오후 3시 50분에 출발하여 B역에 오후 5시 30분에 도착했다면, 두 역 사이의 거리는?

① 150km   ② 160km

③ 170km   ④ 180km

⑤ 190km

37. 미영이가 N은행 적금a 상품에 작년 말에 가입을 하였으며, 올해 초부터 입금을 한다면, 10년 후 그 해 말에 계산한 원리합계는? (단, $1.06^{10} \risingdotseq 1.791$, 만 원 미만은 버린다.)

- 상품명 : N은행 적금a
- 가입자 : 본인
- 계약기간 : 10년
- 저축방법 : 매년 초에 20만 원씩 1년마다 복리로 적립
- 이자율 : 6%

① 278만 원

② 279만 원

③ 280만 원

④ 281만 원

⑤ 282만 원

38. 다음은 A사의 2020년 추진 과제의 전공별 연구책임자 현황에 대한 자료이다. 다음 설명 중 옳지 않은 것을 고르면?

(단위 : 명, %)

연구 책임자 전공	남자		여자	
	연구책임자 수	비율	연구책임자 수	비율
이학	2,833	14.8	701	30.0
공학	11,680	61.0	463	19.8
농학	1,300	6.8	153	6.5
의학	1,148	6.0	400	17.1
인문사회	1,869	9.8	544	23.3
기타	304	1.6	78	3.3
계	19,134	100.0	2,339	100.0

① 전체 연구책임자 중 공학전공의 연구책임자가 차지하는 비율이 50%를 넘는다.

② 전체 연구책임자 중 의학전공의 여자 연구책임자가 차지하는 비율은 약 1.9%이다.

③ 전체 연구책임자 중 인문사회전공의 연구책임자가 차지하는 비율은 12%를 넘는다.

④ 전체 연구책임자 중 농학전공의 남자 연구책임자가 차지하는 비율은 6%를 넘는다.

⑤ 전체 연구책임자 중 이학전공의 연구책임자가 차지하는 비율은 16%를 넘는다.

39. 다음은 직원들의 인사이동에 따른 4개의 지점별 직원 이동 현황을 나타낸 자료이다. 다음 자료를 참고할 때, 빈칸 ㉠, ㉡에 들어갈 수치로 알맞은 것은 어느 것인가?

⟨인사이동에 따른 지점별 직원 이동 현황⟩ (단위 : 명)

이동 전 \ 이동 후	A	B	C	D
A	–	32	44	28
B	16	–	34	23
C	22	18	–	32
D	31	22	17	–

⟨지점별 직원 현황⟩ (단위 : 명)

지점 \ 시기	인사이동 전	인사이동 후
A	425	(㉠)
B	390	389
C	328	351
D	375	(㉡)

① 380, 398

② 390, 388

③ 400, 398

④ 410, 408

⑤ 420, 418

40. 다음은 한글 바로가기 단축키이다. 다음 중 잘못된 내용은?

⟨바로가기 단축키⟩

키	기능	키	기능
F1	도움말	Ctrl+A	전체 선택 … ㉠
F2	찾기 … ㉡	Ctrl+C	복사
F3	블록설정	Ctrl+X	잘라내기
Ctrl+Esc	[시작] 메뉴 표시	Ctrl+V	붙여넣기
Alt+Enter↵	등록 정보 표시		
Alt+F4	창 닫기, 프로그램 종료 … ㉢		
PrtSc	화면 전체를 클립보드로 복사		
Alt+PrtSc	실행 중인 프로그램을 순서대로 전환 … ㉣		
Alt+☰	실행 중인 프로그램 목록을 보여 주면서 프로그램 전환		
Ctrl+Alt+Del	'Windows 작업관리자' 대화상자 호출(Ctrl+Shift+Esc)		
Shift	CD 삽입시 자동 실행 기능 정지 … ㉤		

① ㉠

② ㉡

③ ㉢

④ ㉣

⑤ ㉤

|41~42| 다음 사례를 읽고 물음에 답하시오.

NS그룹의 오대리는 상사로부터 스마트폰 신상품에 대한 기획안을 제출하라는 업무를 받았다. 이에 오대리는 먼저 기획안을 작성하기 위해 필요한 정보가 무엇인지 생각을 하였는데 이번에 개발하고자 하는 신상품이 노년층을 주 고객층으로 한 실용적이면서도 조작이 간편한 제품이기 때문에 우선 50~60대의 취향을 파악할 필요가 있었다. 따라서 오대리는 50~60대 고객들이 현재 사용하고 있는 스마트폰의 모델과 좋아하는 디자인, 사용하면서 불편해 하는 사항, 지불 가능한 액수 등에 대한 정보가 필요함을 깨달았고 이러한 정보는 사내에 저장된 고객정보를 통해 얻을 수 있음을 인식하였다. 오대리는 다음 주까지 기획안을 작성하여 제출해야 하기 때문에 이번 주에 모든 정보를 수집하기로 마음먹었고 기획안 작성을 위해서는 방대한 고객정보 중에서도 특히 노년층에 대한 정보만 선별할 필요가 있었다. 이렇게 사내에 저장된 고객정보를 이용할 경우 따로 정보수집으로 인한 비용이 들지 않는다는 사실도 오대리에게는 장점으로 작용하였다. 여기까지 생각이 미치자 오대리는 고객정보를 얻기 위해 고객센터에 근무하는 조대리에게 관련 자료를 요청하였고 가급적 연령에 따라 분류해 줄 것을 당부하였다.

41. 다음 중 오대리가 수집하고자 하는 고객정보 중에서 반드시 포함되어야 할 사항으로 옳지 않은 것은?

① 연령

② 사용하고 있는 모델

③ 거주지

④ 사용 시 불편사항

⑤ 지불 가능한 액수

42. 다음 〈보기〉의 사항들 중 위 사례에 포함된 사항은 모두 몇 개인가?

⟨보기⟩
- WHAT(무엇을)
- WHERE(어디에서)
- WHEN(언제)
- WHY(왜)
- WHO(누가)
- HOW(어떻게)
- HOW MUCH(얼마나)

① 1개

② 3개

③ 5개

④ 7개

⑤ 9개

┃43~44┃ 다음은 H사의 물품 재고 창고에 적재되어 있는 제품 보관 코드 체계이다. 다음 표를 보고 이어지는 질문에 답하시오.

생산연월	공급처			제품 분류			입고량
	원산지 코드	제조사 코드		용품 코드	제품별 코드		
• 1209 – 2012년 9월 • 1011 – 2010년 11월	1 중국	A	All-8	01 캐주얼	001	청바지	00001 부터 5자리 시리얼 넘버 부여
		B	2 Stars		002	셔츠	
		C	Facai	02 여성	003	원피스	
	2 베트남	D	Nuyen		004	바지	
		E	N-sky		005	니트	
	3 멕시코	F	Bratos		006	블라우스	
		G	Fama	03 남성	007	점퍼	
	4 한국	H	혁진사		008	카디건	
		I	K상사		009	모자	
		J	영스타	04 아웃도어	010	용품	
	5 일본	K	왈러스		011	신발	
		L	토까이		012	래시가드	
		M	히스모	05 베이비	013	내복	
	6 호주	N	오즈본		014	바지	
		O	Island	06 반려 동물	015	사료	
	7 독일	P	Kunhe		016	간식	
		Q	Boyer		017	장난감	

〈예시〉
2010년 12월에 중국 '2 Stars'에서 생산된 아웃도어 신발의 15번째 입고 제품 코드
→ 1012 – 1B – 04011 – 00015

43. 2011년 10월에 생산된 '왈러스'의 여성용 블라우스로 10,215번째 입고된 제품의 코드로 알맞은 것은?

① 1010 – 5K – 02006 – 00215

② 1110 – 5K – 02060 – 10215

③ 1110 – 5K – 02006 – 10215

④ 1110 – 5L – 02005 – 10215

⑤ 1110 – 5L – 02060 – 10215

44. 제품 코드 0810 – 3G – 04011 – 00910에 대한 설명으로 옳지 않은 것은?

① 해당 제품의 입고 수량은 적어도 910개 이상이다.

② 중남미에서 생산된 제품이다.

③ 여름에 생산된 제품이다.

④ 캐주얼 제품이 아니다.

⑤ 2008년에 생산된 제품이다.

45. 다음은 어느 회사의 사원 입사월일을 정리한 자료이다. 아래 워크시트에서 [C4] 셀에 수식 '=EOMONTH(C3,1)'를 입력하였을 때 결과 값은? (단, [C4] 셀에 설정되어 있는 표시형식은 '날짜'이다)

	A	B	C
1	성명	성별	입사월일
2	구현정	여	2013-09-07
3	황성욱	남	2014-03-22
4	최보람	여	
5			

① 2014-04-30　　　② 2014-03-31

③ 2014-02-28　　　④ 2013-09-31

⑤ 2013-08-31

46. 다음 워크시트에서처럼 주민등록번호가 입력되어 있을 때, 이 셀의 값을 이용하여 [C1] 셀에 성별을 '남' 또는 '여'로 표시하고자 한다. [C1] 셀에 입력해야 하는 수식은? (단, 주민등록번호의 8번째 글자가 1이면 남자, 2이면 여자이다)

	A	B	C
1	임나라	870808-2235672	
2	정현수	850909-1358527	
3	김동하	841010-1010101	
4	노승진	900202-1369752	
5	은봉미	890303-2251547	

① =CHOOSE(MID(B1,8,1), "여", "남")

② =CHOOSE(MID(B1,8,2), "남", "여")

③ =CHOOSE(MID(B1,8,1), "남", "여")

④ =IF(RIGHT(B1,8)="1", "남", "여")

⑤ =IF(RIGHT(B1,8)="2", "남", "여")

47. 다음 워크시트에서 영업2부의 보험실적 합계를 구하고자 할 때, [G2] 셀에 입력할 수식으로 옳은 것은?

	A	B	C	D	E	F	G
1	성명	부서	성별	보험실적		부서	보험실적 합계
2	윤진주	영업1부	여	13		영업2부	
3	임성민	영업2부	남	12			
4	김옥순	영업1부	여	15			
5	김은지	영업3부	여	20			
6	최준오	영업2부	남	8			
7	윤한성	영업3부	남	9			
8	하은영	영업2부	여	11			
9	남영호	영업1부	남	17			

① =DSUM(A1:D9, 3, F1:F2)

② =DSUM(A1:D9, "보험실적", F1:F2)

③ =DSUM(A1:D9, "보험실적", F1:F3)

④ =SUM(A1:D9, "보험실적", F1:F2)

⑤ =SUM(A1:D9, 4, F1:F2)

48. 다음의 알고리즘에서 인쇄되는 A는?

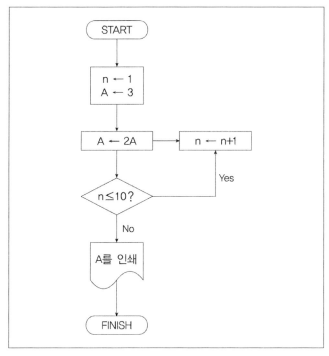

① $2^8 \cdot 3$ ② $2^9 \cdot 3$

③ $2^{10} \cdot 3$ ④ $2^{11} \cdot 3$

⑤ $2^{12} \cdot 3$

┃49~50┃ S정보통신에 입사한 당신은 시스템 모니터링 업무를 담당하게 되었다. 다음의 시스템 매뉴얼을 확인한 후 제시된 상황에서 적절한 입력코드를 고르시오.

〈S정보통신 시스템 매뉴얼〉

❏ 항목 및 세부사항

항목	세부사항
Index@@ of Folder@@	• 오류 문자 : Index 뒤에 나타나는 문자 • 오류 발생 위치 : Folder 뒤에 나타나는 문자
Error Value	오류 문자와 오류 발생 위치를 의미하는 문자에 사용된 알파벳을 비교하여 오류 문자 중 오류 발생 위치의 문자와 일치하지 않는 알파벳의 개수 확인
Final Code	Error Value를 통하여 시스템 상태 판단

❏ 판단 기준 및 처리코드(Final Code)

판단 기준	처리코드
일치하지 않는 알파벳의 개수 = 0	Qfgkdn
0 < 일치하지 않는 알파벳의 개수 ≤ 3	Wxmt
3 < 일치하지 않는 알파벳의 개수 ≤ 5	Atnih
5 < 일치하지 않는 알파벳의 개수 ≤ 7	Olyuz
7 < 일치하지 않는 알파벳의 개수 ≤ 10	Cenghk

49.

```
System is processing requests...
System Code is X.
Run...

Error Found!
Index GHWDYC of Folder APPCOMPAT

Final Code? _____
```

① Qfgkdn   ② Wxmt

③ Cenghk   ④ Olyuz

⑤ Atnih

50.

```
System is processing requests...
System Code is X.
Run...

Error Found!
Index UGCTGHWT of Folder GLOBALIZATION

Final Code? _____
```

① Wxmt   ② Atnih

③ Olyuz   ④ Cenghk

⑤ Qfgkdn

[공통] 전체

1. 농촌과 관련된 활동을 통해 신체적·정신적 건강증진을 도모하는 사회적 농업의 하나로, 일반 농업과 달리 농사 자체가 목적이 아니라 건강의 회복을 위한 수단으로 농업을 활용하는 것은?

① 힐링농업
② 웰빙농업
③ 행복농업
④ 치유농업
⑤ 성취농업

2. 캐나다 온타리오주 더프린지역에서 다양한 농장을 소개하는 영상을 찍고 SNS를 통한 실시간 방송으로 추진한 사업으로 옳은 것은?

① 라이브 커머스
② 랜선 농촌관광
③ 스마트 마을회관
④ 사회적 농장
⑤ 농대 실습장 지원 사업

3. '산지촌'에 대한 설명으로 가장 옳지 않은 것은?

① 비교적 교통이 편리하다.
② 주로 임업과 목축업에 종사하는 사람들이 많다.
③ 각종 편의시설이 부족하다.
④ 스키장이나 산림 휴양지 같은 관광 산업이 발달한다.
⑤ 고랭지 농업, 약초 재배, 버섯 재배 등을 볼 수 있다.

4. 다음 중 지역축제가 잘못 연결된 것은?

① 양평 – 산나물축제
② 가평 – 송어축제
③ 금산 – 인산축제
④ 영동 – 포도축제
⑤ 논산 – 천등산고구마축제

5. 이앙법이 처음 시작된 시기로 옳은 것은?

① 삼국시대

② 통일신라시대

③ 고려 말

④ 조선 초

⑤ 조선 말

6. 다음 설명 중 ( ) 안에 들어갈 말로 옳은 것은?

> ( )은/는 대기 중으로 배출한 온실가스의 양을 상쇄할 수 있을 정도로 온실가스를 흡수하여 총량을 0으로 만든다는 정책이다. 이를 시행하는 대책으로 숲을 조성하여 산소를 공급하거나 재생에너지를 생산, 온실가스 배출량에 상응하는 탄소배출권을 통해 구매하는 방법 등이 있다.

① 넷 제로

② 마이크로바이옴

③ 테라센티아

④ 라이브 커머스

⑤ 바이오차

7. 블록체인 기술을 활용하여 만드는 디지털 신분인 DID에 대한 설명으로 적절하지 않은 것은?

① 모바일 신분증에 활용될 수 있다.

② 개인정보를 중앙기관에서 저장하여 관리한다.

③ 공동인증서 없이 휴대폰 인증만으로 전자상거래를 할 수 있다.

④ 발급자, 소유자, 검증자, 저장소가 필요하다.

⑤ 사용자가 자신의 신원정보를 관리할 수 있다.

8. 다음은 농촌 및 먹거리 관련 정부 정책에서 농협 활동 내용 및 역할로 옳지 않은 것은?

> (개) 자연경관, 생태환경, 생활문화, 역사자원 등을 활용하여 도시민들에게 휴식, 휴양, 지역 먹거리 등의 상품과 서비스를 제공한다. 이는 농촌에서 농업 외의 소득을 발생시켜 전체적으로 농가 수익을 향상시키고, 도시의 경제적 자원이 농촌으로 유입될 수 있도록 하여 도시와 농촌 간 소득 및 생활환경 양극화를 완화시켜 농촌지역의 활성화를 기대할 수 있다.
>
> (내) 먹거리 관련 시장실패를 치유하기 위한 정책으로, 먹거리와 관련된 생산·유통·소비·폐기 등의 모든 과정을 포함한다. 이를 통하여 지역생산과 로컬푸드를 지향하고 지역순환경제를 활성화시키며, 자원순환과 음식물 폐기물을 줄여 지속가능한 환경을 만들어가고자 한다. 또한 빈곤층에 대해 먹거리 차별을 방지하고 사회적 약자를 배려하여 먹거리 존엄성을 회복하려는 계획이기도 하다.

① (개) : 팜 스테이 마을 먹거리에 대해 의미를 부여하여 향토음식 스토리로 차별성을 강화하는 한편, 지역을 대표하여 운영하는 것이기 때문에 전문인력으로 구성하는 것이 중요하다.

② (개) : 농협은 지역 농산물을 사용하는 로컬푸드 레스토랑을 운영하고 있으며, 이를 요리교실, 농산물 체험 등 다양한 로컬푸드 문화체험 장소로 활용할 수 있다.

③ (내) : 기존의 농협 로컬푸드 직매장 사업에 중·소규모 농가의 참여를 확대하는 등 지역 내 생산-소비 시스템을 더욱 내실화하도록 한다.

④ (내) : 지역단위 통합 사업에 참여하여, 장기적으로 로컬푸드와 학교급식, 공공급식, 지역 가공사업, 식교육 등을 통합 수행하는 먹거리 통합지원센터를 지향한다.

⑤ (내) : 농촌지역의 농협은 로컬푸드를 공급하는 한편, 인구가 집중되어 있는 도시지역의 농협은 소비지 농축산물 판매 거점이 되도록 한다.

9. 부가 통신사 서비스 안정화 법령에 대한 설명으로 적절하지 않은 것은?

① 적용대상은 하루 평균 이용자가 100만 명 이상에 데이터 트래픽이 국내 총 트래픽에 1% 이상인 부가 통신사이다.

② 넷플릭스, 구글, 페이스북, 네이버, 카카오 등이 대표적인 대상자이다.

③ 단말기와 관계없이 안정적으로 서비스를 제공한다.

④ 트래픽 경로 변경은 자체적으로 진행한다.

⑤ 유료 서비스를 이용하는 이용자에게 합리적인 결제수단을 제공한다.

10. 개인화된 데이터를 의미하는 것으로 다량의 데이터를 통해 '나'의 존재를 정량화하거나 입체화하여 분석하는 것으로 개인의 특성을 파악하여 디지털 자아의 탄생을 표현하는 데이터를 의미하는 것은?

① 빅데이터
② 다크 데이터
③ 패스트 데이터
④ 스몰 데이터
⑤ 스마트 데이터

11. 사진이나 동영상 등의 디지털 콘텐츠에 저작권자나 판매자 정보를 삽입하여 원본의 출처 정보를 제공하는 기술은?

① 디지털 사이니지
② 디지털 워터마킹
③ 디지털 핑거프린팅
④ 콘텐츠 필터링
⑤ 디지털 스트리밍

12. '이것'은 자전거, 승용차, 버스, 택시, 철도, 비행기 등 모든 운송수단(모빌리티)의 서비스화를 의미한다. '이것'이 상용화되면 하나의 통합된 플랫폼에서 모빌리티 검색·예약·결제 서비스가 일괄 제공되고, 차량은 구매하는 대신 공유 또는 구독할 수 있게 된다. '이것'은 무엇인가?

① 자율주행
② P2P
③ 스마트 공조 시스템
④ 인포테인먼트 응용 서비스
⑤ 마스(MaaS)

13. 세계경제포럼(WEF)은 '전 세계 은행의 80%가 블록체인 기술을 도입할 것이며, 2025년 전 세계 GDP의 10%는 블록체인을 통해 이뤄질 것'이라는 전망을 내놓았다. 블록체인에 대한 설명 및 금융 분야에서의 활용에 대한 설명으로 가장 적절하지 않은 것은?

① 중앙에서 관리되던 장부 거래 내역 등의 정보를 탈중앙화하여 분산·저장하는 기술이기 때문에 참여자들이 모든 거래 정보에 접근할 수는 없다.
② 체인화된 블록에 저장된 정보가 모든 참여자들의 컴퓨터에 지속적으로 누적되므로, 특정 참여자에 의해 정보가 변경되거나 삭제되는 것은 사실상 불가능하다.
③ 거래 상대방에게도 거래 당사자의 신원을 공개하지 않고도 거래가 가능하다.
④ 고객이 보유하고 있는 금융, 의료, 신용정보 등의 디지털 자산을 안전하게 보관할 수있는 모바일 금고 개념으로 '디지털 자산 보관 서비스'를 제공할 수 있을 것이다.
⑤ 블록체인을 기반으로 디지털 지역화폐(지방자치단체의 복지수당, 지역상품권 등) 플랫폼을 지원할 수 있다.

14. 유튜브 플랫폼에서 '싫어요' 숫자를 보이지 않도록 디자인하는 실험을 하고 있다고 밝혔다. 크리에이터의 스트레스 지수를 높이는 것과 인기 검색어를 위해 의도적으로 조회수를 조작하는 이 현상 때문이었다. 이 현상으로 해당하는 것은?

① 파밍
② 어뷰징
③ 바이럴마케팅
④ 그레셤의 법칙
⑤ 스파이웨어

15. 범죄감시시스템 중에 하나이다. 뉴욕 경찰청과 마이크로소프트사가 공동으로 개발한 것으로 빅데이터 기술을 활용하여 범죄를 예방하기 위해 개발되었다. 이 기술은 사생활 침해 논란을 낳고 있지만 범죄예방에 탁월한 효과가 사례를 통해 증명되었다. 이 기술은 무엇인가?

① CDN
② FNS
③ DAS
④ M2M
⑤ SAN

1. 구매자에게 최하의 가능한 선에서 결정되었다는 인상을 주기 위해 제품가격을 10,000원, 300,000원으로 하지 않고 9,990원, 299,900원으로 하는 가격결정방법은?

① Price Lining
② Odd Pricing
③ Prestige Pricing
④ Loss Leader
⑤ Unit Pricing

2. 다음 소득불평등 지표에 대한 설명으로 옳지 않은 것은?

① 지니계수가 0이면 완전 불평등, 1이면 완전 평등을 의미한다.
② 로렌츠 곡선은 대각선에 가까울수록 소득분배가 평등하다는 의미이다.
③ 로렌츠 곡선은 불균등할수록 한쪽으로 굽은 곡선이 그려진다.
④ 10분위분배율은 최하위 40%(1 ~ 4분위) 계층의 최상위 20%(9, 10분위)의 소득점유율로 나눈 지표이다.
⑤ 10분위분배율은 2에 가까울수록 소득분배가 고르다는 것을 의미한다.

3. 甲사는 올해 휴대폰 A2021을 출시했다. 다음 지문 중에서 금년에 甲사의 A2021과 경쟁 관계에 있는 제품을 모두 고르면?

┌─────────────────────────────────┐
│ ㉠ 乙사에서 제작한 B 휴대폰 │
│ ㉡ 잠재적인 시장진입자가 생산할 휴대폰 │
│ ㉢ 작년에 발매된 甲사의 A2020 │
│ ㉣ 내년에 발매될 甲사의 A2022 │
└─────────────────────────────────┘

① ㉠㉡
② ㉠㉢
③ ㉡㉢
④ ㉠㉡㉢
⑤ ㉠㉡㉢㉣

4. 다음 중 '72의 법칙'을 생활경제 속에 가장 잘 활용한 사람은?

┌─────────────────────────────────┐
│ 甲 : 지금 가진 돈을 장기예금에 넣으면 복리가 될 테고, 그 돈이 두 배가 될 때 원금을 빼면 좋을 텐데…… 만약 그렇다면 복리로 계산할 때 언제 두 배 수익이 되는 걸까? │
│ 乙 : 올해 내 나이가 벌써 43세이니 10년 전과 비교해서 주식투자의 비중은 얼마의 차이가 나는 걸까? │
│ 丙 : 갑자기 한 번에 저축을 너무 늘리려 하면 힘들 테니 수입의 5% 정도만 우선 저축하면서 지금부터라도 조금씩 저축을 시작해야겠네. │
│ 丁 : 주식이 폭락해서 −50%의 수익률을 얻었는데 이를 회복하려면 얼마의 수익률을 내야 하는 걸까? │
│ 戊 : 연봉도 올랐는데 총 소득이 올랐을 테니 동년배와 비교해서 내가 부자가 될 가능성은 얼마나 될까? │
└─────────────────────────────────┘

① 甲
② 乙
③ 丙
④ 丁
⑤ 戊

5. 다음 중 총공급곡선을 오른쪽으로 이동시키는 요인들을 모두 고르면?

┌─────────────────────────────────┐
│ ㉠ 실질임금 상승 ㉡ 원자재 가격 하락 │
│ ㉢ 신기술 개발 ㉣ 정부지출 증가 │
└─────────────────────────────────┘

① ㉠㉡
② ㉡㉢
③ ㉢㉣
④ ㉠㉢㉣
⑤ ㉡㉢㉣

6. 다음 중 매파에 대한 설명으로 옳은 것을 모두 고르면?

┌─────────────────────────────────┐
│ ㉠ 진보성향 ㉡ 인플레이션 억제 │
│ ㉢ 양적완화 주장 ㉣ 금리인하 주장 │
│ ㉤ 긴축정책 주장 │
└─────────────────────────────────┘

① ㉠㉡
② ㉢㉣
③ ㉡㉣㉤
④ ㉠㉡㉤
⑤ ㉠㉢㉤

7. 다음 중 실업률이 높아지는 경우를 모두 고르면?

> ㉠ 정부가 실업보험 급여액을 인상하였다.
> ㉡ 산업구조에 커다란 변화가 초래되었다.
> ㉢ 최저임금이 인하되었다.
> ㉣ 경기가 불황에 접어들었다.
> ㉤ 정보통신 산업의 발전에 힘입어 구인현황에 대한 정보가 쉽게 알려질 수 있게 되었다.

① ㉠㉡㉣
② ㉠㉢㉣
③ ㉠㉣㉤
④ ㉡㉢㉣
⑤ ㉠㉡㉢

8. 다음 제시문을 가장 정확하게 설명한 것은?

> 누군가가 A에게 10만 원을 주고 그것을 B와 나눠가지라고 한다. A가 B에게 얼마를 주겠다고 제안하든 상관없지만 B는 A의 제안을 거부할 수도 있다고 한다. 만일 B가 A의 제안을 거부하면 10만 원은 그 '누군가'에게 돌아간다. 이 경우 대부분 A의 입장에 있는 사람은 4만 원 내외의 돈을 B에게 주겠다고 제안하고 B는 이를 받아들인다. 그러나 A가 지나치게 적은 금액을 B에게 제안할 경우 B는 단호하게 거부하여 10만 원이 그 '누군가'에게 돌아가게 함으로써 보복한다는 것이다. 또한 이들은 받을 돈이 엄청난 경우에도 "됐소, 당신이나 가지쇼"라고 말했다고 한다. 공정하지 않은 제안은 거절함으로써 자존심을 지키는 것이다.

① 지폐 경매 게임
② 반복 게임
③ 죄수의 딜레마
④ 최후통첩 게임
⑤ 역경매 이론

9. 다음 자료에서 ㉠과 ㉡에 들어갈 금리의 종류로 알맞은 것은?

2022년 (㉠)종료에 따른 주요국 지표금리 개선 방향 및 대응 현황	
국제기준	주요국 대응
기존 지표금리 개선	• 관리 및 통제 체계 구축 • 거래기반 확충 • 산출방법 개선
신규 무위험지표금리 개발	• 기존 지표금리 활용 (일본, 호주, 스위스 등) • 신규 지표금리 개발 (미국, 영국, EU 등)
법률 제·개정	• 「EU」 벤치마크법 제정 • 지표금리 관련 법률 제·개정(일본, 호주, 싱가포르)

> 오는 2022년 (㉠)이/가 중단됨에 따라 올해 6월까지 (㉡)이나 환매조건부채권(RP)금리를 지표금리로 전환하는 방안이 추진된다. 우선 금융위원회의 지표금리 개선 추진단은 2022년부터 (㉠)사용 신규계약을 점진적으로 축소하기로 했다. 이어 2020년 6월까지 국내 무위험지표금리를 선정할 계획이다. 주요국 사례를 감안해 익일물(만기 1일) (㉡) 또는 익일물 RP금리를 국내 무위험지표 후보금리로 유력하게 고려하는 중이다. RP는 채권보유자가 일정 기간 후 다시 매입하는 조건으로 매도하는 채권이다. 현재 미국의 경우 새 지표를 개발했으며 영국과 유로지역 등은 기존금리를 개선하고 일본은 금융기관 상호 간 단기 자금대차 이자율인 (㉡)을/를 새 지표로 선정하고 있다.

	㉠	㉡
①	우대금리	콜금리
②	CD금리	리보금리
③	우대금리	CD금리
④	리보금리	콜금리
⑤	리보금리	CD금리

10. 화재보험에 관한 설명으로 옳지 않은 것은?

① 보험자는 화재로 인한 손해의 감소에 필요한 조치로 인하여 생긴 손해를 보상할 책임이 있다.
② 연소 작용에 의하지 아니한 열의 작용으로 인한 손해는 보험자의 보상 책임이 없다.
③ 화재로 인한 손해는 상당인과관계가 있어야 한다.
④ 화재 진화를 위해 살포한 물로 보험목적이 훼손된 손해는 보상하지 않는다.
⑤ 동산을 보험의 목적으로 한 때에는 화재보험증권에 그 존치한 장소의 상태와 용도를 기재한다.

11. 다음 ⑤과 ⑥에 들어갈 말로 가장 적절한 것은?

(⑤)은/는 윤리적으로나 법적으로 자신이 해야 할 최선의 의무를 다하지 않는 행위를 말한다. 미국에서 보험가입자들의 부도덕한 행위를 가리키는 말로 사용되기 시작했다. (⑥)은/는 거래 당사자 중 한쪽에만 정보가 있는 상황에서, 정보가 없는 쪽은 바람직하지 못한 상대방과 거래할 가능성이 큰 것을 의미한다.

	⑤	⑥
①	도덕적 해이	정보의 비대칭
②	정보의 비대칭	도덕적 해이
③	정보의 비대칭	역선택
④	도덕적 해이	역선택
⑤	역선택	정보의 비대칭

12. 다음 중 가격차별의 사례로 옳지 않은 것은?

① 영화관 조조할인
② 비수기 비행기 요금할인
③ 할인마트 할인 쿠폰
④ 성수기 호텔 가격 인상
⑤ 의복 브랜드 노세일 전략

13. 다음 중 내쉬균형에 대한 설명으로 옳지 않은 것은?

① 상대방의 대응에 따라 최선의 선택을 하면, 균형이 형성되어 서로 자신의 선택을 바꾸지 않게 된다.
② 상대의 전략이 바뀌지 않으면 자신의 전략 역시 바꿀 유인이 없는 상태다.
③ 경쟁기업들의 행동이 주어졌을 때, 각 기업들이 자신이 할 수 있는 최선의 선택을 함으로써 나타나는 균형을 뜻한다.
④ 상대방의 전략과는 관계없이 자신의 이윤을 크게 만드는 전략으로 하나의 균형만이 존재한다.
⑤ 정치적 협상이나 경제 분야에서의 전략으로 널리 활용되고 있다.

14. 시장실패의 원인으로 옳지 않은 것은?

① 시장지배력
② 외부 효과
③ 정보의 비대칭
④ 소비자의 시장지배력
⑤ 공공재

15. 화폐발행액과 지급준비예치금의 합계로 측정되며 중앙은행이 화폐발행의 독점적 권한을 통하여 공급한 통화를 무엇이라 하는가?

① 시중통화
② 파생통화
③ 광의통화
④ 본원통화
⑤ 협의통화

[분야별] IT전산

1. 다음 중 데이터베이스 관리 시스템(DBMS)의 장점으로 옳지 않은 것은?

① 데이터 중복(redundancy)의 최소화
② 데이터의 무결성(integrity) 유지
③ 데이터의 공용성(sharing)
④ 데이터의 종속성(dependency)
⑤ 데이터의 보안성(security)

2. (가)의 [학생] 테이블에 (나)의 새로운 튜플을 삽입하려고 했으나 삽입되지 않았다. 어떤 무결성 제약 조건의 위반 때문인가?

(가)

[학생]

학번	이름	학년	학과
100	조창수	1	컴퓨터공학과
200	이한범	4	작곡과
300	김한결	3	국문과
400	이한비	3	의상학과

(나)

	김수희	4	컴퓨터공학과

① 관계 무결성
② 개체 무결성
③ 참조 무결성
④ 도메인 무결성
⑤ 애트리뷰트 무결성

3. 다음 중 뷰(VIEW)에 대한 설명으로 바르지 않은 것은?

① 뷰는 하나 이상의 기본 테이블로부터 유도되어 만들어지는 가상 테이블이다.

② 뷰는 INSERT, DELETE, UPDATE 등을 이용한 삽입, 삭제, 갱신 연산이 항상 허용된다.

③ 뷰의 정의는 ALTER 문을 이용하여 변경할 수 없다.

④ 뷰는 SQL에서 CREATE VIEW 명령어로 작성한다.

⑤ 뷰는 DROP문을 사용하여 제거한다.

4. 동시성 제어(Concurrency Control)의 문제점이 아닌 것은?

① 갱신 분실(lost update)

② 비완료 의존성(Uncommitted Dependency)

③ 모순성(inconsistency)

④ 연쇄 복귀(cascading rollback)

⑤ 로킹(Locking)

5. 다음 중 2의 보수로 옳은 것은?

0110111

① 1101100
② 1001001
③ 1111111
④ 1110000
⑤ 0111000

6. 다음 중 주기억 장치로부터 데이터를 제공받아 가산기의 산술연산 및 논리연산의 결과를 일시적으로 기억하는 장치로 옳은 것은?

① 어드레스 레지스터

② 명령 레지스터

③ 누산기

④ 가산기

⑤ MAR

7. 다음 중 파일보호기법에 대한 설명으로 옳은 것은?

파일에 판독 및 기록 비밀번호를 부여하여 불법 액세스를 방지한다.

① File Naming

② Password

③ Cryptogrephy

④ Access Control

⑤ Fingerprinting

8. 다음은 무엇에 대한 설명인가?

개발 일정이 지연된다고 해서 말기에 새로운 인원을 투입하면 일정이 더욱 지연된다는 법칙

① 무어의 법칙
② 요르돈의 법칙
③ 길더의 법칙
④ 리드의 법칙
⑤ 브룩스의 법칙

9. 다음 중 다수의 사용자를 제한되지 않은 환경에서 프로그램을 사용하게 하고 오류가 발견되면 개발자에게 통보하는 방식의 검사 기법의 종류는 무엇인가?

① 복구 검사
② 형상 검사
③ 알파 검사
④ 베타 검사
⑤ 화이트박스 검사

10. 다음 중 전송 매체상의 전송 프레임마다 해당 채널의 시간 슬롯이 고정적으로 할당되는 다중화 방식은?

① 주파수 분할 다중화

② 동기식 시분할 다중화

③ 통계적 시분할 다중화

④ 코드 분할 다중화

⑤ 비동기식 시분할 다중화

11. 다음의 설명에 해당하는 것은?

> 디지털 교환기와 디지털 전송로에 의하여 구성된 하나의 통신망으로 전화, 데이터, 팩시밀리, 화상 등 다른 복수의 통신 서비스를 제공하는 디지털 통신망을 말한다.

① 종합정보 통신망(ISDN)
② 근거리 통신망(LAN)
③ 구내 망(PBX)
④ 광역 통신망(WAN)
⑤ 부가가치통신망(VAN)

12. 다음 중 암호 블록 연쇄모드라는 뜻을 가지고 있으며, 암호문 블록을 마치 체인처럼 연결시키는 암호문 모드로 옳은 것은?

① ECB모드
② CTR모드
③ CBC모드
④ CFB모드
⑤ OFB모드

13. 다음 중 해커의 침입 흔적을 삭제하거나 재침입을 위해 사용되는 백 도어를 만들기 위한 도구들의 모임으로 옳은 것은?

① Worm
② DRM
③ Rootkit
④ Trap door
⑤ GhostNet

14. 아래의 네트워크 방화벽 구축 형태에 대해 바르게 설명한 것을 모두 고른 것은?

> 인터넷-패킷 라우터-베스천 호스트-내부 네트워크

> ㉠ 2단계 방어로 안전성이 향상된다.
> ㉡ 가장 많이 활용되며, 융통성이 좋다.
> ㉢ 정보 지향적인 공격방어가 가능하다.
> ㉣ 구축비용이 많이 든다.
> ㉤ 로그인 정보의 유출 시에 내부 네트워크로의 침입이 가능하다.

① ㉠㉡㉢
② ㉠㉡㉣
③ ㉠㉢㉣
④ ㉡㉢㉣
⑤ ㉢㉣㉤

15. (가)~(다)에서 설명하는 접근 제어 모델로 옳은 것은?

> (가) 무결성의 3가지 목표인 비인가자들의 데이터 변형 방지, 내·외부의 일관성 유지, 합법적인 사람에 의한 불법적인 수정 방지를 모두 만족하는 접근 제어 모델이다.
> (나) 첫 번째로 제시된 수학적 보안 모델이며, 군대의 보안 레벨과 같이 그 정보의 기밀성에 따라 상하 관계가 구분된 정보를 보호하기 위해 사용되는 접근제어 모델이다.
> (다) 데이터 무결성에 초점을 둔 상업용 모델로, 낮은 등급의 데이터를 읽을 수 없고, 높은 등급의 데이터에 쓸 수 없는 접근 제어 모델이다.

	(가)	(나)	(다)
①	비바 모델	클락 윌슨 모델	벨 라파듈라 모델
②	벨 라파듈라 모델	비바 모델	클락 윌슨 모델
③	클락 윌슨 모델	비바 모델	벨 라파듈라 모델
④	벨 라파듈라 모델	클락 윌슨 모델	비바 모델
⑤	클락 윌슨 모델	벨 라파듈라 모델	비바 모델

NH농협은행

기출동형 모의고사

1~3회 정답 및 해설

SEOWONGAK
(주)서원각

제1회 정답 및 해설

1 ④

'달변(達辯)'은 '능숙하여 막힘이 없는 말'이라는 의미로, '말을 능숙하게 잘함. 또는 그 말'을 뜻하는 '능언(能言)'과 유의관계이다.

④ 유의관계
- 유린(蹂躪/蹂躙/蹂蹸) : 남의 권리나 인격을 짓밟음
- 침손(侵損) : 침범하여 해를 끼침

① 반의관계
- 굴종(屈從) : 제 뜻을 굽혀 남에게 복종함
- 불복(不服) : 남의 명령·결정 따위에 대하여 복종·항복·복죄(服罪) 따위를 하지 아니함

② 반의관계
- 가녘 : 둘레나 끝에 해당되는 부분
- 고갱이 : 사물의 중심이 되는 부분을 비유적으로 이르는 말

③ 반의관계
- 한데 : 사방, 상하를 덮거나 가리지 아니한 곳. 곧 집채의 바깥을 이른다.
- 옥내(屋內) : 집 또는 건물의 안

⑤ 반의관계
- 범의(汎意/泛意) : 일반적으로 쓰이는 넓은 의미
- 협의(狹義) : 어떤 말의 개념을 정의할 때에 좁은 의미

2 ④

제시된 문장에서 '붙다'는 '어떤 일에 나서다. 또는 어떤 일에 매달리다'의 의미로 사용되었다. 따라서 같은 의미로 사용된 것은 ④이다.

① 맞닿아 떨어지지 아니하다.
② 조건, 이유, 구실 따위가 따르다.
③ 불이 옮아 타기 시작하다.
⑤ 어떤 장소에 오래 머무르다.

3 ②

세 단어 모두와 관련된 것은 '장마'이다.
- '적림(積霖)'은 '계속해서 내리는 장마'라는 의미로 '장마'의 유의어이다.
- '장마'는 '여름철에 여러 날을 계속해서 비가 내리는 현상이나 날씨'를 말한다.
- 단편소설 「장마」는 한국전쟁과 이념 대립에 대해 사실적으로 그려낸 '윤흥길'의 대표작이다.

4 ④

농업부문의 집중호우 피해 정도를 헤아려 지원금을 준비하였다는 맥락이므로, '헤아려서 갖춤'을 뜻하는 '마련'이 빈칸에 들어갈 단어로 가장 적절하다.

① 알선(斡旋) : 남의 일이 잘되도록 주선하는 일
② 장만 : 필요한 것을 사거나 만들거나 하여 갖춤
③ 구축(構築) : 체제, 체계 따위의 기초를 닦아 세움
⑤ 계발(啓發) : 슬기나 재능, 사상 따위를 일깨워 줌

※ '마련'과 '장만'은 유의관계이지만, '장만'은 '음식이나 살림살이 등 구체적인 물건을 사거나 만들어 갖춤'을 뜻할 때 주로 쓴다.

5 ③

'녹슬다'는 '녹스니까, 녹습니다'와 같이 어간 '녹슬'의 끝 'ㄹ' 뒤에 'ㄴ, ㅂ'이 오면 'ㄹ'이 탈락한다. : 녹슬은→녹슨

6 ④

'국궁진력(鞠躬盡力)'은 '존경하는 마음으로 몸을 낮춰 온힘을 다함'의 의미로, 제시된 상황에서 농협의 각오를 표현할 수 있는 적절한 한자성어이다.

① 다문박식(多聞博識) : 보고 들은 것이 많고 아는 것이 많음을 이른다.
② 역마직성(驛馬直星) : 늘 분주하게 이리저리 돌아다니는 사람을 이른다.
③ 온정정성(溫凊定省) : 자식이 효성을 다하여 부모를 섬기는 도리를 이른다.
⑤ 진천동지(震天動地) : '소리 따위가 하늘과 땅을 뒤흔듦'이라는 뜻으로, 위력이나 기세를 천하에 떨침을 비유적으로 이른다.

7 ①

제시된 지문은 공문서의 한 종류인 보도자료에 해당한다. 마지막 문단에 밑줄 친 '거처'의 앞뒤 문맥을 파악해 보면, 지방재정협의회에서 논의한 지역 현안 사업은 각 부처의 검토 단계를 밟은 뒤 기재부에 신청되고, 이후 관계 기관의 협의를 거쳐 내년도 예산안에 반영함을 알 수 있다. 즉, 밑줄 친 '거처'는 '어떤 과정이나 단계를 겪거나 밟다.'의 의미로 사용되었다. 보기 중 이와 동일한 의미로 쓰인 것은 ①이다.
② 마음에 거리끼거나 꺼리다.
③ 오가는 도중에 어디를 지나거나 들르다.
④ 무엇에 걸리거나 막히다.
⑤ ('손을'과 함께 쓰여) 검사하거나 살펴보다.

8 ②

문서를 작성하는 데 있어 근거 자료의 제시는 정보의 신뢰성을 높여 준다.

9 ③

빈칸 이후의 문장에서 단기 이익의 극대화가 장기 이익의 극대화와 상충될 때에는 단기 이익을 과감하게 포기하기도 한다고 제시되어 있으므로 ③이 가장 적절하다.

10 ⑤

작자는 오래된 물건의 가치를 단순히 기능적 편리함 등의 실용적인 면에 두지 않고 그것을 사용해온 시간, 그 동안의 추억 등에 두고 있으며 그렇기 때문에 오래된 물건이 아름답다고 하였다.

11 ②

인간은 매체를 사용하여 타인과 소통하는데 그 매체는 음성 언어에서 문자로 발전했으며 책이나 신문, 라디오나 텔레비전, 영화, 인터넷 등으로 발전해 왔다. 매체의 변화는 사람들 간의 소통양식은 물론 문화 양식에까지 영향을 미친다. 현대에는 음성, 문자, 이미지, 영상, 음악 등이 결합된 매체 환경이 생기고 있다. 이 글에서는 텔레비전 드라마가 인터넷, 영화, 인쇄매체 등과 연결되어 복제되는 현상을 낳기도 하고 수용자의 욕망이 매체에 드러난다고 언급한다. 즉 디지털 매체 시대의 독자는 정보를 수용하기도 하지만 생산자가 될 수도 있음을 언급하고 있다고 볼 수 있다.

12 ④

4문단에 따르면 매체를 통한 관계 맺기에서 얻은 지지나 소속감은 피상적이거나 위선적 관계에 기반을 둔 경우가 많다. 따라서 매체를 통한 관계 맺기는 개인이 느끼는 소외감과 고립감을 극복할 수 있게 하는 근본적인 방법으로 볼 수 없다.

13 ⑤

㉠의 '높다'는 '값이나 비율 따위가 보통보다 위에 있다'는 의미로 사용되었다. 따라서 유사한 의미로 사용된 것은 ⑤이다.
① 수치로 나타낼 수 있는 온도, 습도, 압력 따위가 기준치보다 위에 있다.
② 지위나 신분 따위가 보통보다 위에 있다.
③ 이름이나 명성 따위가 널리 알려진 상태에 있다.
④ 아래에서 위까지의 길이가 길다.

14 ①

첫 번째와 두 번째 조건을 정리해 보면, 세 사람은 모두 각기 다른 건물에 연구실이 있으며, 오늘 갔던 서점도 서로 겹치지 않는 건물에 있다.
세 번째 조건에서 최 교수와 김 교수는 오늘 문학관 서점에 가지 않았다고 하였으므로 정 교수가 문학관 서점에 간 것을 알 수 있다. 즉, 정 교수는 홍보관에 연구실이 있고 문학관 서점에 갔다.
네 번째 조건에서 김 교수는 정 교수가 오늘 갔던 서점이 있는 건물에 연구실이 있다고 하였으므로 김 교수의 연구실은 문학관에 있고, 따라서 최 교수는 경영관에 연구실이 있다.
두 번째 조건에서 자신의 연구실이 있는 건물이 아닌 다른 건물에 있는 서점에 갔다고 했으므로, 김 교수가 경영관 서점을 갔고 최 교수가 홍보관 서점을 간 것이 된다. 이를 표로 나타내면 다음과 같다.

교수	정 교수	김 교수	최 교수
연구실	홍보관	문학관	경영관
서점	문학관	경영관	홍보관

15 ②

맨 오른쪽에 서 있던 것은 영수이고, 민지는 맨 왼쪽에 있지 않았으므로, 경호, 민지, 영수의 순으로 서 있었다는 것을 알 수 있다. 5층에서 영수가 내리고 엘리베이터가 다시 올라갈 때 경호는 맨 왼쪽에 서 있게 된다.

16 ③

세 사람 중 한 사람만 사실을 말하고 있으므로 각각의 경우를 대입하여, 논리적 오류가 없는 것이 정답이 된다.

- 甲이 사실을 말하고 있는 경우 : 조건에 따라 乙과 丙은 거짓말이 되는데, 이는 甲이 먹은 사탕의 개수가 5개일 때만 논리적으로 성립이 가능하다.
- 乙이 사실을 말하고 있는 경우 : 조건에 따라 甲과 丙은 거짓말이 되는데, 乙이 사실일 경우 甲도 사실이 되므로 조건에 모순된다.
- 丙이 사실을 말하고 있는 경우 : 조건에 따라 甲과 乙은 거짓말이 되는데, 丙이 사실일 경우 甲도 사실이 되므로 조건에 모순된다.

따라서 甲이 사실을 말하고 있으며, 사탕을 5개 먹은 경우에만 전제 조건이 성립하므로, 정답은 ③이다.

17 ④

보기의 내용을 바탕으로 5Why 단계를 구성해 보면 다음과 같다.

[문제] 최종 육안 검사 시 간과하는 점이 많다.

- 1Why : 왜 간과하는 점이 많은가?→제대로 보지 못하는 경우가 많다.
- 2Why : 왜 제대로 보지 못하는가?→잘 보이지 않을 때가 있다.
- 3Why : 왜 잘 보이지 않는가?→작업장 조명이 어둡다.
- 4Why : 왜 작업장 조명이 어두운가?→조명의 위치가 좋지 않다.
- 5Why : 왜 조명의 위치가 좋지 않은가?→작업장 조명에 대한 기준이 없다.

[해결책] 작업장 조명에 대한 기준을 표준화한다.

18 ③

버스 정류장 위치의 좌표 값을 x라고 할 때, 주어진 조건에 따라 버스 정류장에서 도서관까지의 거리 $x-30$와 버스 정류장에서 영화관까지의 거리 $x-70$의 합이 80 이하여야 한다. 이를 부등식으로 표현하면 $|x-30|+|x-70| \leq 80$이다. (∵ 정류장이 위치하는 좌우, 가운데 어디든 될 수 있으므로)
따라서 $-80 \leq (x-30)+(x-70) \leq 80$이고, 버스 정류장의 위치는 $10 \leq x \leq 90$ 사이가 된다. 즉, 버스 정류장은 도서관으로부터 좌표상 최대 60만큼 떨어진 곳에 설치할 수 있다.

19 ③

- 영업팀 : 영어 능통자→미국에 5년 동안 거주한 丁
대인관계 원만한 자→폭넓은 대인관계를 가진 乙
- 인사팀 : 논리 활용 프로그램 사용 적합자→컴퓨터 활용능력 2급 자격증을 보유하고 논리적·수학적 사고력이 우수한 丙
- 홍보팀 : 홍보 관련 업무 적합자, 외향적 성격 소유자→광고학을 전공하고 융통성 있는 사고를 하는 戊, 서비스업 관련 아르바이트 경험이 많은 甲

따라서 보기 ③과 같은 인력 배치가 자질과 능력에 따른 적재적소에 인력을 배치한 것이 된다.

20 ②

㈎ 충전시간 당 통화시간은 A모델 6.8H > D모델 5.9H > B모델 4.8H > C모델 4.0H 순이다. 음악재생시간은 D모델 > A모델 > C모델 > B모델 순으로 그 순위가 다르다. (X)
㈏ 충전시간 당 통화시간이 5시간 이상인 것은 A모델 6.8H와 D모델 5.9H이다. (O)
㈐ 통화 1시간을 감소하여 음악재생 30분의 증가 효과가 있다는 것은 음악재생에 더 많은 배터리가 사용된다는 것을 의미하므로 A모델은 음악재생에, C모델은 통화에 더 많은 배터리가 사용된다. (X)
㈑ B모델은 통화시간 1시간 감소 시 음악재생시간 30분이 증가한다. 현행 12시간에서 10시간으로 통화시간을 2시간 감소시키면 음악재생시간이 1시간 증가하여 15시간이 되므로 C모델과 동일하게 된다. (O)

21 ③

두 개의 제품 모두 무게가 42g 이하여야 하므로 B모델은 제외된다. K씨는 충전시간이 짧고 통화시간이 길어야 한다는 조건만 제시되어 있으므로 나머지 세 모델 중 A모델이 가장 적절하다.
친구에게 선물할 제품은 통화시간이 16시간이어야 하므로 통화시간을 더 늘릴 수 없는 A모델은 제외되어야 한다. 나머지 C모델, D모델은 모두 음악재생시간을 조절하여 통화시간을 16시간으로 늘릴 수 있으며 이때 음악재생시간 감소는 C, D모델이 각각 8시간(통화시간 4시간 증가)과 6시간(통화시간 3시간 증가)이 된다. 따라서 두 모델의 음악재생 가능 시간은 15 - 8 = 7시간, 18 - 6 = 12시간이 된다. 그런데 일주일 1회 충전하여 매일 1시간씩의 음악을 들을 수 있으면 된다고 하였으므로 7시간 이상의 음악재생시간이 필요하지는 않으며, 7시간만 충족될 경우 고감도 스피커 제품이 더 낫다고 요청하고 있다. 따라서 D모델보다 C모델이 더 적절하다는 것을 알 수 있다.

22 ④

명제가 참일 경우 항상 참이 되는 것은 대우이다. 주어진 조사 결과를 도식화하여 정리하면 다음과 같다.

조사 결과	대우
정육 → ~과일	과일 → ~정육
~한과 → 과일	~과일 → 한과
~건어물 → 햄 세트	~햄 세트 → 건어물
건어물 → ~정육	정육 → ~건어물

따라서 첫 번째 조사 결과(정육 → ~과일)와 두 번째 조사 결과의 대우(~과일 → 한과)를 통해 (정육 → ~과일 → 한과)가 성립하므로, ④는 항상 참이 된다.

23 ②

브레인스토밍은 한 주제에 대해 생각나는 대로 자유롭게 발상하는 자유연상법의 하나이다.

아이디어에 대해서는 질보다 양을 추구하며 가능한 한 많은 아이디어를 제시하도록 격려하지만, 브레인스토밍에 참여하는 인원이 많을수록 좋은 것은 아니다. 브레인스토밍의 경우 보통 5~8명 정도의 인원으로 구성하되, 구성원은 다양한 분야의 사람들로 선정한다.

24 ④

30~50대 여성이 90%를 차지하는 고객 구성의 상황에서 남성 고객 유치를 위해 남성적인 브랜드 이미지를 구축하는 것은 주 고객층의 외면을 불러올 수 있다.

25 ②

[질문 1-2-3]에 따른 조사 결과를 바탕으로 '시민들의 이용 행태' 개선을 위해 취할 수 있는 방법을 생각할 수 있다.
② 시설물의 질과 양은 공원 이용에 만족하는 가장 큰 원인이다.

26 ①

다음과 같은 배치로 생각할 수 있다. A와 D는 서로 붙어 있다.

27 ③

1kt = 1,000t이고 1t = 1,000kg이므로 3kt = 3,000,000kg이다.

28 ④

제시된 수열에서 1~4항의 계차를 구하면 −6, 0, 6이 된다. 이는 초항이 −6이고 공차가 6인 등차수열이므로 빈칸에 들어갈 수는 11 + 12 = 23이 되고, 이어서 23 + 18 = 41이 성립한다.

29 ④

$$AB + C = (x^2 + x)(2x - 3) + 2x^2 + 3x - 5$$
$$= 2x^3 - 3x^2 + 2x^2 - 3x + 2x^2 + 3x - 5$$
$$= 2x^3 + x^2 - 5$$

30 ⑤

요일 계산 문제는 주어진 날짜에서 알고자 하는 날짜까지 총 며칠인지를 구한 뒤 7로 나눈 나머지를 통해 요일을 추론할 수 있다. 즉, 8월 16일부터 31일까지 16일에 9월(30일), 10월(31일), 11월(30일), 12월(31일), 1월 1일을 모두 더하면 16 + 30 + 31 + 30 + 31 + 1 = 139일이 된다. 139를 7로 나누면 나머지가 6이 되므로, 토요일에서 6일이 지난 금요일이 된다.

31 ⑤

매해 인구가 같은 비율로 증가한다고 하였으므로, 10년간의 인구 증가율은 5년간의 인구 증가율을 제곱한 것으로 쉽게 구할 수 있다.
첫해의 인구를 x, 5년마다 인구 증가율을 r이라고 가정하면, 10년 후의 인구수 $= x(1+r)^2$이고 $x(1+r)^2 = x(1 + 0.44)$가 성립한다.
따라서 $(1+r)^2 = \dfrac{144}{100}$, $1 + r = \sqrt{\dfrac{144}{100}} = 1.2$이므로 $r = 0.2$이다.

32 ④

불량률을 x 라고 하면, 정상품이 생산되는 비율은 $100-x$ 이다.

$$5,000 \times \frac{100-x}{100} - 10,000 \times \frac{x}{100} = 3,500,$$

$$50(100-x) - 100x = 3,500$$

$$5,000 - 50x - 100x = 3,500, \ 150x = 1,500$$

$$\therefore x = 10(\%)$$

33 ②

전체 일의 양을 1이라고 할 때, 형이 하루에 할 수 있는 일의 양은 $\frac{1}{4}$ 이고 동생이 하루에 할 수 있는 일의 양은 $\frac{1}{8}$ 이다. 따라서 둘이 함께 이 일을 할 경우 하루에 할 수 있는 일의 양은 $\frac{1}{4} + \frac{1}{8} = \frac{3}{8}$ 이 된다.

둘이 함께 일을 하는 날 수를 x 라고 할 때, 형이 감기로 일을 하루 쉬었으므로 $\frac{3}{8}x + \frac{1}{8} = 1$, $x = \frac{7}{3}$ 이다.

즉, 둘이 함께 $\frac{7}{3}$ 일만큼 일을 하고, 동생이 혼자 하루 일을 해야 땅 고르기를 끝낼 수 있다.

그런데 도중에 비가 와서 하루를 쉬었으므로 땅 고르기를 끝내는 데 소요된 총 시간은 $\frac{7}{3} + 1 + 1 = 4\frac{1}{3}$ 일이 된다. 따라서 땅 고르기를 끝내는 데는 최소 5일이 걸린다.

34 ③

25m/s의 속력을 시속으로 환산하면 90km/h이다. 집에서 부산항까지의 거리가 450km이므로 90km/h 속력으로 이동할 시 5시간이 걸린다. 이때 부산항 도착 후 제주행 배의 승선권을 구매하고 배를 타기까지 20분이 소요된다고 하였으므로, 부산항에서 오후 12시에 출발하는 제주행 배를 타기 위해서는 집에서 적어도 오전 6시 40분에는 출발해야 한다. 보기 중 적절한 것은 ③이다.

35 ③

직사각형의 짧은 쪽 변의 길이를 a, 긴 쪽 변의 길이를 b 라고 할 때, 밧줄의 길이가 12m이므로 $2a + b \leq 12$ 여야 한다. a, b 가 정수이며, 밧줄을 최대로 이용하는 경우 부등식이 성립할 수 있는 (a, b) 의 조합은 $(1, 10)$, $(2, 8)$, $(3, 6)$ 의 세 가지로 이 중 꽃밭의 넓이 ab 의 값이 최대가 되는 경우는 $(3, 6)$ 에 해당한다. 따라서 이 꽃밭의 넓이의 최댓값은 $18m^2$ 이다.

36 ④

9 이하의 수가 적힌 카드가 나올 확률은 1이다.

37 ③

㈎ 인터넷 뱅킹을 통한 해외 외화 송금이므로 금액에 상관없이 건당 최저수수료 3,000원과 전신료 5,000원 발생 → 합 8,000원

㈏ 은행 창구를 통한 해외 외화 송금이므로 송금 수수료 10,000원과 전신료 8,000원 발생 → 합 18,000원

㈐ 금액에 상관없이 건당 수수료가 발생하므로 → 10,000원

따라서 지불한 총 수수료는 $8,000 + 18,000 + 10,000 = 36,000$ 원이다.

38 ③

2015년 1월 7일 코스닥 지수 : 561.32
2014년 12월 30일 코스닥 지수 : 542.97
2014년 12월 30일의 코스닥 지수를 100%로 봤을 때 2015년 1월 7일의 코스닥 지수는 $103.37956 \cdots (\%)$ 이므로, 약 3.38% 상승했음을 알 수 있다.

39 ①

표를 채우면 다음과 같다.

응답자의 종교 후보	불교	개신교	가톨릭	기타	합
A	130	㈎ 130	60	300	(620)
B	260	(100)	30	350	740
C	(195)	㈏ 130	45	300	(670)
D	65	40	15	(50)	(170)
계	650	400	150	1,000	2,200

40 ②

터미널노드(Terminal Node)는 자식이 없는 노드로서 이 트리에서는 D, I, J, F, G, H, 6개이다.

41 ⑤

현대사회에서는 물적자원에 대한 관리가 매우 중요한 사안이며 bar code와 QR 코드뿐 아니라 이를 지원하는 다양한 기법이나 프로그램들이 개발되고 있어 bar code와 QR 코드에 대한 이해가 필요하다.

⑤ bar code의 정보는 검은 막대와 하얀 막대의 서로 다른 굵기의 조합에 의해 기호화 되는 것이며, 제품군과 특성을 기준으로 물품을 대/중/소분류에 의해 관리하게 된다.

42 ④

DSUM(범위, 열 번호, 조건)은 조건에 맞는 수치를 합하는 함수이며, DCOUNT(범위, 열 번호, 조건)은 조건에 맞는 셀의 개수를 세는 함수이다. 따라서 DSUM이 아닌 DCOUNT 함수를 사용해야 하며, 추리영역이 있는 열은 4열이므로 '=DCOUNT(A1:D6,4,F2:F3)'를 입력해야 한다.

43 ②

SUMIF는 조건에 맞는 데이터를 더해주는 함수로서 범위는 B2:B10으로 설정해 주고 조건은 3천만 원 초과가 아니라 이상이라고 했으므로 ")=30000000"으로 설정한다.

44 ③

$n=0$, $S=1$

$n=1$, $S=1+1^2$

$n=2$, $S=1+1^2+2^2$

…

$n=7$, $S=1+1^2+2^2+\cdots+7^2$

∴ 출력되는 S의 값은 141이다.

45 ②

㈏ 부분의 선택 – 처리 과정이 잘못되었다.

'구슬 개수 나누기 2의 나머지
= 0' → (참) → 정답을 '짝수'로 정하기

'구슬 개수 나누기 2의 나머지
= 0' → (거짓) → 정답을 '홀수'로 정하기

46 ②

한 셀에 두 줄 이상 입력하려고 하는 경우 줄을 바꿀 때는 〈Alt〉+〈Enter〉를 눌러야 한다.

47 ②

평일 오전 8시부터 오후 8시까지 최소 비용으로 계속 1명 이상의 아르바이트생을 채용하기 위해서는 강한결과 송민국을 채용하면 된다.

48 ②

평일 오전 8시부터 오후 4시까지 근무하던 강한결의 공백을 채우기 위해서는 희망 근무 시간이 맞는 사람 중 월, 수, 금은 김샛별에게, 화, 목은 금나래에게 먼저 연락해 볼 수 있다.

49 ⑤

'지식'이란 '어떤 특정의 목적을 달성하기 위해 과학적 또는 이론적으로 추상화되거나 정립되어 있는 일반화된 '정보'를 뜻하는 것으로, 어떤 대상에 대하여 원리적 · 통일적으로 조직되어 객관적 타당성을 요구할 수 있는 판단의 체계를 제시한다.

⑤ 지식은 가치가 포함되어 있지 않은 단순한 데이터베이스라고 볼 수 있다.

50 ③

버블 정렬은 서로 이웃한 데이터들을 비교하여 가장 큰 데이터를 가장 뒤로 보내는 정렬이다.

㉠ 1회전

9↔6	7	3	5
6	9↔7	3	5
6	7	9↔3	5
6	7	3	9↔5
6	7	3	5	9

㉡ 2회전

6	7↔3	5	9
6	3	7↔5	9
6	3	5	7	9

㉢ 3회전

6↔3	5	7	9
3	6↔5	7	9
3	5	6	7	9

[공통] 전체

1 ④

농협은 '산지에서 소비지까지(Farm to Table)'을 통해 체계적인 농식품 관리와 안전 농식품 공급을 한다.

2 ④

① **토양환경전문가** : 현장에서 채취한 토양을 실험실로 가져와 토양 측정 장비로 분석하고, 토양의 물리적인 특성과 화학적인 특성을 정확하게 진단하는 일을 하는 직업

② **농업드론전문가** : 드론을 이용해 농장을 효율적으로 경영하도록 도와주는 직업

③ **팜파티플래너** : 팜파티는 팜(Farm) + 파티(Party)의 결합을 의미하는 말로, 도시의 소비자에게는 품질 좋은 농산물을 저렴한 가격에 만나볼 수 있도록 주선하고, 농촌의 농업인에게는 안정적인 판매 경로를 만들어 주는 직업

⑤ **친환경농자재개발자** : 화학농약 등 합성 화학물질을 사용하지 않고 유기물과 식물 추출물, 자연광물, 미생물 등을 이용한 자재만을 사용해 농자재를 만드는 사람

3 ⑤

「농수산물 품질관리법 시행규칙」 제7조에 따라, 표준규격품을 출하하는 자가 표준규격품 임을 표시하기 위해서 해당 물품의 포장 겉면에 "표준규격품"이라는 문구와 함께 품목·산지·품종·생산연도(곡류만 해당)·등급·무게·생산자 정보를 기입한다.

4 ④

① **5G(5th Generation Mobile Telecommunication)** : 5세대 이동통신으로 최대속도가 20Gbps인 이동통신기술이다.

② **데이터마이닝(Data Mining)** : 다양한 데이터 가운데 유용한 정보를 추출하여 선택에 이용하는 과정이다.

③ **OLAP(Online Analytical Processing)** : 사용자가 대용량 데이터를 편리하게 추출·분석하도록 도와주는 비즈니스 인텔리전스(Business Intelligence) 기술이다.

⑤ **머신러닝(Machine Learning)** : 인공지능의 한 분야로 컴퓨터를 통해 인간의 능력을 실현하기 위한 기술이다. 컴퓨터가 다양한 데이터를 통해 패턴을 찾아내는 방법이다.

5 ②

제시된 내용은 패리티 가격에 대한 설명이다. 패리티 가격은 농민, 즉 생산자를 보호하는 것이 목적이다.

6 ②

① **GHI** : 독일 세계기아원조(Welthungerhilfe)와 미국 세계식량연구소(IFPRI)가 협력하여 2006년부터 전 세계 기아 현황을 파악·발표하는 세계 기아지수를 말한다.

③ **WFP** : 기아 인구가 없는 제로 헝거(Zero Hunger) 달성을 목표로 하는 유엔 세계식량계획을 말한다.

④ **ODA** : 국제농업협력사업은 개발도상국을 위한 우리나라 농업기술 개발·보급 협력 사업이다.

⑤ **GAFSP** : 세계농업식량안보기금은 빈곤 국가 농업 생산성 제고를 위해 만들어진 국제기금이다.

7 ①

② **암종병(Tumour)** : 상처침입균으로 엽흔에 침입하여 표면에 불규칙한 혹이나 궤양이 발생한다.

③ **균류병(菌類病)** : 사과에 질병을 일으키는 원인 중에 하나인 균류병이다.

④ **붉은별무늬(Rust)** : 적성병으로도 불린다. 녹균의 일종인 Gymnosporangiun 속(屬)의 병원균에 의해 나뭇잎에 얼룩점 무늬의 작은 황색무늬가 점점 커지면서 나타난다.

⑤ **점무늬낙엽병(Alternaria Leaf Spot)** : Alternaria Mali에 의해 나타나고 잎에 담갈색 병반이 점차 커지는 병징이 있다.

8 ⑤

⑤ **뇌-컴퓨터 인터페이스(Brain-Computer Interface)** : 뇌-컴퓨터 인터페이스로 뇌파를 이용하여 컴퓨터에서 해석할 수 있는 인터페이스를 말한다.

① **인공 신경망(Artificial Neural Network)** : 인간의 신경 처리 과정을 모방하여 만든 알고리즘을 말한다.

② **딥러닝(Deep Learning)** : 다량의 데이터를 이용하여 스스로 학습하는 인공 신경망으로 구축된 기계학습 기술을 말한다.

③ **가상현실(Virtual Reality)** : 컴퓨터에서 만들어진 가상현실을 말한다.

④ **생성적 대립 신경망(Generative Adversarial Network)** : 딥러닝 알고리즘으로 진짜와 똑같은 가짜를 생성하여 이를 판별하여 학습하고 진짜와 같은 가짜를 만드는 기술이다.

9 ⑤

블랙박스 테스트(Blackbox Test) : 비교검사(Comparison Testing)에 해당한다. 입력조건의 중간값에서 보다 경계값에서 에러가 발생될 확률이 높다는 점을 이용하여 이를 실행하는 테스트인 경계값분석(Boundary Value Analysis), 입력데이터 간의 관계가 출력에 영향을 미치는 상황을 체계적으로 분석하여 효용성 높은 시험사례를 발견하고자 원인 - 결과 그래프 기법을 제안하는 원인효과그래픽기법(Cause Effect Graphing Testing) 등이 있다.

10 ⑤

①② 암호화폐의 종류이다.

③ 가격변동성이 적게 유지되도록 설계된 화폐이다

④ 비트코인과 같은 형식으로 간편하게 채굴할 수 있는 장점이 있다.

※ NYSE(New York Stock Exchange) … 상장사들의 처음 진행하는 거래를 기념하기 위해서 퍼스트 트레이드 NFT를 발행하였다. 대체 불가능한 토큰(Non Fungible Token)으로 디지털 자산에 고유 인식값을 부여하여 교환이 불가능하다. NYSE가 발행한 NFT인 10초 가량의 동영상 안에는 각 회사의 로고, 상장가격, 거래코드 등이 들어있다.

11 ②

애자일(Agile) … 문서작업 및 설계에 집중하던 개발 방식에서 벗어나 좀 더 프로그래밍에 집중하는 개발방법론이다. 애자일(Agile)이란 단어는 '날렵한', '민첩한'이란 뜻을 가진 형용사이다. 애자일 개발방식도 그 본래 의미를 따른다. 정해진 계획만 따르기보다, 개발 주기 혹은 소프트웨어 개발환경에 따라 유연하게 대처하는 방식을 의미한다.

12 ④

① 디지털 쿼터족 : 디지털을 기성세대보다 $\frac{1}{4}$ 시간 이내에 빠르게 처리하는 세대를 말한다.

② 디지털 사이니지 : 디지털 미디어 광고를 말한다.

③ 디지털 디바이드 : 디지털 사회 계층간의 정보 불균형을 말한다.

⑤ 디지털 네이티브 : 미국교육학자 마크 프렌스키가 처음 사용하였으며, 태어나서부터 디지털 기기에 둘러싸여서 성장한 세대를 말한다.

13 ②

② 전자문서관리(EDMS)

① 교육기록관리(LMS)

③ 품질이벤트관리(eQMS)

④ 전사적자원관리(ERP)

⑤ 전자문서교환(EDI)

14 ④

④ 정밀농업(Precision Agriculture) : 4차 산업의 핵심 기술을 통해 전통적인 투입자원인 노동력 및 투입재를 최소화하면서 생산량을 최대화하는 농업 방식. 즉, ICT 기술을 통해 정보화·기계화된 농업 분야를 의미한다. 정밀농업을 통해 적절한 수확량과 품질을 유지하면서도 환경적으로 안전한 생산체계를 만들 수 있으며 정보화, 기계화가 가능할 것으로 전망된다.

① 계약재배(Contract Cultivation) : 생산물을 일정한 조건으로 인수하는 계약을 맺고 행하는 재배방식이다. 주로 담배 재배, 식품회사나 소비자 단체 등과 제휴하여 행해지고 있다.

② 겸업농가(Part Time Farm Household) : 농업에 종사하면서 농업 외의 다른 직업을 겸하는 것으로 농업을 주업으로 하는 경우에는 제1종 겸업농가라고 하며 농업 외의 다른 직업이 주업이 되면 제2종 겸업농가로 구별한다.

③ 녹색혁명(Green Revolution) : 20세기 후반 개발도상국의 식량증산을 이루어낸 농업정책으로 품종개량, 화학비료, 수자원 공급시설 개발 등의 새로운 기술을 적용하여 농업생산량일 일궈낸 과정 및 결과를 의미한다.

⑤ 생력농업(Labor Saving Technique of Agriculture) : 작업 공동화 혹은 기계화를 추진하여 투입 노동력 및 투입시간을 줄이고자 하는 경영방법이다.

15 ③

스마트 팜(Smart Farm) … ICT를 접목하여 생육환경을 관리할 수 있는 농장이다. 작물 생육정보와 환경정보에 대한 데이터를 기반으로 하여 최적의 생육환경을 조성하고, 노동력과 에너지, 양분 등은 보다 덜 투입하면서 품질제고와 농산물 생산성을 향상시키기 위해 도입되었다.

1 ③

대체(Alternative)와 코인(Coin)의 합성어로 비트코인을 제외한 나머지 가상화폐들을 통틀어 알트코인(Altcoin)이라고 부른다. ①②④⑤는 알트코인이다.
① 리플(Ripple) : 블록체인 기반이 아닌 리플랩스가 발행하여 유통하며 중앙 운영 주체가 관리한다.
② 이더리움(Ethereum) : 비탈릭 부테린이 2014년 개발한 가상화폐로 블록체인과 스마트계약이 적용되어 있는 가상화폐이다.
④ 라이트코인(Litecoin) : 찰스 리가 2011년 개발한 가상화폐로 암호와 알고리즘인 스크립트를 사용하여 복잡함을 줄였다.
⑤ 폴리비우스(Polybius) : 인터넷 은행이 설립한 코인으로 사물인터넷, 빅데이터, 블록체인 기술을 활용한다.

2 ④

뉴칼라는 언택트 시대에 맞게 IT와 AI 등 프로그램 개발 기술자를 뜻하는 말이다.
① 블루칼라 : 작업현장의 육체노동자
② 화이트칼라 : 전문 사무식 노동자
③ 골드칼라 : 빛나는 아이디어와 창의적인 사고로 정보화시대를 이끌어가는 전문직 노동자
⑤ 퍼플칼라 : 근무시간 및 장소를 유연하게 선택하여 탄력적으로 조정하여 근무하는 노동자

3 ④

① 로젠탈 효과는 칭찬의 긍정적인 효과를 말한다.
② 헤징은 환율이나 금리, 주가지수 등의 급격한 변동에 따른 손실을 막기 위한 거래이다.
③ 크레스피 효과는 당근과 채찍을 뜻하며 보상과 처벌의 강도가 점점 강해져야 능률이 계속해서 오른다는 것이다.
⑤ 리카도 효과는 실질 임금이 하락할 경우에 기업은 기계 대신 노동력을 사용하려는 경향을 보이는 것을 말한다.

4 ③

금리가 상승하게 되면 대체로 해당 국가의 통화가치가 상승하게 되는 즉, 환율이 하락하게 되는 경향이 있다. 또한 국제시장에서는 높은 금리를 찾아 달러 등의 해외자금이 유입되는데, 이 때 유입되는 달러가 많아지게 되면 해당 국가의 통화가치는 상승(환율 하락)하게 된다. 그러므로 환율이 하락하게 되면 수출에는 불리하며 수입에는 유리하게 된다.

5 ④

경제활동에서 떨어졌던 여성들은 자녀 양육이 어느 정도 완성되는 시기 이후에 다시 노동시장에 입성하게 되는데 이 같은 여성 취업률의 변화 추이가 영문 M자를 닮아서 'M커브 현상'이라 부른다.
• U curve 현상 : 여성 인력 사용에 있어 선진국으로 평가받는 캐나다와 스웨덴 같은 경우에는 M자가 아닌 U자를 뒤집어 놓은 형태를 보인다.
• J curve 현상 : J커브 곡선은 환율 변동과 무역수지의 관계를 나타낸 곡선이다.

6 ④

2019년의 명목 GDP는 $40 \times 135 = 5,400$이며, 실질 GDP는 $135 \times 25 = 3,375$가 된다. 따라서 GDP 디플레이터의 값은 $(5400 \div 3375) \times 100 = 160$이다.

7 ⑤

① 개인종합자산관리계좌(ISA) : 투자자가 투자종목·수량을 지정하여 상품을 운용하는 계좌로 예금자보험법에 의해 보호받는다.
② 표지어음 : 몇 가지 어음으로 대표적인 표지를 만드는 것으로 예금자보험법에 의해 보호받는다.
③ 외화통지예금 : 자금인출 시기가 불확실할 때 이용할 수 있는 예금으로 예금자보호법에 의해 보호받는다.
④ 개인형 퇴직연금(IRP) : 노후를 준비하기 위해 여유자금을 적립하여 퇴직·이직 시 수령 받을 수 있는 퇴직연금제도로 예금자보호법에 의해 보호받는다.

8 ①

피구 효과(Pigou Effect) … 금융자산의 실질가치증가가 실질 부의 증가로 연결되어 그 결과 소비지출이 증가하는 효과를 말한다. 따라서 물가가 완전신축적인 경우에는 물가하락이 소비자들의 실질부를 증가시켜 완전고용국민소득을 달성할 수 있게 되는데, 이를 피구 효과(실질잔고 효과)라고 한다. 이 피구 효과는 유동성 함정구간에서는 반드시 확대 재정정책을 실시해야 한다는 케인즈의 주장에 대한 고전학파의 반론이다.

9 ①

② 엄브렐러 펀드 : 전환형 펀드의 일종으로 펀드 아래에 여러 유형의 하위 펀드가 우산살처럼 있다는 뜻에서 지어졌다.

③ 멀티클래스 펀드 : 하나의 펀드에 투자기간 및 투자액이 다른 투자자들로 구성되어 있는 펀드이다.

④ 모자 펀드 : 다수의 개별 펀드인 자펀드를 통하여 투자자금을 모아 모펀드에 투자하는 방식의 펀드이다.

⑤ 뮤추얼 펀드 : 증권투자자들이 펀드의 주식을 매입해 주주로서 참여하며 원할 때 언제든지 주식의 추가발행환매가 가능한 투자신탁이다.

10 ①

CCL(Creative Common License)은 일종의 오픈 라이선스로 저작물 사용 시 저작권자의 허락을 구하지 않고도 조건에 맞춰 창작물을 자유롭게 사용할 수 있다. ②③④⑤는 저작물 사용을 위한 네 가지 조건을 말한다.

② BY(Attribution) : 저작자 표시

③ NC(Noncommercial) : 영리목적 사용 금지

④ ND(No Derivative Works) : 저작물 변경 금지

⑤ SA(Share-alike) : 동일조건 변경 허락

11 ①

M&A 동기

㉠ 경영전략적 동기 : 기업 지속성장 추구, 국제화 추구, 효율성 극대화, 기술발달

㉡ 영업적 동기 : 시장지배력 확대, 시장참여의 시간단축

㉢ 재무적 동기 : 위험분산, 자금 조달 능력 확대, 세금 절감

12 ①

㉠ 자발적 실업 : 일할 능력은 있지만 임금 및 근로 조건이 자신의 욕구와 맞지 않아 일할 의사가 없는 상태 (탐색적 실업, 마찰적 실업)

㉣ 비자발적 실업 : 일할 능력과 의사가 있지만 어떠한 환경적인 조건에 의해 일자리를 얻지 못한 상태 (경기적 실업, 계절적 실업, 기술적 실업, 구조적 실업)

13 ⑤

ETF(Exchange Traded Fund) … 주식처럼 거래가 가능한 펀드

㉠ 특정 주가지수의 수익률을 따라가는 지수연동형 펀드를 구성한 뒤 이를 거래소에 상장하여 개별 주식처럼 매매가 편리하고 인덱스 펀드처럼 거래비용이 낮고 소액으로도 분산투자가 가능하다는 장점을 가지고 있다.

㉡ 거래는 주식처럼 하지만 성과는 펀드와 같은 효과를 얻는다.

14 ①

지니계수는 소득 분배의 불평등을 나타내는 수치로, 분포의 불균형을 의미하며 소득이 어느 정도 균등하게 분배되어 있는가를 나타낸다.

② 엥겔지수 : 일정 기간 가계 소비지출 총액에서 식료품비가 차지하는 비율

③ 위대한 개츠비 곡선 : 소설 「위대한 개츠비」의 주인공 개츠비의 이름을 인용한 것으로, 경제적 불평등이 커질수록 사회적 계층이동성이 낮음을 보여주는 곡선

④ 로렌츠곡선 : 국민의 소득 분배 상태를 알아보기 위한 곡선

⑤ 10분위 분배율 : 국가 전체 가구를 소득 크기에 따라 저소득에서 고소득 순으로 10등분한 지표

15 ②

① 극장 관람과 비디오 시청은 서로 '대체재'의 성격을 갖고 있다.

③⑤ 조조할인 제도는 극장이 동일한 영화에 대한 관람객의 특성(수요의 가격탄력성)에 따라 다른 가격을 매겨 이윤을 높이는 가격차별 전략이다.

④ 외부 음식물 반입을 금지하면서 시중보다 높은 가격을 받고 있는 극장 내의 매점은 '진입장벽'을 통해 독점의 이익을 누리고 있다.

[분야별] IT전산

1 ④

컴퓨터 시스템은 크게 하드웨어와 소프트웨어로 구성된다. 컴퓨터 정보시스템은 하드웨어, 소프트웨어와 사람, 데이터의 4가지를 구성요소로 한다.

2 ③

디코더(Decoder) … 코드화된 2진 정보를 다른 코드형식으로 변환하는 해독회로이다.

3 ④

프로그래밍 언어의 설계원칙

㉠ 프로그래밍 언어의 개념이 분명하고 단순해야 한다.
㉡ 신택스가 분명해야 한다.
㉢ 자연스럽게 응용할 수 있어야 한다.
㉣ 프로그램 검증이 용이하다.
㉤ 적절한 프로그램 작성환경이 갖추어져 있어야 한다.
㉥ 프로그램이 호환성이 있어야 한다.
㉦ 효율적이어야 한다.

4 ①

② 큐(Queue) : 한쪽 끝에서 삭제가 일어나고 한쪽 끝에서 삽입이 되는 선입선출 알고리즘을 가지는 선형 리스트를 말한다.
③ 데크(Deck, Double Ended Queue) : 리스트의 양쪽 끝에서 삽입과 삭제가 이루어진다.
④ 트리(Tree) : 비선형 구조로서 기억장소 할당, 정렬, 검색에 응용된다.
⑤ 카운터(Counter) : 입력펄스에 따라 레지스터의 상태가 미리 정해진 순서대로 변화하는 레지스터이다.

5 ②

데이터 중복의 문제점 … 일관성 문제, 보안성 문제, 경제성 문제, 무결성 문제

6 ④

④ DNS(Domain Name System) : 계층적 이름 구조를 갖는 분산형 데이터베이스로 구성된다. https://www.goseowon.com일 경우 뒷부분 com의 주소, goseowon의 주소, www의 주소 순서로 해석한다.
① 라우터(Router) : 둘 혹은 그 이상의 네트워크를 연결해 한 통신망에서 다른 통신망으로 통신할 수 있도록 도와주는 장치이다.
② 모블로그(Moblog) : 휴대전화를 이용하여 컴퓨터상의 블로그에 글·사진 등의 콘텐츠를 올릴 수 있는 서비스이다.
③ CGI(Common Gateway Interface) : 웹서버가 외부프로그램과 데이터를 주고받을 수 있도록 정의한 표준안이다.

⑤ FTP(File Transfer Protocol) : 인터넷상에서 한 컴퓨터에서 다른 컴퓨터로 파일전송을 지원하는 통신규약이다.

7 ①

② 프로토콜(Protocol) : 네트워크상에서 어떠한 형식으로 데이터를 주고 받을 것인가에 대해서 약속된 규약이다.
③ 라우터(Router) : 대규모 네트워크에 사용되는 초지능형 브리지이다.
④ 플러그 인(Plug In) : 웹 브라우저 도움 프로그램으로 넷스케이프 네비게이터 Helper Application은 또 다른 응용 프로그램을 새로 실행 시켜야 한다는 단점을 가지고 있어 이를 보완하기 위해 만든 것이다.
⑤ 파이프라인(Pipe Line) : 하나의 프로세서를 서로 다른 기능을 가진 여러 개의 서브 프로세서로 나누어 각 프로세서가 동시에 서로 다른 데이터를 처리하도록 하는 기법이다.

8 ③

③ 퍼셉트론(Perceptron) : 프랑크 로젠블라트가 1957년에 고안한 알고리즘으로 인간의 신경 조직을 수학적으로 모델링하여 컴퓨터가 인간처럼 기억, 학습, 판단할 수 있도록 구현한 인공신경망 기술이다.
① 빠른 정렬(Quick Sort) : 주어진 입력 리스트를 피봇(Pivot) 또는 제어키(Control Key)이라 불리는 특정 키 값보다 작은 값을 가지는 레코드들의 리스트와 큰 값을 가지는 레코드들의 리스트로 분리한 다음, 이러한 두 개의 서브 리스트들을 재귀적으로 각각 재배열하는 과정을 수행하는 방식이다.
② 맵리듀스(MapReduce) : 대용량 데이터 처리를 분산 병렬 컴퓨팅에서 처리하기 위한 구글의 소프트웨어 프레임워크이다.
④ 디지털 포렌식(Digital Forensics) : 법정 제출용 디지털 증거를 수집하여 분석하는 기술이다.
⑤ 하둡(Hadoop) : 대량의 자료처리가 가능한 오픈 자바 소프트웨어 프레임워크로 빅데이터를 처리하는 분산파일 시스템이다.

9 ①

HTML 용어

㉠ UL : 순서가 없는 목록의 시작과 종료를 알려주는 태그
㉡ OL : 순서가 있는 목록의 시작과 종료를 알려주는 태그

10 ④

① 컴파일러(Compiler) : 고급언어로 쓰인 프로그램은 그와 의미적으로 동등하여 컴퓨터에서 즉시 실행될 수 있는 형태의 목적 프로그램으로 바꾸어 주는 번역 프로그램이다.

② 인터프리터(Interpreter) : 고급언어로 작성된 원시코드 명령문들을 한 줄씩 읽어 들여서 실행하는 프로그램이다.

③ 서비스 프로그램(Service Program) : 사용자들이 필요할 때 편리하게 이용할 수 있도록 한 프로그램이다.

⑤ LAN(Local Area Network) : 근거리 네트워크 망이다.

11 ②

양수 A와 B에 대해 2의 보수 표현방식을 사용하여 A−B를 수행하였을 때 최상위비트에서 캐리가 발생하였다면 B−A는 최상위비트에서 캐리가 발생하지 않는다.

A = 6, B = 5로 놓고 예를 들어보면,

A = 6 = 110, B = 5 = 101, B의 1의 보수는 010

A + B = 1011 (캐리발생)

A − B = 1000, 여기에 캐리를 제거하고 1의 보수를 더하면 올바른 결과가 나온다.

12 ④

종합 서비스 디지털망(ISDN : Integrated Service Digital Network) … 전화망에서 모뎀 없이 데이터 전송이 가능하게 변화시킨 것으로 하나의 전화회선을 통해 음성, 데이터, 화상 등의 정보를 동시에 주고받을 수 있는 미래의 종합 서비스 디지털망이다.

※ ISDN 사용자 서비스

　㉠ 베어러 서비스(Bearer Service) : 가입자 간의 정보 전달기능을 제공한다.

　㉡ 텔레 서비스(Tele Service) : 상위계층(OSI 계층 4, 5, 6, 7)의 기능을 포함하는 모든 계층의 표준화된 서비스를 제공한다.

　㉢ 부가서비스(Supplementary Service) : 음성, 영상 등의 기본 서비스에 추가된 새로운 서비스를 제공한다.

13 ②

쉬프트 연산자 : 비트를 몇 칸씩 옆으로 이동하는 연산

<< : 이진법의 왼쪽 시프트 연산자로 왼쪽 피연산자를 오른쪽 피연산자의 비트 숫자만큼 왼쪽으로 이동

>> : 이진법의 오른쪽 시프트 연산자로 왼쪽 피연산자를 오른쪽 피연산자의 비트 숫자만큼 오른쪽으로 이동

계산

㉠ (a>>2) 오른쪽으로 2비트 쉬프트

㉡ int a = 101 : $101 \times \frac{1}{2^2} = 101 \times \frac{1}{4} = 25$

㉢ ((a>>2)<<3) → (a>>2)의 결과를 <<3 왼쪽으로 3비트씩 쉬프트 $25 \times 2^3 = 25 \times 8 = 200$

㉣ System.out.println((a>>2) << 3) : → 200 출력

14 ①

공개키 암호 방식 … 암호키와 암호를 해독하는 복호키 중 암호화 키를 외부에 공개하여, 상대방은 공개된 암호화키를 이용하여 정보를 보내고, 자신은 자신만이 가진 복호화 키를 이용하여 수신된 정보를 해독할 수 있도록 한 정보 암호화 방식이다. 대표적인 공개키 암호 방식에는 RSA 알고리즘이 있다. 위 문제에서는 공개키 암호 방식을 전자서명에 적용한다고 하였는데 일반적으로 전자 서명의 인증 과정은 RSA 알고리즘과는 반대 원리이며 비공개키 알고리즘과 공개키 알고리즘의 조합을 사용한다. 전자서명은 자신을 다수의 타인에게 증명하는 기능이므로, 암호화 과정에서 자신만 아는 비밀키(전자 서명)를 사용한다. 암호화한 전자 서명은 다수의 타인이 확인하므로 해독 과정에서는 공개키를 사용한다. 전자 서명 과정에서 복잡하게 두 단계로 암호화하는 이유는 다음과 같다. 먼저 RSA 알고리즘을 사용해 암호화하는 과정은 전송 과정에서의 보안 문제를 해결하기 위함이다. 그런데 이렇게 전송 보안 문제를 해결하면 전자 서명의 기본 목적인 인증 문제를 해결해야 하므로 비공개키인 전자 서명을 사용해 암호화하는 과정도 필요하다.

15 ③

병렬전송은 버스 내의 선의 개수와 레지스터를 구성하는 플립플롭의 개수가 일치한다. 플립플롭에는 RS, JK, D, T 플립플롭이 있다.

제2회 정답 및 해설

---

01 직무능력평가

1 ②

'잠정(暫定)'은 '임시로 정함'이라는 의미로, '일정한 상태로 계속하여 변동이 없음'을 뜻하는 '경상(經常)'과 반의관계이다.

② 반의관계
- 상망(喪亡) : 망하여 없어짐. 또는 잃어버림
- 획득(獲得) : 얻어 내거나 얻어 가짐

① 유의관계
- 재건(再建) : 허물어진 건물이나 조직 따위를 다시 일으켜 세움
- 회복(回復/恢復) : 원래의 상태로 돌이키거나 원래의 상태를 되찾음

③ 유의관계
- 고착(固着) : 어떤 상황이나 현상이 굳어져 변하지 않음
- 불변(不變) : 사물의 모양이나 성질이 변하지 아니함

④ 유의관계
- 외지(外地) : 자기가 사는 곳 밖의 다른 고장
- 타방(他方) : 다른 지방

⑤ 유의관계
- 종국(終局) : 일의 마지막
- 막판 : 어떤 일이나 현상 따위의 마지막 단계

2 ③

'필히(必히)'는 '무슨 일이 있어도 꼭'이라는 의미로, '어떠한 일이 있더라도 반드시'를 뜻하는 '기어코'와 유의관계이다. 따라서 빈칸에는 '더할 수 없이 슬프고 끔찍함'을 뜻하는 '비참(悲慘)'과 유의관계에 있는 '처절(悽絕)'이 들어가야 한다.

③ 처절(悽絕) : 몹시 처참함
① 비약(飛躍) : 지위나 수준이 갑자기 빠른 속도로 높아지거나 향상됨
② 졸렬(拙劣) : 옹졸하고 천하여 서투름
④ 참수(斬首) : 목을 벰
⑤ 진창 : 땅이 질어서 질퍽질퍽하게 된 곳

3 ⑤

제시된 문장에서 '차다'는 '날쌔게 빼앗거나 움켜 가지다'의 의미로 사용되었다. 따라서 같은 의미로 사용된 것은 ⑤이다.

① (비유적으로) 자기에게 베풀어지거나 차례가 오는 것을 받아들이지 않다.
② 발을 힘껏 뻗어 사람을 치다.
③ 발로 힘 있게 밀어젖히다.
④ 혀끝을 입천장 앞쪽에 붙였다가 떼어 소리를 내다.

4 ⑤

트럼프 대통령의 코로나19 백신 사재기와 관련된 내용으로, 보기 중 빈칸에 들어갈 단어로 가장 적절한 것은 '확실히 보증하거나 가지고 있음'을 의미하는 '확보(確保)'이다.

① 개발(開發) : 새로운 물건을 만들거나 새로운 생각을 내어 놓음
② 확인(確認) : 틀림없이 그러한가를 알아보거나 인정함
③ 차치(且置) : 내버려 두고 문제 삼지 아니함
④ 매각(賣却) : 물건을 팔아 버림

5 ②

- 생각건대 : 한글 맞춤법 제4장 제5절 제40항 [붙임 2]에 따라 어간의 끝음절 '하'가 아주 줄 적에는 준 대로 적으므로 '생각하건대'는 '생각건대'로 적는다.
- 이르다 : 어떤 사람의 잘못을 윗사람에게 말하여 알게 하다.
- 꺾이다 : 기세나 기운 따위가 약해지다.

6 ③

기업 경영 및 활동 시 '윤리'를 최우선 가치로 생각하며 모든 업무활동의 기준을 '윤리규범'에 두고 투명하고 공정하며 합리적으로 업무를 수행합니다.

기업 윤리를 지키는 것은 기업의 의사결정이 경제원칙에만 기초로 하는 것이 아니라 투명한 회계, 공정한 약관, 성실 납세, 환경 보호 등의 윤리적 판단을 전제 조건으로 의사결정을 하며 법이나 정부 규제 준수 이상으로 공정하고 정당하게 지키는 것을 의미합니다. 그러므로 기업 윤리란 일반적으로 CEO나 임직원이 기업 활동에서 갖추어야 할 윤리를 의미합니다.

---

7 ④

'눈을 감고'는 눈꺼풀을 내려 눈동자를 덮는 것을 의미한다. 단어의 본래의 의미가 사용되었으므로 관용적 표현이 아니다.

8 ③

(가)에서 과학자가 설계의 문제점을 인식하고도 노력하지 않았기 때문에 결국 우주왕복선이 폭발하고 마는 결과를 가져왔다고 말하고 있다. (나)에서는 자신이 개발한 물질의 위험성을 알리고 사회적 합의를 도출하는 데 협조해야 한다고 말하고 있다. 두 글을 종합해 보았을 때 공통적으로 말하고자 하는 바는 '과학자로서의 윤리적 책무를 다해야 한다'는 것을 알 수 있다.

9 ③

받을 연금과 내는 보험료의 비율이 누구나 일정하여 보험료 부담이 공평한 것은 적립방식이다. 부과방식은 현재 일하고 있는 사람들에게서 거둔 보험료를 은퇴자에게 사전에 정해진 금액만큼 연금을 지급하는 것으로, 노인 인구가 늘어날 경우 젊은 세대의 부담이 증가할 수 있다고 언급하고 있다.

10 ⑤

확정급여방식의 경우 나중에 얼마의 연금을 받을 지 미리 정해놓고 보험료를 납부하는 것으로 기금 운용 과정에서 발생하는 투자의 실패를 연금 관리자가 부담하게 된다. 따라서 투자 수익이 부실한 경우에도 가입자가 보험료를 추가로 납부해야 하는 문제는 발생하지 않는다.

11 ①

Ⅰ에서는 방화벽 시스템의 개념에 대한 설명이 다루어져야 하므로 ①과 어울리지 않는다. 보유 정보가 해커들로부터 보호할 가치가 있다는 주장을 하고자 한다면, Ⅱ에서 제시하여 방화벽 시스템의 필요성을 강조할 수 있다.

12 ③

① **마고파양** : '마고라는 손톱이 긴 선녀가 가려운 데를 긁는다는 뜻으로, 일이 뜻대로 됨을 비유해 이르는 말
② **가가대소** : 너무 우스워서 한바탕 껄껄 웃음
④ **구곡간장** : '아홉 번 구부러진 간과 창자'라는 뜻으로, 굽이굽이 사무친 마음속 또는 깊은 마음속

⑤ **낙화유수** : 떨어지는 꽃과 흐르는 물이라는 뜻으로, 'ⓐ 가는 봄의 경치 ⓑ 남녀(男女) 간(間) 서로 그리워하는 애틋한 정 ⓒ 힘과 세력(勢力)이 약해져 아주 보잘것없이 됨'을 의미한다.

13 ③

네 개의 문장에서 공통적으로 언급하고 있는 것은 환경문제임을 알 수 있다. 따라서 (나) 문장이 '문제 제기'를 한 것으로 볼 수 있다. (가)는 (나)에서 언급한 바를 더욱 발전시키며 논점을 전개해 나가고 있으며, (라)에서는 논점을 '잘못된 환경문제의 해결 주체'라는 쪽으로 전환하여 결론을 위한 토대를 구성하며, (다)에서 필자의 주장을 간결하게 매듭짓고 있다.

14 ⑤

명제 2와 명제 1을 이용해 결론을 얻기 위해서는, '밤이 오면 해가 들어간다→(해가 들어가면 밝지 않다)→ 밝지 않으면 별이 뜬다'로 연결해야 한다. 따라서 필요한 명제 3은 '해가 들어가면 밝지 않다' 또는 그 대우인 '밝으면 해가 들어가지 않는다'가 된다.

15 ③

방송광고와 방송연설로 구분하여 계산해 볼 수 있다.

구분		최대 시간
방송 광고		15회 × 1분 × 2매체 = 30분
방송 연설	비례대표	대표 2인 × 10분 × 2매체 = 40분
	지역구	후보자 100명 × 10분 × 2매체 × 2회 = 4,000분

따라서 甲정당과 그 소속 후보자들이 최대로 실시할 수 있는 선거방송 시간의 총합은 4,070분이다.

16 ③

첫 번째와 두 번째 규칙에 따라 두 사람 점수의 총합은 $4 \times 20 + 2 \times 20 = 120$점이 된다. 이 때 두 사람 중 점수가 더 낮은 사람의 점수를 x점이라고 하면, 높은 사람의 점수는 $120 - x$점이 되므로 $120 - x = x + 12$가 성립한다. 따라서 $x = 54$이다.

17 ④

'유학생 또는 해외체재비 송금'을 목적으로 할 경우 건당 한도는 '5만 불'이다.

18 ⑤

경진은 비영업일(토요일)에 송금을 했으므로 송금액은 익영업일인 4월 11일 월요일 10시에 출금된다.

19 ④

도시락의 개수를 x라고 할 때, A 상점과 B 상점에서 도시락 구입 가격은 다음과 같다.

• A 상점 : $5,000x$

• B 상점 : $4,850x + 2,000$

이때, A 상점보다 B 상점에서 구입할 때 드는 비용이 더 적어야 하므로 $5,000x < 4,850x + 2,000$이 성립하고 $150x < 2,000$, $x < 13.333\cdots$이므로 적어도 14개 이상의 도시락을 구입해야 한다.

20 ③

두 번째 정보에서 테이블 1개와 의자 1개는 서류장 2개의 가격과 같음을 알 수 있다.

세 번째 정보에서 두 번째 정보를 대입하면 테이블 2개와 의자 1개는 의자 5개와 서류장 15개의 가격과 같아지게 된다. 따라서 테이블 1개는 의자 1개와 서류장 1개의 가격과 같아진다는 것을 알 수 있다.

그러므로 서류장 2개와 의자 2개는 테이블 2개와 같은 가격이 된다. 결국 서류장 10개와 의자 10개의 가격은 테이블 10개의 가격과 같다.

21 ③

	연필	지우개	샤프심	매직
갑	o	x	o	x
을	o	x	o	x
병	x	o	x	o
정	x	x	o	x

22 ⑤

첫 번째는 직계존속으로부터 증여받은 경우로, 10년 이내의 증여재산가액을 합한 금액에서 5,000만 원만 공제하게 된다.

두 번째 역시 직계존속으로부터 증여받은 경우로, 아버지로부터 증여받은 재산가액과 어머니로부터 증여받은 재산가액의 합계액에서 5,000만 원을 공제하게 된다.

세 번째는 직계존속과 기타친족으로부터 증여받은 경우로, 아버지로부터 증여받은 재산가액에서 5,000만 원을, 삼촌으로부터 증여받은 재산가액에서 1,000만 원을 공제하게 된다. 따라서 세 가지 경우의 증여재산 공제액의 합은 5,000 + 5,000 + 6,000 = 1억 6천만 원이 된다.

23 ②

주어진 자료를 근거로, 다음과 같은 계산 과정을 거쳐 증여세액이 산출될 수 있다.

• 증여재산 공제 : 5천만 원

• 과세표준 : 1억 7천만 원 − 5천만 원 = 1억 2천만 원

• 산출세액 : 1억 2천만 원 × 20% − 1천만 원 = 1,400만 원

• 납부액 : 1,400만 원 × 93% = 1,302만 원

24 ①

② 1시간 더 일할 때마다 추가로 발생하는 비용은 일정하지 않다.

③ 로봇으로 대체함으로써 하루에 최대로 얻을 수 있는 순편익은 21,000원이다.

④ 1시간 더 작업할 때마다 추가로 발생하는 편익은 6,000원으로 항상 일정하다.

⑤ 4시간 작업했을 때의 순편익은 12,000원, 7시간 작업했을 때의 순편익은 20,000원이다.

25 ⑤

戊가 영어를 선택할 경우와 중국어를 선택할 경우에 따라 받을 수 있는 자기개발 지원금을 정리하면 다음과 같다.

• 영어 선택 : (1안) 6만 원 < (3안) 10만 원

• 중국어 선택 : (1안) 6만 원 > (3안) 5만 원

따라서 戊가 3안 채택 시 받을 수 있는 자기개발 지원금이 1안 채택 시 받을 수 있는 자기개발 지원금보다 커지기 위해서는 반드시 영어를 선택해야 한다.

26 ②

평가 점수를 계산하기 전에, 제안가격과 위생도, 투입인원에서 90점 미만으로 최하위를 기록한 C업체는 선정될 수 없다. 따라서 나머지 A, B, D, E업체의 가중치를 적용한 점수를 계산해보면 다음과 같다.

• A업체 : 85×0.4+93×0.3+94×0.15+90×0.15=89.5

• B업체 : 95×0.4+90×0.3+91×0.15+92×0.15=92.45

• D업체 : 93×0.4+92×0.3+91×0.15+90×0.15=91.95

• E업체 : 92×0.4+91×0.3+93×0.15+90×0.15=91.55

B업체가 가장 높은 점수를 얻었으므로 최종 선정될 업체는 B가 된다.

27 ①

미지항은 좌변으로 상수항은 우변으로 이동시켜 정리하면 $3x - 2x = -3 + 5$이므로(∵이동 시 부호가 반대) $x = 2$이다.

28 ④

처음 숫자를 시작으로 3, 4, 5, 6,⋯9까지 오름차순으로 더해나간다.

29 ④

홀수 항은 +6, 짝수 항은 −6의 규칙을 가진다.

30 ⑤

거리 $=$ 속력 $\times$ 시간, 속력 $= \dfrac{거리}{시간}$, 시간 $= \dfrac{거리}{속력}$ 이므로

올라갈 때와 내려올 때의 거·시·속을 구하면 다음과 같다.

구분	올라갈 때	내려올 때
거리(km)	x	y (이때, $y = x+5$)
속력(km/h)	3	4
시간(시)	$\dfrac{x}{3}$	$\dfrac{y}{4}$

이를 바탕으로 연립방적식을 세우면

$y = x + 5 \cdots$ ㉠

$\dfrac{x}{3} + \dfrac{y}{4} = 3$ (∵ 총 시간에서 쉬는 시간은 제외) $\cdots$ ㉡

㉠, ㉡을 연립하여 풀면 $x = 3$, $y = 8$이므로 서원이가 걸은 거리는 총 11km이다.

31 ③

연이자율을 r, 납입 개월 수를 n이라고 할 때

[甲이 받을 수 있는 총 금액]

• 원금 : $200{,}000 \times 24 = 4{,}800{,}000$(원)

• 이자 : $200{,}000 \times \dfrac{n(n+1)}{2} \times \dfrac{r}{12}$

$\qquad = 200{,}000 \times \dfrac{24(24+1)}{2} \times \dfrac{0.05}{12} = 250{,}000$원

∴ $4{,}800{,}000 + 250{,}000 = 5{,}050{,}000$(원)

[乙이 받을 수 있는 총 금액]

• 만기 수령액 $=$ 원금 $\times \left(1 + r \times \dfrac{n}{12}\right)$

$\qquad = 5{,}000{,}000 \times \left(1 + 0.02 \times \dfrac{24}{12}\right)$

$\qquad = 5{,}200{,}000$(원)

따라서 2년 뒤 甲과 乙이 받을 수 있는 금액의 차이는 150,000원이다.

32 ②

시험에 응시한 여자사원의 수를 x라 하고, 여자사원의 총점 +남자사원의 총점=전체 사원의 총점이므로

$75x + 70(100-x) = 72 \times 100 \rightarrow 5x = 200$, $x = 40$

∴ 여자사원은 40명이다.

33 ③

200g에 들어 있는 소금의 양은 섞기 전 5%의 소금의 양과 12% 소금의 양을 합친 양과 같아야 한다.

필요한 5% 소금물의 양을 x라 하면 녹아 있는 소금의 양은 $0.05x$이고, 15% 소금물의 소금의 양은 $0.15(200-x)$이다.

$0.05x + 0.15(200-x) = 0.12 \times 200$이므로

$5x + 3000 - 15x = 2400$

$10x = 600$

$x = 60$(g)

∴ 5%의 소금물 60g, 15%의 소금물 140g을 섞으면 된다.

34 ①

딸들이 받는 돈의 비율은 21:7:4이다. 따라서 막내딸은 80,000원의 $\dfrac{4}{32}$ 인 10,000원을 받게 된다.

35 ①

세로의 길이를 x라 하면

$(x+13) \times x \times 7 = 210$

$x^2 + 13x = 30$

$(x+15)(x-2) = 0$

∴ $x = 2(cm)$

36 ③

2배가 되는 시점을 x주라고 하면

$(640 + 240x) + (760 + 300x) = 2(1{,}100 + 220x)$

$540x - 440x = 2{,}200 - 1{,}400$

$100x = 800$

∴ $x = 8$

37 ③

$6{,}312 \div 3{,}524 \fallingdotseq 1.79$로 2배가 안 된다.

38 ④

밥류와 면류에서 각각 선택할 수 있는 가지 수가 5가지씩이므로 한 가지씩 골라 주문할 경우 총 $5 \times 5 = 25$가지가 된다.

39 ④

A사를 이용하는 것이 B사를 이용하는 것보다 택배비가 더 저렴해지는 구간은 총 무게가 1,500g 초과 ~ 2,000g 이하에 해당할 때이다. 여기서 상자 한 개의 무게가 100g이므로 꿀 10병의 무게만 고려하면 1,400g 초과 ~ 1,900g 이하가 된다. 따라서 꿀 한 병의 무게인 x의 최댓값은 190g이다.

40 ⑤

보기 ⑤의 패스워드는 권장규칙에 어긋나는 패턴이 없으므로 가장 적절하다고 볼 수 있다.
① CVBN은 키보드 상에서 연속한 위치에 존재하는 문자들의 집합이다.
② 숫자가 제일 앞이나 제일 뒤에 오며 연속되어 나타나는 패스워드이다.
③ 영단어 'school'과 숫자 567890이 교차되어 나타나는 패턴의 패스워드이다.
④ 'BOOK'라는 흔한 영단어의 'O'를 숫자 '0'으로 바꾼 경우에 해당된다.

41 ③

FREQUENCY(배열1, 배열2) : 배열2의 범위에 대한 배열1 요소들의 빈도수를 계산
PERCENTILE(범위, 인수) : 범위에서 인수 번째 백분위수 값
함수 형태=FREQUENCY(Data_array, Bins_array)
Data_array : 빈도수를 계산하려는 값이 있는 셀 주소 또는 배열
Bins_array : Data_array를 분류하는데 필요한 구간 값들이 있는 셀 주소 또는 배열
수식 : {=FREQUENCY(B3:B9, E3:E6)}

42 ①

RANK(number,ref,[order]) ⋯ number는 순위를 지정하는 수이므로 B2, ref는 범위를 지정하는 것이므로 $B$2:$B$8이다. order는 0이나 생략하면 내림차순으로 순위가 매겨지고 0이 아닌 값을 지정하면 오름차순으로 순위가 매겨진다.

43 ①

엑셀 통합 문서 내에서 다음 워크시트로 이동하려면 〈Ctrl〉+〈Page Down〉을 눌러야 하며, 이전 워크시트로 이동하려면 〈Ctrl〉+〈Page Up〉을 눌러야 한다.

44 ②

a, S의 값의 변화과정을 표로 나타내면

a	S
2012	0
2012	$0+2012$
201	$0+2012+201$
20	$0+2012+201+20$
2	$0+2012+201+20+2$
0	$0+2012+201+20+2+0$

따라서 인쇄되는 S의 값은
$0+2012+201+20+2+0 = 2235$ 이다.

45 ④

① 노트북 83번 모델은 한국 창원공장과 구미공장 두 곳에서 생산되었다.
② 15년에 생산된 제품이 17개로 14년에 생산된 제품보다 4개 더 많다.
③ TV 36번 모델은 한국 청주공장에서 생산되었다.
⑤ 한국에서 생산된 제품은 11개이고, 중국에서 생산된 제품은 19개이다.

46 ②

중국 옌타이 제1공장의 C라인은 제품 코드의 "CNB-1C"으로 알 수 있다. 에어컨 58번 모델 두 개를 반품해야 한다.

47 ②

숫자는 1, 4, 7, 10, 13, 16으로 채워지고 요일은 월, 수, 금, 일, 화, 목으로 채워진다. 따라서 A6값은 16이고 B6값은 목요일이다.

48 ③

COUNTIFS 함수는 복수의 조건을 만족하는 셀의 개수를 구하는 함수이다. COUNTIFS(조건범위1, 조건1, 조건범위2, 조건2)로 입력한다. 따라서 설문에서는 편집팀 소속이면서 대리의 직급을 가지는 사람의 수를 구하는 것이므로 3이 답이 된다.

49 ③

적시성과 독점성은 정보의 핵심적인 특성이다. 따라서 정보는 우리가 원하는 시간에 제공되어야 하며, 원하는 시간에 제공되지 못하는 정보는 정보로서의 가치가 없어지게 될 것이다. 또한 정보는 아무리 중요한 내용이라도 공개가 되고 나면 그 가치가 급격하게 떨어지는 것이 보통이다. 따라서 정보는 공개 정보보다는 반공개 정보가, 반공개 정보보다는 비공개 정보가 더 큰 가치를 가질 수 있다. 그러나 비공개 정보는 정보의 활용이라는 면에서 경제성이 떨어지고, 공개 정보는 경쟁성이 떨어지게 된다. 따라서 정보는 공개 정보와 비공개 정보를 적절히 구성함으로써 경제성과 경쟁성을 동시에 추구해야 한다.

50 ③

새로운 정책에 대하여 시민의 의견을 알아보고자 하는 것은 정책 시행 전 관련된 정보를 수집하는 단계로, 설문조사의 결과에 따라 다른 정보의 분석 내용과 함께 원하는 결론을 얻을 수 있다.

[공통] 전체

1 ⑤

6차 산업 … 6차 산업은 농촌의 인구 감소와 고령화, 수입 농산물 개방으로 인한 국내 농산물 경쟁력 약화 등의 문제로 새롭게 등장하였으며 국내 공식 명칭은 농촌 융·복합 산업이다. 현재 농림축산식품부에서 6차 산업 사업자를 대상으로 성장 가능성을 고려하여 심사를 거친 뒤 사업자 인증서를 수여하고 있다.

2 ①

② 농어촌 빈집정비 사업 : 인구감소로 인해 방치되어 있는 빈집을 재사용할 수 있도록 정비하는 사업을 말한다.

③ 스마트 팜 혁신밸리 조성사업 : 청년농을 육성하고 기술 혁신을 추구하는 목적의 혁신밸리 조성사업이다.

④ 농지집단화 : 각 농가가 소유하고 있는 분산 농지를 한 곳으로 모아 농지를 집단·규모화 하는 것을 말한다.

⑤ 수리시설개보수 : 농업용 수리시설로서 노후되거나 기능이 약화된 시설을 개량 또는 보수하여 재해위험을 방지하고 기능을 회복시키거나 개선하는 사업으로 시설의 유지관리를 위한 사업이다.

3 ⑤

① 관정(管井) : 우물통이나 파이프를 지하에 연직방향으로 설치하여 지하수를 이용하기 위한 시설을 말한다.

② 양수장(揚水場) : 하천수나 호수 등 수면이 관개지역보다 낮아 자연 관개를 할 수 없는 경우에 양수기를 설치하여 물을 퍼올려 농업용수로 사용하기 위해 설치하는 용수공급 시설을 말한다.

③ 취입보(取入洑) : 하천에서 필요한 농촌용수를 용수로로 도입할 목적으로 설치하는 시설을 말한다.

④ 배수장(排水場) : 일정지역에 우천이나 홍수 시 고인 물을 지역 밖으로 배제하기 위한 시설을 말한다.

4 ②

① 조류인플루엔자(AI)

③ 구제역(FMD)

④ 아프리카마역(AHS)

⑤ 소해면상뇌증(BSE)

※ 아프리카돼지열병(ASF : African Swine Fever) … 이 질병이 발생하면 세계동물보건기구(OIE)에 발생 사실을 즉시 보고해야 하며 돼지와 관련된 국제교역도 즉시 중단되게 되어 있다. 우리나라에서는 이 질병을 「가축전염병예방법」상 제1종 법정전염병으로 지정하여 관리하고 있다. 지난 2019년 경기도 파주를 시작으로 경기도 북부와 인천, 강화를 중심으로 확산되어 사육돼지 약 34만여 마리를 살처분하였으나, 현재 접경지역을 중심으로 야생 멧돼지의 ASF 발생이 잇따르고 있다.

5 ④

④ 한식에 비가 오면(봄비가 충분하면) 개불알에 이밥(쌀밥)이 붙을 정도로 쌀이 충분하다는 말로 풍년이 든다는 뜻이다.

① 8월 상·중순 때는 은어가 산란을 위해 강을 거슬러 올라오는 시기로 벼의 출수 개화기에 해당하므로 물을 충분히 관수하여 벼꽃이 떠내려 갈 정도로 충분한 물이 있어야 등숙이 양호하여 풍년이 든다는 의미이다.

② 보리농사에서 깜부기병이 발생하면 피해가 크게 나타나는데 보리깜부기 병균은 고온(55°)에서 사멸되므로 한여름 뙤약볕에 함석위에 말리면 고온으로 종자소독 효과가 있다.

③ 북부지역의 뻐꾸기 우는 소리는 6월 중순부터이므로 이때에 참깨를 파종하면 파종시기가 늦어서 생육기간이 단축되어 수량이 크게 감소된다.

⑤ 들깨는 내한성이 강하기 때문에 여름에 가뭄이 심해도 생육에 크게 지장이 없이 자란다.

6 ①

② 양곡관리제도 : 양곡 관리를 통해 수급조정 및 적정가격을 유지하기 위한 제도이다.

③ 우수농산물관리제도 : 우수 농산물에 대해 체계적으로 관리하고 안정성을 인증하는 제도이다.

④ 위해요소중점관리제도 : 식품의 원료나 제조, 가공 및 유통 과정에서 위해 물질이 혼입·오염되는 것을 사전에 방지하기 위한 식품관리 제도이다.

⑤ 축산물 등급제도 : 축산물의 품질을 기준에 따라 구분하고 차별화하는 제도이다.

※ 농산물이력추적제 … 먹을거리 안전에 대한 국민들의 관심이 높아짐에 따라 각종 농산물로부터 국민의 안전을 보호 할 목적으로 도입하였다. 농산물을 생산하는 데 사용한 종자와 재배방법, 원산지, 농약 사용량, 유통 과정 등이 제품의 바코드에 기록되기 때문에 소비자들도 농산물의 생산에서 유통에 이르기까지 모든 이력을 쉽게 알 수 있다. 농산물 이력에 관한 정보는 별도의 정보 시스템을 통해 인터넷으로 소비자에게 무료로 제공된다.

7 ②

푸드체인(Food Chain) … 농산물이 생산되고 유통·판매·소비되는 과정의 이력 정보를 표준화해서 통합 관리하는 시스템이다. 누구나 원산지 추적이나 위치 및 상태, 유통기한 등의 정보를 몇 초 이내로 확인할 수 있다. 이는 블록체인 기술을 유통 시스템에 적용한 것으로 적은 비용으로 시스템을 관리 할 수 있다. 또한 거래에 참여하는 모든 사람이 같은 내용의 데이터를 보관하고 있으며 변동 상황이 발생할 경우 동시에 업데이트되기 때문에 조작이 불가능하다는 것이 특징이다.

8 ⑤

⑤ 반농반X : 일본인 소설가 시오미 나오키의 「반농반X의 삶」에서 다룬 라이프스타일로 농사를 짓지만 농사에만 전념하지 않고 다른 직업을 병행하며 사는 것을 일컫는다.

① 소확행 : 작지만 확실한 행복의 줄임말이다.

② 노멀크러시(Normal Crush) : Normal(보통의) + Crush(반하다)의 합성어로, 화려하고 자극적인 것에 질린 20대가 보통의 존재에 눈을 돌리게 된 현상을 설명하는 신조어이다.

③ 킨포크 라이프(KinFolk Life) : 미국 포틀랜드의 라이프스타일 잡지 「킨포크(KINFOLK)」의 영향을 받아 자연친화적이고 건강한 삶을 추구하는 현상을 말한다.

④ 엘리트 귀농 : 고학력자나 전문직 종사자, 대기업 출신 귀농자들이 귀농 준비 단계부터 정보를 공유하고, 지자체의 지원을 받아 시골살이에 성공적으로 적응하는 것을 말한다. 전북 장수의 '하늘소마을'과 경북 봉화의 '비나리마을', 전북 진안의 '새울터마을'은 고학력 귀농자들이 많이 모여 사는 대표적인 귀농 공동체다.

9 ④

④ DCEP(Digital Currency Electronic Payment) : 중국에서 시행하는 디지털 위안화를 의미한다.

① CBDC(Central Bank Digital Currency) : 중앙은행 디지털 화폐이다.

② 비트코인(Bit Coin) : 2009년 나카모토 사토시에 의해 개발된 가상 디지털 화폐이다.

③ E - 크로나(E - Krona) : 스웨덴 중앙은행에서 발행한 세계 최초의 디지털 화폐이다.

⑤ 이더리움(Ethereum) : 러시아 이민자 출신 캐나다인 비탈리크 부테린이 2014년 개발한 가상화폐이다.

10 ①

② **지능형(AI) 정부** : 국민에게 맞는 맞춤형 공공서비스를 구현하는 것으로 모바일 신분증 등을 기반으로 한 올 디지털(All Digital) 민원처리, 국민체감도가 높은 분야 블록체인 기술 적용, 전(全)정부청사(39개 중앙부처) 5세대 이동통신(5G) 국가망 구축 등이 있다.

③ **그린 스마트 스쿨(Green Smart School)** : 안전·쾌적한 녹색환경과 온·오프 융합 학습공간 구현을 위해 전국 초등·중등·고등학교 에너지 절감시설 설치 및 디지털 교육환경 조성하는 것이다.

④ **국민안전 사회간접자본 디지털화** : 핵심기반 시설을 디지털화하고 효율적 재난 예방 및 대응시스템 마련하는 것으로 차세대지능형교통시스템(C ITS) 및 전(全)철로 사물인터넷(IoT) 센서 설치, 전국 15개 공항 비대면 생체인식시스템 구축, 지능형CCTV·사물인터넷(IoT) 활용, 수자원 스마트화 등이 있다.

⑤ **친환경 미래 모빌리티** : 온실가스 미세먼지 감축 및 글로벌 미래 자동차 시장 선점을 위해 전기 수소차 보급 및 노후경유차·선박의 친환경 전환 가속화 정책이다.

11 ①

① **M 커머스(M Commerce)** : 전자상거래의 일종이다. 가정이나 사무실에서 유선으로 인터넷에 연결하고 상품이나 서비스를 사고파는 것과 달리 이동 중에 거래할 수 있는 것을 말한다.

② **C 커머스(C Commerce)** : 온라인 공간에서 다른 기업과 기술이나 정보를 공유하여 수익을 창출하는 전자상거래 방식을 말한다.

③ **U 커머스(U Commerce)** : 모든 기기로 빠르게 비즈니스를 수행할 수 있는 전자상거래를 말한다.

④ **E 커머스(E Commerce)** : 온라인 네트워크를 통해 상품이나 서비스를 사고파는 것을 말한다.

⑤ **라이브커머스(Live Commerce)** : 생방송에서 구매자와 판매자가 실시간 소통하면서 쇼핑하는 스트리밍 방송을 말한다.

12 ⑤

① **아이폰 법칙(iPhone's Law)** : 아이폰 신제품의 첫 주 판매량이 이전에 출시한 제품보다 2배 이상 많은 현상을 말한다.

② **한계효용체감의 법칙(Law of Diminishing Marginal Utility)** : 소비량은 증가해도 만족감은 점차 줄어드는 것을 의미한다.

③ **황의 법칙(Hwang's Law)** : 삼성전자 황창규 사장이 발표한 것으로 반도체 메모리 용량이 1년에 2배 증가한다는 이론을 말한다.

④ **멧칼프의 법칙(Metcalfe's Law)** : 네트워크 망의 가치는 사용자 수의 제곱에 비례한다는 것을 말한다.

13 ③

③ **디지털헬스 패스(Digital Health Pass)** : KT와 대한요양병원협회와 업무협약을 체결하여 진행하는 출입 인증서비스로 안전하게 병원, 다중이용시설 등에 출입을 관리하기 위한 플랫폼이다.

① **그린패스(Green Pass)** : 이스라엘의 백신여권이다.

② **엑셀시어 패스(Excelsior Pass)** : 미국 뉴욕의 백신여권이다.

④ **국제여행 건강증명서(國際旅行 健康證明書)** : 중국의 백신여권이다.

⑤ **커먼 패스(Common Pass)** : 스위스에서 개발한 공익서비스용 디지털 건강 여권으로 의료시스템과 연결되어 백신접종여부를 확인할 수 있는 어플이다.

※ **백신여권(Vaccine Passport)** … 코로나19의 방역 우수 지역 간에 자유로운 여행을 허용하는 협약인 트래블 버블이 체결되면 자가격리 조치가 면제된다. 트래블 버블을 도입하면서 예방접종 전자증명서인 백신여권을 도입하고 있다. 백신여권에서는 백신 종류, 접종일자 등의 의료정보를 확인할 수 있다.

14 ⑤

① **IPO(Initial Public Offering)** : 기업이 주식을 최초로 외부 투자자에게 공개 매도하는 것을 의미한다.

② **FDS(Fraud Detection System)** : 이상금융거래를 탐지하는 시스템으로 수집된 패턴을 통해 이상 결제를 잡아내는 시스템이다.

③ **레그테크(Regtech)** : 규제를 의미하는 Regulation과 Technology의 합성어로 기술을 활용하여 금융회사에 통제와 규제를 이해하고 유지하도록 만드는 기술이다.

④ **증권형토큰공개(Security Token Offering)** : 회사 자산을 주식처럼 가상화폐로 발행하여 소유자가 배당, 이자, 지분 등을 주식처럼 취득이 가능하도록 설계한 것이다.

15 ④

빅데이터(Big Data) … 디지털 환경에서 생성되는 데이터로 그 규모가 방대하고, 생성 주기도 짧고, 형태도 수치 데이터뿐 아니라 문자와 영상 데이터를 포함하는 대규모 데이터를 말한다. 빅데이터를 설명하는 4V는 데이터의 양(Volume), 데이터 생성 속도(Velocity), 형태의 다양성(Variety), 가치(Value)이다.

※ **5V** … Volume(데이터의 양), Variety(다양성), Velocity(속도), Veracity(정확성), Value(가치)

[분야별] 일반

1 ①

① 디폴트(Default) : 채무자가 민간 기업인 경우에는 경영 부진이나 도산이 원인이 될 수 있으며, 채무자가 국가인 경우에는 전쟁, 내란, 외화 준비의 고갈에 의한 지급 불능 등이 원인이 된다.

② 환형유치(換刑留置) : 벌금이나 과료를 내지 못하는 범죄자에게 교도소에서 노역으로 대신하도록 하는 제도이다.

③ 엠바고(Embargo) : 일정 시점까지 한시적으로 보도를 중지하는 것을 말한다.

④ 워크아웃(Workout) : 기업의 재무구조 개선 작업을 말한다.

⑤ 법정관리(法定管理) : 파산위기의 기업이 회생가능성이 보이면 기업의 활동과 관련된 전반적인 것을 대신 관리해 주는 제도를 말한다.

2 ②

② 리카도 효과(Ricardo Effect) : 호경기에 소비재 수요증가와 더불어 상품의 가격상승이 노동자의 화폐임금보다 급격히 상승하게 되면서 노동자의 임금이 상대적으로 저렴해지는데, 이런 경우 기업은 기계 대신 노동력을 사용하려는 경향이 발생한다.

① 전시 효과(Demonstration Effect) : 미디어 등 사회의 소비 영향을 받아 타인의 소비를 모방하려는 성향을 말한다.

③ 톱니 효과(Ratchet Effect) : 생산 또는 수준이 일정 수준에 도달하면 이전의 소비 성향으로 돌아가기 힘든 현상을 말한다.

④ 베블런 효과(Veblen Effect) : 가격상승에도 과시욕이나 허영심 등으로 수요가 줄지 않는 현상을 말한다.

⑤ 피구 효과(Pigou Effect) : 물가하락에 따른 자산의 실질 가치 상승이 소비를 증가시키는 현상을 말한다.

3 ③

영국은 AIIB의 회원국이 되겠다고 발표하였다.

※ AIIB(Asian Infrastructure Investment Bank) … 미국과 일본이 주도하는 세계은행과 아시아개발은행(ADB) 등에 대항하기 위해 중국의 주도로 설립되었다. 아시아 · 평양 지역 개발도상국의 인프라 구축을 목표로 한다.

4 ④

④ 모라토리움(Moratorium) : 대외 채무에 대한 지불유예(支拂猶豫)를 말한다. 신용의 붕괴로 인하여 채무의 추심이 강행되면 기업의 도산이 격증하여 수습할 수 없게 될 우려가 있으므로, 일시적으로 안정을 도모하기 위한 응급조치로 발동된다.

① 모블로그(Moblog) : 모바일과 블로그를 합친 신조어로 때와 장소에 구애받지 않고 블로그를 관리할 수 있어 인기를 끌고 있다.

② 모라토리움 신드롬(Moratorium Syndrome) : 1960년대에 들어 지적, 육체적, 성적인 면에서 한 사람의 몫을 할 수 있으면서도 사회인으로서의 책임과 의무를 짊어지지 않는 것을 의미한다.

③ 서브프라임 모기지론(Subprime Mortgage Loan) : 신용등급이 낮은 저소득층을 대상으로 주택자금을 빌려주는 미국의 주택담보대출 상품이다.

⑤ 디플레이션(Deflation) : 물가가 하락하고 경제활동이 침체되는 현상을 말한다.

5 ③

사채는 일정 기간 내에 일정 금액으로 상환된다.

※ 주식 … 주식회사가 발행한 출자증권이다. 사채(社債)는 주식회사가 일반 대중에게 자금을 모집하기 위해 발행하는 채권을 말한다.

6 ③

③ SRI지수(Socially Responsible Investment Index) : 사회책임투자 또는 지속가능책임투자의 준말로 사회적이거나 환경적인 책임을 다하고 있는 기업들을 묶어서 만든 주가지수이다.

① 엥겔지수(Engel Coefficient) : 경제학에서 총지출에서 식료품비 지출이 차지하는 비율을 계산한 값을 엥겔지수(엥겔계수)라고 한다. 엥겔지수가 저소득 가계에서 높고 고소득 가계에서 낮다는 통계적 법칙을 엥겔의 법칙이라고 한다.

② 거래량지수(去來量指數) : 재화(財貨)의 거래량을 일정한 단계에서 종합적으로 파악하여 경제활동 규모의 변동을 측정하기 위한 종합지수를 말한다.

④ 가격지수(價格指數) : 어느 일정한 시기를 기준으로 하여 개별상품의 시기에 따른 가격변동을 지수로 나타낸 수치이다.

⑤ 슈바베지수(Schwabe Index) : 가계 소득 대비 주거비용이 차지하는 비율을 나타낸다. 고소득층일수록 슈바베지수는 낮다.

7 ④

④ 그레이펀드(하이일드펀드, Gray Fund) : 수익률은 매우 높지만 신용도가 낮아 정크본드라고 불리는 고수익·고위험 채권을 편입하는 펀드를 말한다. 채권의 신용등급이 투자 부적격(BB＋ 이하)인 채권을 주로 편입해 운용하는 펀드이므로 발행자의 채무불이행위험이 정상채권보다 상당히 높다.

① 뮤추얼펀드(Mutual Fund) : 투자자들이 맡긴 돈을 굴려 수익을 돌려주는 간접 투자상품으로 각각의 펀드가 하나의 독립된 회사로 만들어지고 투자자는 여기에 출자하는 방식이어서 회사형으로 분류된다.

② 역외펀드(Off Shore Fund) : 외국의 자산운용 회사가 국내에서 자금을 모아 외국에 투자하는 펀드로, 해외에서 만들어 운용하므로 국내법의 적용을 받지 않는다.

③ 스폿펀드(Spot Fund) : 투자신탁들이 일정한 수익률을 올려주겠다고 고객들에게 약속한 후 목표수익률을 달성하면 만기 이전이라도 환매수수료 없이 투자자에게 원금과 이자를 돌려주는 초단기 상품이다.

⑤ 사모펀드(Private Placement Fund) : 특정 소수에게 투자기회를 주는 펀드로 고액자산가를 대상으로 모집한다.

8 ③

③ Lf(금융기관유동성) : 전체 금융기관의 자금상황을 나타내는 지표로, 과거 M3라 하였으나 Lf로 변경하였다.

① M1 : 민간부문이 보유하는 현금과 예금은행 요구불예금의 합계를 일컫는다.

② M2 : M1보다 넓은 의미의 통화지표로 현금, 요구불예금뿐만 아니라 저축성예금과 거주자 외화예금까지 포함한다.

④ 현금통화(Cash Currency) : 지급수단으로 사용되는 기본적인 통화를 일컫는다.

⑤ 결제성 예금 : 예금 취급 기관의 요구불 예금, 저축 예금, 단기 금융 펀드 등의 예금을 총칭하여 일컫는다.

9 ①

① 프로젝트 파이낸싱(Project Financing) : 은행은 부동산 담보나 지급보증이 있어야 대출이 가능하지만 프로젝트 파이낸싱은 담보 없이 미래의 대규모 투자사업의 수익성을 보고 거액을 대출해준다.

② 액면병합(Consolidation of Stocks) : 액면분할의 상대적 개념으로 액면가 적은 주식을 합쳐 액면가를 높이는 것을 말한다.

③ 파생금융상품(Financial Derivatives) : 외환·예금·채권·주식 등과 같은 기초자산으로부터 파생된 금융상품이다.

④ 온디맨드(On Demand) : 모바일 기술 및 IT 인프라를 통해 소비자의 수요에 즉각적으로 서비스나 제품을 제공하는 것을 말한다.

⑤ 선도거래(Forward Contract) : 매매 당사자 간 합의에 따라 이루어지는 거래를 말한다.

10 ①

② 보완재(Complement Goods) : 한 재화씩 따로 소비하는 것보다 두 재화를 함께 소비하는 것이 더 큰 만족을 주는 재화의 관계를 말한다.

③ 독립재(Independent Goods) : 한 재화의 가격이 다른 재화의 수요에 아무런 영향을 주지 않는 재화의 관계를 말한다.

④ 정상재(Normal Goods) : 우등재 또는 상급재라고도 하며 소득이 증가(감소)하면 수요가 증가(감소)하여 수요곡선 자체가 우상향(좌상향)으로 이동한다.

⑤ 열등재(Inferior Goods) : 소득이 증가(감소)하면 수요가 감소(증가)하며, 수요곡선 자체가 좌하향(우상향)으로 이동한다.

11 ⑤

가계가 소비하는 서비스의 가격수준 및 변동 파악은 소비자물가지수의 목적이다.

※ 생산자 물가지수(PPI : Producer Price Index) … 국내시장의 제1차 거래단계에서 기업 상호 간에 거래되는 상품과 서비스의 평균적인 가격변동을 측정하기 위하여 작성되는 물가지수이다.

12 ⑤

일반 은행업무

㉠ 고유업무 : 자금을 중개하는 금융기관의 본질적인 3대 업무(수신업무, 여신업무, 환업무) 등이 있다.

㉡ 부수업무 : 고유업무를 영위함에 있어 필요한 업무로 팩토링, 보호예수 등이 있다.

㉢ 겸영업무 : 은행업이 아닌 업무로, 파생상품 업무, 보험대리점 업무, 신용카드 업무 등이 있다.

13 ③

디플레이션(Deflation) … 인플레이션의 반대 개념으로 물가가 지속적으로 하락하는 것을 말한다. 소비가 위축되면서 재화의 가격치 하락하고 화폐가치가 상승하게 된다. 기업도 생산과 고용을 줄여 실업률이 증가하고 이로 인해 경기침체가 가속되어 채무자는 부채 상환의 어려움을 느끼고 결국 악순환이 반복된다.

14 ④

④ **저축의 역설(Paradox of Thrift)** : 개인이 소비를 줄이고 저축을 늘리면 그 개인은 부유해질 수 있지만 모든 사람이 저축을 하게 되면 총수요가 감소해 사회 전체의 부는 감소하는 것을 말한다. 사회 전체의 수요·기업의 생산활동을 위축시키며 국민 소득은 줄어들게 된다. 이때 저축은 악덕이고 소비는 미덕이라는 역설이 성립하게 된다.

① **승자의 저주(Winner's Curse)** : 치열한 경쟁 끝에 승리를 얻었지만 승리를 얻기 위해 과도한 비용과 희생으로 오히려 커다란 후유증을 겪는 상황이다.

② **구축효과(Crowd Out Effect)** : 정부의 재정지출 확대가 기업의 투자 위축을 발생시키는 현상이다.

③ **절대우위론(Theory of Absolute Advantage)** : 다른 생산자에 비해 적은 비용으로 생산할 수 있을 때 절대우위에 있다고 한다.

⑤ **유동성 함정(Liquidity Trap)** : 시중에 화폐의 공급을 크게 늘려도 기업의 생산이나 투자, 가계 소비가 늘지 않아 경기가 나아지지 않는 현상이다.

15 ②

가격차별의 형태

㉠ 1차 가격차별
- 동일한 상품일지라도 소비자 개개인이 얻는 효용은 모두 다르다. 따라서 개별 소비자는 상품에 대한 가격지불의사 또한 다르다. 1차 가격차별은 이러한 개별 소비자의 지불의사에 가격을 부과하는 것으로, 상품에 지불할 수 있는 금액을 모두 부과하므로 소비자 편익은 남지 않으며 모두 기업이윤으로 귀속되는 가격정책이다.
- 기업이 개별 소비자가 얻는 효용을 완전하게 알고 있을 때에 가능하므로 현실에서 예를 찾아보기 힘들다.

㉡ 2차 가격차별
- 재화의 구입량에 따라 가격을 다르게 설정하는 것을 말한다.
- 2차 가격차별은 1차 가격차별보다 현실적이며 현실에서 그 예를 찾기 쉽다.
- 전화의 사용량에 따라 그 요금의 차이가 나는 것은 2차 가격차별의 예이다.

㉢ 3차 가격차별
- 소비자의 특징에 따라 시장을 분할하여 각 시장마다 서로 다른 가격을 설정한다.
- 극장에서 심야시간대와 일반시간대의 입장료가 다른 것을 말한다.
- 각 시장마다 소비자들의 수요에 대한 가격탄력성이 다르므로 이윤극대화를 달성하기 위해서는 수요의 가격탄력성이 작은 시장에 높은 가격, 수요의 가격탄력성이 큰 시장에 낮은 가격을 설정한다.

[분야별] IT전산

1 ①

② **인터프리터(Interpreter)** : 대화형 프로그램에 많이 사용하며 프로그램의 실행속도가 느리다.

③ **코볼(COBOL : Common Business Oriented Language)** : 상업자료 처리문제를 풀기 위한 도구로 설계 되었다.

④ **LISP(List Processing)** : 함수 및 함수 적용이라는 수학적 개념을 기본으로 한다.

⑤ **트랜잭션(Transaction)** : 정보교환이나 데이터베이스 갱신 등 일련의 작업 연속처리단위이다.

2 ①

② **펌웨어(Firmware)** : 하드웨어와 소프트웨어의 중간에 해당하는 장치이다.

③ **제어장치(Control Unit)** : 인출, 간접, 실행, 인터럽트 단계를 반복한다.

④ **기억장치(Storage Device)** : 컴퓨터의 정보를 보관하기 위한 아주 중요한 장치이다.

⑤ **연상장치(Associative Processor)** : 주기억장치에 기억된 데이터를 제어장치에서 지시하는 명령에 따라 연산하는 장치이다.

3 ①

② **Smalltalk** : Simmula와 LISP의 영향을 받은 Smalltalk는 객체지향 언어 중 가장 객체지향 전형에 충실하고, 수와 문자 등의 상수를 포함한 거의 모든 언어 실체가 객체이므로 순수객체지향 언어라고 말할 수 있다.

③ **Eiffel** : 파스칼형 신택스이지만 앞선 언어에 기초하여 만들어진 것은 아니며 파스칼형 객체지향 언어 중 가장 일관성 있게 설계된 언어이다.

④ **C언어** : 시스템 프로그램 작성용으로 개발되었다.

⑤ **Java** : Netscape사에서 개발한 일종의 웹 페이지용 프로그래밍 언어로서 Sun사의 Java언어를 웹 페이지의 필요성에 맞게 단순화하여, 사용하기 편리한 프로그래밍 언어이다.

4 ②

LISP는 함수기반 언어이다.

5 ②

① Prolog : 인공지능 분야에서 사용하는 논리형 고급 프로그래밍 언어이다.

③ Java : Netscape사에서 개발한 일종의 웹 페이지용 프로그래밍 언어로서 Sun사의 Java언어를 웹 페이지의 필요성에 맞게 단순화하여, 사용하기 편리한 프로그래밍 언어이다.

④ C언어 : UNIX 오퍼레이팅 시스템의 기술에 사용할 것을 목적으로 설계한 언어로 컴퓨터의 구조에 밀착한 기초기술이 가능한 것과 간결한 표기가 될 수 있는 것 등을 특징으로 하는 언어이다.

⑤ APL : 수학원리에 기반을 둔 언어이다. 함수프로그래밍 방식의 언어(배열)이다.

6 ②

① 버스(Bus)

• 번지버스(Address Bus) : 중앙처리장치와 기억장치 사이에서 기억장치의 번지를 공급하는 신호선

• 데이터버스(Data Bus) : 데이터를 전송하는 신호선

③ 스풀링(Spooling)

• 입출력 효율을 높이기 위해 내용을 디스크 등에 모았다가 처리하는 방식

• 디스크 일부를 매우 큰 버퍼처럼 사용하며 위치는 보조기억장치

④ DMA(Direct Memory Access)

• 주변 장치가 직접 메모리 버스를 관리하여 CPU를 거치지 않고 메모리 간에 입·출력 데이터를 전송하여 전송 속도를 향상시킨 방식

• DMA제어기가 CPU에 데이터 채널 요청을 하면 다음 사이클을 DMA인터페이스가 사용할 수 있게 하는 방식의 사이클 스틸(Cycle Steal)을 이용한 안정적이며 효율적인 기능

⑤ 벡터 처리기(Vector Processor) : 다중 파이프라인 기능장치의 특성을 이용하여 벡터나 스칼라 등의 산술연산 및 논리연산을 고속으로 수행

7 ②

파이썬(Python) … 1991년 프로그래머인 귀도 반 로섬이 발표한 고급 프로그래밍 언어로, 플랫폼이 독립적이며 인터프리터식, 객체지향적, 동적 타이핑(Dynamically Typed) 대화형 언어이다

8 ③

프로그램 상태 워드(Program Status Word)

㉠ 프로그램 카운터, 플래그 및 주요한 레지스터의 내용과 그 밖의 프로그램 실행 상태를 나타내는 제어정보를 묶은 것이다.

㉡ PSW는 Program Counter에 의해 제어되지 않는다.

㉢ 인터럽트가 발생했을 때 CPU는 인터럽트 발생 유무를 확인하고 발생했으면 인터럽트 사이클로 들어가게 되는데, 이 사이클 동안 Program Counter와 Program Status Word가 스택에 저장되고, 분기해야 할 주소를 새롭게 결정하게 된다.

㉣ CPU의 현재 상태, 인터럽트 발생 상태, 수행 중인 프로그램의 현재 상태 등을 나타내며, 레지스터로 독립적으로 구성되어 있다.

㉤ PSW의 크기는 32~64bit이다.

9 ①

Internal schema … ANSI X 3/SPARC의 3층 스키마의 최하위에 위치된 스키마로, 데이터베이스의 물리적 표현을 기술하는 것

10 ②

데이터 수정 SQL … BETWEEN은 " ~ 부터 ~ 까지"라는 의미로 AND와 함께 사용한다.

UPDATE [table name]

SET [col1=new_data1], [col2=new_data2], …

WHERE[target_col]=[value]: BETWEEN value1 AND value2:

※ 데이터 조작어(DML : Data Manipulation Language) … 응용프로그램과 데이터베이스 관리 시스템 간의 인터페이스를 위한 언어로 검색, 수정, 삽입, 삭제한다.

11 ④

① DMA(Direct Memory Access) : 입·출력에 관한 모든 동작을 자율적으로 수행하는 방식

② DNS(Domain Name System) : 인터넷에 연결된 특정컴퓨터의 도메인 네임을 IP Address로 바꾸어 주거나 또는 그 반대의 작업을 처리해주는 시스템

③ UDP(Moblog) : 휴대전화를 이용하여 컴퓨터상의 블로그에 글·사진 등의 콘텐츠를 올릴 수 있는 서비스이다.

⑤ HDLC(High Level Data Link Control) : 반이중과 전이중의 두 통신형태기능을 가진 프로토콜

㉠ 데이터 검색 : SELECT[col1], [col2], … FROM
　　　[table name] [option1] [option2], …:
　　㉡ 데이터 수정 : UPDATE[table name] SET [col1 =
　　　new_data1], [col2＝new_data2], …
　　　WHERE [target_col]＝[value]:
　　㉢ 데이터 삭제(Tele Service) : DELETE FROM[table
　　　name] WHERE [target_col]＝[value]:
　　㉣ 데이터 삽입 : INSERT INTO [table name] ([col1],
　　　[col2], …) VALUES ([data1], [data2], …):

12 ③

코드는 사용자가 편리하게 다룰 수 있어야 하며 컴퓨터 처리가 용이하여야 한다. 또 코드가 단순명료해야 하고 일관성이 있어야 한다.

13 ①

메모리를 구할 경우 bit 전체 넓이를 구하는 것과 같으므로, 세로의 길이가 4096워드로 2의 12제곱의 값을 가진다. 그러므로 MAR의 비티수는 12bit이다. MAR이 12bit라는 것은 각 비트당 0 또는 1, 총 2가지 선택이 있고 모든 경우의 수가 2의 12제곱만큼 된다는 것이다. 따라서 2의 12제곱인 4096이다.

14 ⑤

인터럽트 발생 시 동작 순서

㉠ 인터럽트 요청 신호가 발생
㉡ 현재 수행 중인 명령 완료 및 상태를 기억
㉢ 어느 장치가 인터럽트를 요청했는지 찾는다.
㉣ 인터럽트 취급 루틴 수행
㉤ 보존한 프로그램 상태로 복귀

15 ②

폭포수 모형(Waterfall Model)

㉠ 요구사항 분석→설계→구현→시험→유지보수 과정을 순차적으로 접근하는 방법으로, 가장 오래되고 널리 사용되었던 고전적 라이프사이클이다.
㉡ 폭포에서 내려오는 물이 아래로만 떨어지듯이 각 단계가 순차적으로 진행되는, 즉 병행되어 진행되거나 거슬러 반복 진행되는 경우가 없다.
㉢ 설계와 코딩 및 테스팅을 지연시킬 우려가 크다.
㉣ 인사용자의 요구에 대하여 정확한 의견을 듣기 어렵고, 시스템을 한번의 계획과 실행으로 완성시키기 때문에 재사용을 위해 결과들을 정비하고 개선시키는 기회가 없다.

제3회 정답 및 해설

1 ⑤

'해산하다'와 '흩어지다'는 유의어 관계로 '모였던 사람이 흩어지다, 또는 흩어지게 하다', '한데 모였던 것이 따로따로 떨어지거나 사방으로 퍼지다'를 의미한다. '추렴하다'는 '모임이나 놀이 또는 잔치 따위의 비용으로 여럿이 각각 얼마씩의 돈을 내어 거두다'라는 뜻으로 '같은 목적을 위하여 여러 사람이 돈을 나누어 내다'를 의미하는 '갹출하다'와 유의관계이다.

2 ④

제시된 문장과 ④에서 '틀다'는 '음향기기 따위를 작동하게 하다'라는 의미이다.
① 일정한 방향으로 나가는 물체를 돌려 다른 방향이 되게 하다.
② 상투나 쪽 따위로 머리털을 올려붙이다.
③ 잘되어 가던 일을 꼬이게 하다.
⑤ 뱀 따위가 몸을 둥글게 말아 똬리처럼 만들다.

3 ④

② - 資金用途
• 用途 … 쓰이는 길. 또는 쓰이는 곳
• 用度 … 씀씀이(돈이나 물건 혹은 마음 따위를 쓰는 형편)

4 ④

된소리나 거센소리 앞에서는 '위-'로 한다. 따라서 '윗층'은 '위층'으로 고쳐야 한다.

5 ③

제시된 글에서 틀린 단어는 샌성→생성, 왈료→완료 두 개다.

6 ②

곁두리 … 농사꾼이나 일꾼들이 끼니 외에 참참이 먹는 음식
새참 : 일을 하다가 잠깐 쉬면서 먹는 음식

7 ⑤

㉠ 기도
㉡㉢ 기원
㉣ 기지
㉤ 기운

8 ③

빈칸 앞의 문장과 '그래서'로 연결되고 있으며, 뒤로 이어지는 내용으로 볼 때, ③이 들어가는 것이 적절하다.

9 ①

경쟁은 둘 이상의 사람이 하나의 목표를 향해서 다른 사람보다 노력하는 것이며, 이 때 경쟁의 전제가 되는 것은 합의에 의한 경쟁 규칙을 반드시 지켜야 한다는 점이므로 빈칸에는 '경쟁은 정해진 규칙을 꼭 지키는 가운데서 이루어져야 한다'는 내용이 올 수 있을 것이다. 농구나 축구, 그리고 마라톤 등의 운동 경기는 자신의 소속 팀을 위해서 또는 자기 자신을 위해서 다른 팀이나 타인과 경쟁하는 것이며, 스포츠맨십은 규칙의 준수와 관련이 있으므로 글에서 말하는 경쟁의 한 예로 적합하다.

10 ④

㉠ 주머니 통장과 주머니 적금은 비대면 수신상품으로 은행에 방문하지 않고도 만들 수 있는 금융상품이다.
② 주머니 통장과 주머니 적금은 재미있는 저축(Fun Saving)을 모토로 의식적인 저축 활동 없이도 쉽게 재테크를 하는데 주안점을 두었다고 소개되고 있다.
㉡ 주머니 통장은 목표금액(평잔기준)을 달성하면 최고 연 1.5%의 금리를 받을 수 있다.
㉢ 농협상호금융은 상품 출시를 기념해 9월 28일까지 '주머니에 쏙쏙' 이벤트를 펼친다고 나와 있으며, 매월 이벤트가 진행되는 것은 아니다.

11 ⑤

추천은 어떤 조건에 적합한 대상을 책임지고 소개하는 것을 의미하고 추첨은 제비를 뽑음 즉, 무작위로 뽑는 것을 의미하므로 윗글에서는 '추첨'을 쓰는 것이 적절하다.

① 2030세대가 개발한 것이 아닌 2030세대를 대상으로 한 것이므로 '개발된'으로 고치는 것이 적절하다.

② '자유로운'은 자유롭다의 활용형으로 띄어 쓴다.

③ 해당 문장에서 생략된 주어인 '주머니 통장'이 장점이 되는 것이 아니므로 '입출금의 편리함과 정기예치 효과를 동시에 누리는 장점이 있다'로 고치는 것이 적절하다.

④ '도'는 이미 어떤 것이 포함되고 그 위에 더함의 뜻을 나타내는 보조사로 주어진 문장에서는 문장 속에서 어떤 대상이 화제임을 나타내는 보조사인 '은'이 적절하다.

12 ②

㉠ 사물은 이쪽에서 보면 모두가 저것, 저쪽에서 보면 모두가 이것이다→㉡ 그러므로 저것은 이것에서 생겨나고, 이것 또한 저것에서 비롯되는데 이것과 저것은 혜시가 말하는 방생의 설이다→㉣ 그러나 혜시도 말하듯이 '삶과 죽음', '된다와 안 된다', '옳다와 옳지 않다'처럼 상대적이다→㉢ 그래서 성인은 상대적인 방법이 아닌 절대적인 자연의 조명에 비추어 커다란 긍정에 의존한다.

13 ③

주어진 조건이 모두 참이라고 했으므로 사무실은 조용하지 않고, 두 번째 조건에 의해 복도가 깨끗하다. 따라서 ③은 거짓이다.

14 ④

'나로' 이모티콘은 메신저 '카카오톡'에서 농협하나로유통 카카오채널을 친구 추가하는 고객 4만 명에게 무료로 지급된다.

15 ④

이 사원과 김 사원의 진술 중 乙과 丙의 지역에 대한 진술이 동일하고 甲에 대한 진술이 다르므로 乙과 丙에 대한 진술 중 하나가 참이다. 乙이 일하는 지역이 울산이면, 甲의 지역은 대구, 울산이 아니므로 부산이 된다. 甲의 지역이 부산이므로 정 사원은 甲의 지역을 알고 있고 乙과 丙이 일하는 지역에 대한 정보는 틀린 것이므로 丙이 일하는 지역은 부산, 울산이 아닌 대구이다. (이 사원과 김 사원의 진술에서 丙의 지역이 부산이라고 가정하면 甲의 지역은 세 지역 모두 불가능하게 되어 다른 진술들과 충돌하게 된다)

16 ②

남자사원의 경우 ㉡, ㉠, ㉣에 의해 다음과 같은 두 가지 경우가 가능하다.

	월요일	화요일	수요일	목요일
경우 1	치호	영호	철호	길호
경우 2	치호	철호	길호	영호

[경우 1]

옥숙은 수요일에 보낼 수 없고, 철호와 영숙은 같이 보낼 수 없으므로 옥숙과 영숙은 수요일에 보낼 수 없다. 또한 영숙은 지숙과 미숙 이후에 보내야 하고, 옥숙은 지숙 이후에 보내야 하므로 조건에 따르면 다음과 같다.

	월요일	화요일	수요일	목요일
남	치호	영호	철호	길호
여	지숙	옥숙	미숙	영숙

[경우 2]

		월요일	화요일	수요일	목요일
	남	치호	철호	길호	영호
경우 2-1	여	미숙	지숙	영숙	옥숙
경우 2-2	여	지숙	미숙	영숙	옥숙
경우 2-3	여	지숙	옥숙	미숙	영숙

문제에서 영호와 옥숙을 같이 보낼 수 없다고 했으므로, [경우 1], [경우 2-1], [경우 2-2]는 해당하지 않는다. 따라서 [경우 2-3]에 의해 목요일에 보내야 하는 남녀사원은 영호와 영숙이다.

17 ④

이런 유형은 문제에서 제시한 상황, 즉 1명이 당직을 서는 상황을 각각 설정하여 1명만 진실이 되고 3명은 거짓말이 되는 경우를 확인하는 방식의 풀이가 유용하다. 각각의 경우, 다음과 같은 논리가 성립한다.

고 대리가 당직을 선다면, 진실을 말한 사람은 윤 대리와 염 사원이 된다.

윤 대리가 당직을 선다면, 진실을 말한 사람은 고 대리, 염 사원, 서 사원이 된다.

염 사원이 당직을 선다면, 진실을 말한 사람은 윤 대리가 된다.

18 ③

D는 주스를 주문한다고 했으므로 ㉠의 대우, 'C 또는 D가 주스를 주문하면 A와 B도 주스를 주문한다'에 따라 A와 B도 주스를 주문한다. ㉣의 대우 명제 'B와 D가 주스를 주문하면 E 또는 F가 주스를 주문한다'에 따라 E나 F가 주스를 주문한다. E가 주스를 주문할 경우, ㉡의 대우 명제에 따라 C도 주스를 주문한다. F가 주스를 주문할 경우, ㉢의 대우 명제에 따라 G는 커피를 주문할 것이다. 최소 인원을 구하라고 했으므로 A, B, D, F 총 4명이 된다.

19 ④

손해평가인으로 위촉된 기간이 3년 이상이면서 손해평가 업무를 수행한 경력이 있어야 1차 시험 면제 대상자가 되므로 손해평가 업무 경험이 없는 D씨는 시험의 일부 면제를 받을 수 없다.

20 ②

대우 명제를 이용하여 해결하는 문제이다. 대우 명제를 생각하기 전에 주어진 명제들의 삼단논법에 의한 연결 형태를 먼저 찾아보아야 한다. 주어진 다섯 개의 명제들 중 첫 번째, 두 번째, 세 번째 명제는 단순 삼단논법으로 연결되어 우주특급→공주의 모험→자이로스핀 → ~번지번지의 관계가 성립됨을 쉽게 알 수 있다.

따라서 이것의 대우 명제인 번지번지→~우주특급(번지번지를 타 본 사람은 우주특급을 타 보지 않았다)도 옳은 명제가 된다.

21 ③

인기가 많지 않지만 멋진 남자가 있다는 말은 거짓이므로 지훈이는 인기가 많지 않고 멋진 남자도 아니다.

22 ①

매출이 상승하면 신메뉴 개발에 성공한 것이고 신메뉴 개발에 성공할 시, 가게에 손님이 늘거나 함께 먹을 수 있는 메뉴들의 판매량이 늘어난다. 가게에 손님이 늘진 않았다고 했으므로 함께 먹을 수 있는 다른 메뉴들의 판매량이 늘어난 것이라고 볼 수 있다.

23 ③

각 기준에 따라 결정되는 메뉴는 다음과 같다.

• 기준1 : 바닷가재(1순위 3개)
• 기준2 : 탕수육(5순위 0개)
• 기준3 : 양고기(양고기 : 18 > 바닷가재 : 17 > 탕수육=삼겹살 : 15 > 방어회 : 10)
• 기준4 : 바닷가재(상위 2순위 양고기와 바닷가재 중 바닷가재가 1순위 3번으로 더 많음)
• 기준5 : 양고기(바닷가재 제외 후, 1순위가 2번으로 가장 많음)

24 ①

첫 번째 회식메뉴는 바닷가재이며 총 8인분을 주문했고, 두 번째 회식메뉴는 양고기이며 총 7인분을 주문하였다.
따라서 (56,000×8) + (17,000×7) = 567,000(원)이 된다.

25 ①

국제 유가가 상승하면 대체 에너지인 바이오 에탄올의 수요가 늘면서 이것의 원료인 옥수수의 수요가 늘어 옥수수 가격은 상승한다. 옥수수 가격의 상승에 대응하여 농부들은 다른 작물의 경작지를 옥수수 경작지로 바꿀 것이다. 결국 밀을 포함한 다른 농작물은 공급이 줄어 가격이 상승하게 된다(이와 같은 이유로 유가가 상승할 때 국제 농산물 가격도 상승하였다). 밀 가격의 상승은 이를 주원료로 하는 라면의 생산비용을 높여 라면 가격이 상승한다.

26 ③

팀에 들어갈 수 있는 남자 직원 수는 1~4명(첫 번째 조건), 여자 직원 수는 0~2명(두 번째 조건)이 되는데, 4명으로 구성되어야 하는 팀이므로 가능한 조합은 '남자 2명-여자 2명', '남자 3명-여자 1명', '남자 4명-여자 0명'이다. 세 번째 조건과 다섯 번째 조건에 의해 '세현 or 승훈→준원 & 진아→보라'가 되어, '세현'이나 '승훈'이 팀에 들어가게 되면, '준원-진아-보라'도 함께 들어간다. 따라서 남자 직원 수를 3명 이상 선발하면 세현 혹은 승훈이 포함되게 되어 여자 직원 수가 1명 혹은 0명이 될 수 없으므로 가능한 조합은 '남자 2명-여자 2명'이고, 모든 조건에 적합한 조합은 '세현-준원-진아-보라' 혹은 '승훈-준원-진아-보라'이다.

27 ⑤

제시된 수열은 세 번째 항부터 앞의 두 수를 더한 수가 다음으로 온다. 그러므로 빈칸에는 36+58인 94가 들어간다.

28 ⑤

주어진 문자는 첫 글자부터 사전에 등재되는 자음과 모음 순서대로, 자음은 +3, 모음은 +5가 되는 규칙을 가지고 있다.
'ㄱ (+3) ㄹ, ㅐ (+5) ㅕ'가 되어 빈칸에는 '려'가 오는 것이 적절하다.

29 ③

A제품의 생산량을 x개라 하면, B제품의 생산량은 $(50-x)$개이므로,

$50x + 20(50-x) \le 1,600 \cdots\cdots$ ㉠

$3x + 5(50-x) \le 240 \cdots\cdots$ ㉡

㉠을 정리하면 $x \le 20$

㉡을 정리하면 $x \ge 5$

따라서 ㉠과 ㉡을 합치면 $5 \le x \le 20$이므로,

이익이 더 큰 A제품을 x의 최댓값인 20개 생산할 때 이익이 최대가 된다.

30 ③

메뉴별 이익을 계산해보면 다음과 같으므로, 현재 총이익은 $60,600$원이다. 한 잔만 더 판매하고 영업을 종료했을 때 총이익이 $64,000$원이 되려면 한 잔의 이익이 $3,400$원이어야 하므로 바닐라라떼를 판매해야 한다.

구분	메뉴별 이익	1잔당 이익
아메리카노	$(3,000-200) \times$ $5=14,000$원	$2,800$원
카페라떼	${3,500-(200+300)} \times$ $3=9,000$원	$3,000$원
바닐라라떼	${4,000-(200+300+100)}$ $\times 3=10,200$원	$3,400$원
카페모카	${4,000-(200+300+150)}$ $\times 2=6,700$원	$3,350$원
캐러멜라떼	${4,300-(200+300+100+$ $250)} \times 6=20,700$원	$3,450$원

31 ③

甲이 맞힌 문제 수를 x개, 틀린 문제 수를 y개라 하면

$\begin{cases} x+y=20 \\ 3x-2y=40 \end{cases}$ $\therefore x=16, y=4$

따라서 甲이 틀린 문제 수는 4개다.

32 ④

강대리가 이긴 횟수를 x회, 진 횟수를 y회라 하면 유대리가 이긴 횟수는 y회, 진 횟수는 x회이다.

$\begin{cases} 2x-y=7 \\ 2y-x=-2 \end{cases}$ $\therefore x=4, y=1$

따라서 강대리가 이긴 횟수는 4회이다.

33 ⑤

금이 70% 포함된 합금을 xg, 금이 85% 포함된 합금을 yg 섞는다고 하면

$\begin{cases} x+y=600 \\ \dfrac{70}{100}x + \dfrac{85}{100}y = \dfrac{80}{100} \times 600 \end{cases}$

즉 $\begin{cases} x+y=600 \\ 14x+17y=9600 \end{cases}$

$\therefore x=200, y=400$

따라서 금이 85% 포함된 합금은 400g 섞어야 한다.

34 ③

5명의 사원 중 만두를 선택한 사원은 A, B, C, E의 4명이고, 이 중에서 쫄면도 선택한 사원은 C, E의 2명이므로

구하는 확률은 $\dfrac{\frac{2}{5}}{\frac{4}{5}} = \dfrac{1}{2}$

35 ③

관람객 투표 점수와 심사위원 점수를 각각 a, b라 하면 두 점수의 합이 70인 경우는

$a=40, b=30$ 또는 $a=30, b=40$

또는 $a=20, b=50$이다.

관람객 투표 점수를 받는 사건과 심사 위원 점수를 받는 사건이 서로 독립이므로

(i) $a=40, b=30$일 확률은 $\dfrac{1}{2} \times \dfrac{1}{6} = \dfrac{1}{12}$

(ii) $a=30, b=40$일 확률은 $\dfrac{1}{3} \times \dfrac{1}{3} = \dfrac{1}{9}$

(iii) $a=20, b=50$일 확률은 $\dfrac{1}{6} \times \dfrac{1}{2} = \dfrac{1}{12}$

따라서 구하는 확률은 $\dfrac{1}{12} + \dfrac{1}{9} + \dfrac{1}{12} = \dfrac{5}{18}$

36 ③

ⓐ $73+118=191$, ⓑ $31+93=124$,

ⓒ $140+209=349$

ⓐ+ⓑ+ⓒ=664

37 ④

기술개발단계에 있는 공모자수 비중의 연도별 차이는 45.8 −36.3＝9.5, 시장진입단계에 있는 공모자수 비중의 연도별 차이는 36.4−29.1＝7.3으로 기술개발단계에 있는 공모자수 비중의 연도별 차이가 더 크다.

① 2019년 회사원 공모자의 전년대비 증가율은

$$\frac{567-297}{297}\times 100 = 90.9\%$$로 90% 이상이다.

② 창업아이디어 공모자의 직업 구성의 1위와 2위는 2018년에는 기타, 회사원이고 2019년에는 회사원, 기타로 동일하지 않다.

③ 2018년에 기술개발단계에 공모자수의 비중은 291÷802 ×100＝36.3%로 40% 이하다.

⑤ 2019년 시제품제작단계인 공모자수 비중은 14.3%, 시장진입단계의 공모자수 비중은 29.1%로 총 43.4%가 되어 50%를 넘지 못한다.

38 ②

㉠ 남성과 여성의 집단 인원을 알 수 없으므로 그 수가 같은지는 알 수 없다.

㉣ 모바일 앱 이용 선호도는 교육수준이 낮을수록 18.6→ 12.0→9.0과 같이 낮아진다.

39 ③

조사에 참여한 남성의 수가 18,000명이고 이메일을 선호하는 남성의 비중은 1.5%이므로
$$18000\times 1.5\% = 270(명)$$이다.

40 ①

㈎ RFID : IC칩과 무선을 통해 식품·동물·사물 등 다양한 개체의 정보를 관리할 수 있는 인식 기술을 지칭한다. '전자태그' 혹은 '스마트 태그', '전자 라벨', '무선식별' 등으로 불린다. 이를 기업의 제품에 활용할 경우 생산에서 판매에 이르는 전 과정의 정보를 초소형 칩(IC칩)에 내장시켜 이를 무선주파수로 추적할 수 있다.

㈏ 유비쿼터스 : '언제 어디에나 존재한다.'는 뜻의 라틴어로, 사용자가 컴퓨터나 네트워크를 의식하지 않고 장소에 상관없이 자유롭게 네트워크에 접속할 수 있는 환경을 말한다.

㈐ VoIP (Voice over Internet Protocol) : IP 주소를 사용하는 네트워크를 통해 음성을 디지털 패킷(데이터 전송의 최소 단위)으로 변환하고 전송하는 기술이다. 다른 말로 인터넷전화라고 부르며, 'IP 텔레포니' 혹은 '인터넷 텔레포니'라고도 한다.

41 ②

'COUNT' 함수는 인수 목록에서 숫자가 들어 있는 셀의 개수를 구할 때 사용되는 함수이며, 인수 목록에서 공백이 아닌 셀과 값의 개수를 구할 때 사용되는 함수는 'COUNTA' 함수이다.

42 ④

① 기본코드로 6비트를 사용하고 6비트로 26(64)가지의 문자 표현이 가능하다.

② BCD코드와 EBCDIC코드의 중간 형태로 미국표준협회 (ISO)가 제안한 코드이다.

③ 비트의 위치에 따라 고유한 값을 갖는 코드이다.

⑤ 데이터의 오류발생 유무를 검사하기 위한 코드

43 ④

대학은 Academy의 약어를 활용한 'ac.kr'을 도메인으로 사용한다. 주어진 도메인 외에도 다음과 같은 것들을 참고할 수 있다.

㉠ co.kr − 기업/상업기관(Commercial)

㉡ ne.kr − 네트워크(Network)

㉢ or.kr − 비영리기관(Organization)

㉣ go.kr − 정부기관(Government)

㉤ hs.kr − 고등학교(High school)

㉥ ms.kr − 중학교(Middle school)

㉦ es.kr − 초등학교(Elementary school)

44 ④

VLOOKUP은 범위의 첫 열에서 찾을 값에 해당하는 데이터를 찾은 후 찾을 값이 있는 행에서 열 번호 위치에 해당하는 데이터를 구하는 함수이다. 단가를 찾아 연결하기 위해서는 열에 대하여 '항목'을 찾아 단가를 구하게 되므로 VLOOKUP 함수를 사용해야 한다.

찾을 방법은 TRUE(1) 또는 생략할 경우, 찾을 값의 아래로 근삿값, FALSE(0)이면 정확한 값을 표시한다. VLOOKUP (B2,$A$8:$B$10,2,0)은 'A8:B10' 영역의 첫 열에서 '식비'에 해당하는 데이터를 찾아 2열에 있는 단가 값인 6500을 선택하게 된다.

따라서 '=C2*VLOOKUP(B2,$A$8:$B$10,2,0)'은 10 × 6500 이 되어 결과값은 65000이 되며, 이를 드래그하면, 각각 129000, 42000, 52000의 사용금액을 결과값으로 나타내게 된다.

45 ①

DMAX는 데이터 최대값을 구할 때 사용하는 함수이고, 주어진 조건에 해당하는 값을 선택하여 평균을 구할 때는 DAVERAGE를 사용한다. 따라서 DAVERAGE(범위, 열번호, 조건)을 입력해야 하는데 범위는 [A1]부터 [C9]까지이고 점수를 평균내야 하기 때문에 열 번호는 3이다. 조건은 2학년이기 때문에 'E4:E5'로 설정한다.

46 ②

MOD(숫자, 나눌 값) : 숫자를 나눌 값으로 나누어 나머지가 표시된다. 따라서 7을 6으로 나누면 나머지가 1이 된다.
MODE : 최빈값을 나타내는 함수이다. 제시된 시트에서 6이 최빈값이다.

47 ③

A=1, S=1
A=2, S=1+2
A=3, S=1+2+3
...
A=10, S=1+2+3+⋯+10
∴ 출력되는 S의 값은 55이다.

48 ④

코드 1605(2016년 5월), 1D(유럽 독일), 01001(가공식품류 소시지) 00064(64번째로 수입)가 들어가야 한다.

49 ④

④ 아프리카 이집트에서 생산된 장갑의 코드번호이다.
① 중동 이란에서 생산된 신발의 코드번호
② 동남아시아 필리핀에서 생산된 바나나의 코드번호
③ 일본에서 생산된 의류의 코드번호
⑤ 중국에서 생산된 맥주의 코드번호

50 ③

1703(2017년 3월), 4L(동남아시아 캄보디아), 03011(농수산식품류 후추), 00001(첫 번째로 수입).

[공통] 전체

1 ①

② 슬로푸드(Slow Food) : 천천히 조리하여 먹는 식문화 중 하나이다.
③ 할랄푸드(Halal Food) : 이슬람 율법에 따라 무슬림이 먹을 수 있는 음식을 말한다.
④ 메디푸드(Medi Food) : 소비자 개인의 필요와 니즈를 충족할 수 있도록 개발된 맞춤형 특수 식품 중 하나로 건강관리 목적을 가진 식품이다.
⑤ 로커보어(Locavore) : 지역을 의미하는 Local과 음식을 의미하는 Vore의 합성어로 로컬푸드를 즐기는 사람을 일컫는다.

2 ④

④ 농촌에서 살아보기 : 귀농·귀촌을 희망하는 도시민에게 체험 기회를 제공하여 성공적 정착을 유도하는 프로그램이다. 유형에 따라 다양한 프로그램이 운영된다.

구분	내용
귀농형	• 원하는 지역에서 원하는 품목을 재배하며 영농 기술을 익히고, 지역민과 교류하고자 하는 귀농 중심 프로그램 운영 • 수당을 지급하는 농작업 또는 관련 일자리 기회제공
귀촌형	• 농촌이해, 지역교류·탐색, 영농 실습 등 다양한 프로그램 운영 • 수당을 지급하는 농작업 또는 관련 일자리 기회 제공
프로젝트 참여형	• 농촌지역연고·경험은 적으나 다양한 활동과 경험을 원하는 청년들의 특성에 맞춰 프로그램 운영 • 마을 주민과의 교류, 지역 내 인적 네트워크 구축을 위한 활동 지원 병행

① 귀농인의 집 : 귀농귀촌 희망자에게 제공하는 임시거처로, 거주지나 영농기반 등을 마련할 때까지 거주하거나 일정 기간 동안 영농기술을 배우고 농촌체험 후 귀농할 수 있게 머물 수 있도록 임시거처를 제공한다.
② 함께 쓰는 농업 일기 : 농업·농촌에 정착한 우수 결혼이민 여성의 이야기를 담은 사례집이다.
③ 마을 가꾸기 : 농협이 주관하는 농촌 환경 및 농촌 경관 조성 사업이다.
⑤ 귀농 닥터 프로그램 : 귀농 희망자와 귀농 닥터(전문가)를 연결해주는 서비스로 귀농 닥터들은 귀농과 귀촌 희망자들의 안정적인 농촌 정착을 위해 애로사항을 해결하는 멘토가 된다.

3 ④

「농수산물품질관리법」 제6조 제3항에 따르면 우수관리인증이 취소된 후 1년이 지나지 아니한 자, 벌금 이상의 형이 확정된 후 1년이 지나지 아니한 자는 우수관리인증을 신청할 수 없다.

4 ④

애그플레이션(Agflation) … 농산물 가격 급등으로 일반 물가가 상승하는 현상을 뜻한다. 원인으로는 '지구 온난화와 기상 악화로 인한 농산물의 작황 부진, 이에 따른 생산량 감소', '바이오 연료 등 대체 연료 활성화', '농산물 경작지 감소', '육식 증가로 인한 가축 사료 수요의 증가', '국제 유가 급등으로 인한 곡물 생산 및 유통 비용 증가' 등이 있다.

5 ⑤

① 강원도의 정선 · 평창 · 홍천 · 횡성군 등지에서 주로 이루어진다.
② 여름철 비교적 선선하고 강우량이 많으며 일조시간도 짧은 산간 기후를 이용한다.
③④ 표고 400m로부터 1,000m 정도의 높은 지대에서 채소 · 감자 · 화훼류 등을 재배하거나 가축을 사육한다.

6 ②

② 유기농업(Organic Farming) : 화학비료나 유기합성 농약 등의 합성화학 물질을 일체 사용하지 않거나 아주 소량만을 사용하고 동물분뇨나 짚 등을 이용하여 만든 퇴비, 녹비, 천적곤충 등을 활용하는 농업이다.
① 유축농업 : 작물 재배와 가축 사육을 결합한 농업
③ 관개농업 : 인공적으로 물을 공급하는 농업
④ 도시농업 : 도시 소규모 농지에서 행하는 농업
⑤ 근교농업 : 대도시 근교에서 행하는 농업

7 ④

처서(處暑) … 24절기 중 14번째에 해당하는 절기로 입추(立秋)와 백로(白露) 사이에 들며, 태양이 황경 150도에 달한 시각으로 양력 8월 23일경이다.

8 ③

'의사결정' 서비스는 '2세대 스마트 팜'의 특징이다.

9 ①

① 클릭티비즘(Clicktivism) : 클릭(Click)과 행동주의(Activism)의 합성어로 소극적으로 참여하는 행동이다. 정치 · 사회적으로 지지를 하기 위한 행동으로 청원이나 서명 등과 같이 적은 시간과 관여만을 요구하는 활동을 하는 것이다. 클릭 한 번의 행동으로 사회문제 해결에 참여했다는 변명만 늘어놓는다고 부정적으로 인식하기도 하나 정말 필요한 서비스를 일반인들의 참여로 개선할 수 있다는 장점도 있다.
② 슬랙티비즘(Slacktivism) : 게으른 사람을 의미하는 슬래커(Slacker)와 행동주의(Activism)의 합성어로 소심하고 게으른 저항을 하는 사람을 말한다. 온라인에서는 치열하게 논의해도 정치 · 사회 운동에 참여하지 않는 누리꾼을 의미한다.
③ 할리우디즘(Hollywoodism) : 할리우드 영화에 나타난 반이란적 특성이 나타나는 영화를 말한다.
④ 핵티비즘(Hacktivism) : 해킹(Hacking)과 행동주의(Activism)가 합쳐진 용어로 디지털 시대의 온라인 행동주의이다. 정보 탈취, 웹사이트 무력화 등의 활동을 하고 어나니머스(Anonymous) 조직이 있다.
⑤ 프리즘(PRISM) : 미국 국가안보국(NSA)의 정보수집도구로 구글, 페이스북, 애플, ADL 등에 미국 주요 IT 기업의 서버에서 사용자 정보를 수집 · 분석하는 시스템을 의미한다.

10 ④

① 빅데이터(Big Data) : 디지털 환경에서 생성되는 데이터로 그 규모가 방대하고, 생성 주기도 짧고, 형태도 수치 데이터뿐 아니라 문자와 영상 데이터를 포함하는 대규모 데이터를 말한다. 과거에 비해 데이터의 양이 폭증했으며 데이터의 종류도 다양해져 사람들의 행동은 물론 위치정보와 SNS를 통한 생각과 의견까지 분석하고 예측할 수 있다.
② 딥러닝(Deep Learning) : 다층구조 형태의 신경망을 기반으로 하는 머신 러닝의 한 분야로, 다량의 데이터로부터 높은 수준의 추상화 모델을 구축하고자 하는 기법이다.
③ 사물인터넷(Internet of Things) : 인터넷을 기반으로 모든 사물을 연결하여 사람과 사물, 사물과 사물 간의 정보를 상호 소통하는 지능형 기술 및 서비스를 말한다. 영어 머리글자를 따서 '아이오티(IoT)'라 약칭하기도 한다. 사물인터넷은 기존의 유선통신을 기반으로 한 인터넷이나 모바일 인터넷보다 진화된 단계로 인터넷에 연결된 기기가 사람의 개입 없이 상호 간에 알아서 정보를 주고받아 처리한다. 사물이 인간에 의존하지 않고 통신을 주고받는다는 점에서 기존의 유비쿼터스나 M2M(Machine to Machine : 사물지능통신)과 비슷하기도 하지만, 통신장비와 사람과의 통신을 주목적으로 하는 M2M의 개념을 인

터넷으로 확장하여 사물은 물론이고 현실과 가상세계의 모든 정보와 상호작용하는 개념으로 진화한 단계라고 할 수 있다.

⑤ 머신러닝(Machine Learning) : 컴퓨터에서 인간의 학습 능력을 구현하기 위한 기술로 딥러닝의 알고리즘을 이용하여 패턴을 찾아내는 기법이다.

※ 클라우드 컴퓨팅(Cloud Computing)

㉠ 클라우드(Cloud)로 표현되는 인터넷상의 서버에서 데이터 저장과 처리, 네트워크, 콘텐츠 사용 등 IT 관련 서비스를 한 번에 제공하는 혁신적인 컴퓨팅 기술이다.

㉡ 클라우드 컴퓨팅의 예

• IaaS(Infrastructure as a Service) : 서비스로써의 인프라라는 뜻으로, AWS에서 제공하는 EC2가 대표적인 예이다. 이는 단순히 서버 등의 자원을 제공해 주면서 사용자가 디바이스 제약 없이 데이터에 접근할 수 있도록 해준다.

• PaaS(Platform as a Service) : 서비스로써의 플랫폼이라는 뜻으로, 사용자(개발자)가 소프트웨어 개발을 할 수 있는 환경을 제공해 준다. 구글의 APP엔진, Heroku 등이 대표적인 예다.

• SaaS(Software as a Service) : 서비스로써의 소프트웨어라는 뜻으로, 네이버에서 제공하는 N드라이브, drop box, google docs 등과 같은 것을 말한다.

11 ⑤

데이터사이언티스트(Data Scientist) … 데이터의 다각적 분석을 통해 조직의 전략 방향을 제시하는 기획자이자 전략가, 한 마디로 '데이터를 잘 다루는 사람'을 말한다. 데이터 사이언티스트는 데이터 엔지니어링과 수학, 통계학, 고급 컴퓨팅 등 다방면에 걸쳐 복합적이고 고도화된 지식과 능력을 갖춰야 한다. 빅데이터 활용이 늘어나며 이제 '빅'보다 '데이터'에 집중해야 한다는 주장이 설득력을 얻고 있다. 더는 데이터 규모에 매달리지 말고 데이터 자체의 가치와 활용을 생각하자는 것이다. 양보다 질에 초점이 맞춰지면서 데이터 정제·분석 기술과 이를 다루는 사람의 역할이 더욱 강조되고 있다. 특히 데이터에서 새로운 가치를 만들어내는 것은 결국 '사람'이라는 인식이 확대되면서 데이터 사이언티스트에 대한 관심이 높아지고 있다.

12 ③

동영상 스트리밍은 4G의 특징이다. 5G 기술의 특징으로는 VR(가상 현실), AR(증강 현실), 자율주행, IoT(사물인터넷), 홀로그램 등이 있다.

13 ④

개인정보 보호에 관한 OECD 8원칙

㉠ 수집제한의 원칙(Collection Limitation Principle) : 무차별적인 개인정보를 수집하지 않도록 제한, 정보 수집을 위해서는 정보 주체의 인지 또는 동의가 최소한의 요건(범죄 수사 활동 등은 예외)

㉡ 정보정확성의 원칙(Data Quality Principle) : 개인정보가 사용될 목적에 부합하고, 이용목적에 필요한 범위 안에서 정확하고, 완전하며, 최신의 정보일 것

㉢ 정보의 안전한 보호 원칙(Security Safeguards Principle) : 개인정보 유실, 불법접근, 이용, 수정, 공개 등 위험에 대한 적절한 보안유지 조치에 의해 보호

㉣ 공개의 원칙(Openness Principle) : 개인정보 관련 제도 개선, 실무, 정책 등에 대해 일반적 정책 공개 개인정보 존재, 성격, 주요이용목적, 정보처리자의 신원 등을 즉시 파악할 수 있는 장치 마련

㉤ 개인 참가의 원칙(Individual Participation Principle) : 개인은 자신과 관련한 정보를 정보처리자가 보유하고 있는지 여부에 대해 정보처리자로부터 확인받을 권리, 요구 거부 이유를 요구하고, 거부에 대해 이의를 제기할 권리

㉥ 책임의 원칙(Accountability Principle) : 정보처리자가 보호 원칙 시행조치를 이행하는 데 책임성을 가질 것

㉦ 목적 명확화의 원칙(Purpose Specification Principle) : 수집 목적이 수집 시점까지는 명확할(알려질) 것, 목적 변경 시 명시될 것

㉧ 이용 제한의 원칙(Use Limitation Principle) : 목적 명확화 원칙에 의거 명시된 목적 외 공개, 이용 등 제한

14 ④

④ 스마트 워크(Smart Work) : 코로나19로 인한 업무중단을 방지하기 위해 많은 기업에서 구축을 하고 있다. 재택근무나 스마트 오피스로 교통정체가 완화되어 탄소배출량이 줄고, 이동시간 자원을 절약하여 사회적 비용을 절감할 수 있다. 또한 ICT 기술의 발달로 화상회의가, 클라우드 컴퓨팅의 사용으로 원격업무가 원활해졌다. 이 기술의 발달로 시간과 장소에 구애받지 않고 효율적으로 일할 수 있는 업무체제를 의미한다.

① 긱 워커(Gig Worker) : 디지털 플랫폼에서 단기로 계약하는 근로자로 공유경제가 확산되면서 등장하였다.

② 공유 오피스(Office Sharing) : 사무실 공간을 함께 공유하여 사용하는 것이다.

③ 온디맨드(On Demand) : 수요를 중심으로 결정하는 시스템으로 고객이 원하는 것에 즉시 대응하는 정보산업체제이다.

⑤ 옴니채널(Omni Channel) : 소비자가 다양한 채널에서 상품을 검색·구매할 수 있는 서비스이다.

15 ②

현대셀렉션(Hyundai Selection) : 구독경제 사례로 구독료를 지불하고 자동차를 렌트하는 서비스이다.

①③④⑤ 자신의 소유품이나 자원을 공유하는 서비스이다.

[분야별] 일반

1 ②

화폐는 시대에 따라 여러 가지 재료와 모양으로 사용되어 왔으며, 시대의 흐름에 따라 '상품화폐 – 금속화폐 – 지폐 – 신용화폐 – 전자화폐'로 발전해 왔다.

※ 화폐의 종류

 ㉠ 상품화폐 : 실물화폐로도 불리며 원시사회에서 물물교환 시 발생하는 불편을 줄이기 위해 조개, 곡물, 무기, 소금 등 사람들이면 누구나 수용 가능한 물품을 이용하였다.

 ㉡ 금속화폐 : 금·은으로 주조된 화폐로 상품화폐보다 휴대성과 보관이 용이하나 만들 수 있는 금과 은의 양이 부족하기 때문에 지폐가 출현하게 되었다.

 ㉢ 지폐 : 금속화폐의 단점인 휴대성과 마모성을 보완한 화폐이다. 지폐는 국가가 신용을 보장한다.

 ㉣ 신용화폐 : 은행에서 돈을 대신하여 쓸 수 있도록 발행한 수표, 어음, 예금화폐 등으로 은행화폐로도 불린다.

 ㉤ 전자화폐 : 정보통신사업의 발달로 등장한 것으로 기존 현금의 성질을 전자적인 정보로 변형시킨 새로운 형태의 화폐이다.

2 ④

가계부실위험지수(HDRI) … 가구의 DSR과 DTA가 각각 40%, 100%일 때 100의 값을 갖도록 설정되어 있으며, 동 지수가 100을 초과하는 가구를 '위험가구'로 분류한다. 위험가구는 소득 및 자산 측면에서 모두 취약한 '고위험가구', 자산 측면에서 취약한 '고DTA가구', 소득 측면에서 취약한 '고DSR가구'로 구분할 수 있다.

3 ③

고정환율제도(Fixed Exchange Rate System) … 외환의 시세 변동을 반영하지 않고 환율을 일정 수준으로 유지하는 환율 제도를 의미한다. 이 제도는 경제의 기초여건이 악화되거나 대외 불균형이 지속되면 환투기공격에 쉽게 노출되는 단점이 있다.

4 ③

① 일점호화소비 : 특정 상품에 대해서만 호화로움을 추구하는 소비이다.

② 일물일가의 법칙 : 시장에서 같은 종류의 상품은 하나의 가격만 성립한다는 이론이다.

④ 일대일로 : 중앙아시아와 유럽을 잇는 육상 실크로드와 동남아시아와 유럽, 아프리카를 연결하는 해상 실크로드이다.

⑤ 일비 : 영업활동을 수행하는 직원에게 지급되는 일종의 활동비이다.

5 ③

한계효용 체감의 법칙(Law of Diminishing Marginal Utility) … 재화나 서비스의 소비에서 느끼는 주관적 만족도를 효용이라 하며, 한계효용은 재화나 서비스의 소비량이 한 단위 증가할 때 변화하는 총효용의 증가분을 말한다. 한계효용 체감의 법칙은 재화나 소비가 증가할수록 그 재화의 한계효용은 감소하는 것을 말하는데, 사용가치가 큰 물은 교환가치가 작고, 사용가치가 작은 다이아몬드는 교환가치가 크다는 역설적인 현상을 말한다. 한계효용학파에 따르면 가격은 총효용이 아닌 한계효용에서 결정되는 것으로, 다이아몬드는 총효용이 매우 작지만 수량이 작아 높은 한계효용을 가지므로 높은 가격이 형성되고, 물은 총효용은 크지만 수량이 풍부해 낮은 한계효용을 갖기 때문에 낮은 가격이 형성된다.

6 ⑤

① 시장실패(Market Failure) : 시장이 효율적인 자원 분배를 제대로 하지 못하는 상태이다.

② 깨진 유리창의 법칙(Broken Window Theory) : 프랑스 경제학자 프레데릭 바스티아의 에세이 「보이는 것과 보이지 않는 것」에서 기회비용을 우회적으로 다룬 법칙이다.

③ 죄수의 딜레마(Prisoner's Dilemma) : 자신의 이익만을 고려하다가 결국 자신과 상대방까지 불리한 결과를 유발하는 상황이다.

④ 트롤리 딜레마(Trolley Dilemma) : 다수를 위한 소수의 희생이 도덕적으로 허용되는 것인지에 관한 질문이다.

7 ②

내생적 성장이론(Endogenous Growth Theory) … 기술진보를 모형 내에 내생화시키려는 노력을 하고 있는데, 내생적 성장이론에 의하면 자본축적의 차이, 교육수준의 차이 및 정부의 조세정책 등이 국가 간의 경제성장률 격차를 발생시키는 원인으로 작용한다. 그리고 내생적 성장이론에 따르면 정부가 교육산업에 대하여 투자를 효율적으로 할 경우 인적자본 축적이 가능하고 인적자본축적이 이루어지면 경제성장이 가속화될 수 있다.

8 ④

구매력평가설(Theory of Purchasing Power Parity) ⋯ 환율이 양국 통화의 구매력에 의하여 결정된다는 이론으로, 균형환율수준 혹은 변화율은 각국의 물가수준을 반영하여야 한다고 주장한다. 절대적 구매력평가설은 일물일가의 법칙을 국제시장에 적용한 이론이다. 무역거래의 경우 관세부과나 운송비로 인해 구매력평가설의 기본가정인 일물일가의 법칙이 현실적으로 성립하기 힘들다. 또한 비교역재가 존재하므로 교역재 간의 교환비율인 환율을 비교역재까지 포함하는 구매력평가로써 설명하는 데는 한계가 있으며, 무역이 자유롭고 운송비용이 저렴하다는 점을 가정한다.

9 ③

금리의 기능
㉠ 자금배분기능
㉡ 경기조절기능
㉢ 물가조정기능

10 ②

엥겔의 법칙(Engel's Law) ⋯ 독일의 통계학자 엥겔이 1875년 근로자의 가계조사에서 발견한 법칙이다. 이 법칙은 저소득가정일수록 전체의 생계비에 대한 식료품비가 차지하는 비중이 높아지는 현상을 말한다. 그러므로 소득이 증가함에 따라 전체의 생계비 중에서 음식비가 차지하는 비중이 감소하는 현상으로 소득분배와는 무관하다.

11 ④

방카슈랑스(Bancassurance) ⋯ 방카슈랑스는 프랑스어로 은행을 뜻하는 'Banque'와 보험을 뜻하는 'Assurance'의 합성어로, 보험상품을 보험회사가 아닌 금융회사가 보험회사의 대리점 또는 중개사 자격으로 보험상품을 판매하는 활동을 말한다. 은행이 보험상품을 판매하는 것이지, 보험금 지급을 하는 것이 아니다. 즉 은행에서는 보험모집 등의 상품판매를 하고, 가입 이후 증권 송부나 보험금의 지급 등은 보험회사에서 담당한다. 우리나라에서는 2003년 8월부터 시작되어 지금은 저축성 보험(연금, 교육 보험 등), 순수 보장성 보험(질병·상해 등), 만기 환급형 상품 등으로 확대되어 시행 중이다. 보험료는 고객에게 지급할 재원이 되는 순보험료와 보험계약을 모집 및 유지관리하기 위한 보험회사의 사업비로 구성되어 있는데, 은행은 이미 구축되어 있는 점포망 및 판매조직을 활용하여 보험상품을 판매하기 때문에 보험료가 저렴한 장점이 있다. 또한 은행에서 은행상품과 보험상품의 장점만을 갖고 있는 복합상품을 접할 수 있으며, 안정적인 점포망을 갖고 있는 은행을 이용함으로 새로운 판매망을 구축할 수 있으며 은행의 새로운 수입원이 된다.

12 ①

레온티에프의 역설(Leontief Paradox) ⋯ 헥셔-오린의 정리에 따르면 각국은 상대적으로 풍부한 요소를 집약적으로 사용하여 생산하는 재화를 수출하게 된다. 그러나 레온티에프가 미국의 수출입관련 자료를 이용하여 실증분석해본 결과 자본풍부국으로 여겨지는 미국이 오히려 자본집약재를 수입하고 노동집약재를 수출하는 현상을 발견하였는데, 이를 레온티에프의 역설이라고 한다.

13 ②

② **콤비나트(Combinat)** : 생산 공정이 연속되는 다수의 공장을 유기적으로 결합시킴으로써 원자재의 확보, 원가의 절감, 부산물이나 폐기물의 효율적 이용 등의 합리화를 꾀하는 기업결합체이다.

① **트러스트(Trust)** : 몇몇의 기업이 시장독점을 위해 공동지배하에 결합하여 통일체를 형성하는 기업의 형태로, 이들 기업은 법률상·경제상의 독립성이 없는 점에서 카르텔과 다르다.

③ **신디케이트(Syndicate)** : 가장 강력한 카르텔 형태로서, 시장통제를 목적으로 가맹기업들이 협정에 의하여 공동판매 기관을 설치하고 기업의 생산물을 일괄 공동판매하여 그 수익을 공동분배 하는 카르텔을 말한다.

④ **카르텔(Cartel)** : 동종사업에 종사하는 기업 간에 서로의 독립을 인정하면서 제조·판매·가격 등을 협정하여 무모한 경쟁을 없애고, 비가맹자의 침투를 막아 시장을 독점함으로써 이윤을 증대시키는 기업의 결합형태이다.

⑤ **조인트벤처(Joint Venture)** : 2인 이상의 업자 간에 단일 특정의 일을 행하게 하는 출자계약 또는 공동계약을 말한다.

14 ①

① **블랙 스완(Black Swan)** : 극단적 예외사항이라 발생 가능성이 없어 보이지만 발생하면 엄청난 충격과 파급효과를 가져오는 것을 말한다.

② **그레이 스완(Gray Swan)** : 이미 알고 있는 사항이지만 대처 방법이 모호하여 위험 요인이 계속 존재하는 상태를 말한다.

③ **어닝 쇼크(Earning Shock)** : 기업이 예상보다 저조한 실적을 발표하여 주가에 영향을 미치는 현상을 말한다.

④ **더블 딥(Double Dip)** : 경기침체 후 잠시 회복기를 보이다가 다시 침체에 빠지는 이중침체 현상을 말한다.

⑤ **유동성 함정(Liquidity Trap)** : 시장에 현금이 흘러 넘쳐 구하기 쉬우나 기업의 생산 및 투자와 가계의 소비가 늘지 않아 경기가 나아지지 않고 마치 함정에 빠진 것처럼 보이는 상태를 말한다.

15 ④

④ 크림 스키밍(Cream Skimming) : 원유에서 맛있는 크림만을 골라 먹는데서 유래한 단어로 기업이 이익을 창출할 것으로 보이는 시장에만 상품과 서비스를 제공하는 현상을 뜻한다. 1997년 세계무역기구(WTO) 통신협상 타결 뒤 1998년 한국 통신시장이 개방하면 자본과 기술력을 갖춘 다국적 통신사가 국내 통신사업을 장악한다는 우려와 함께 '크림 스키밍'이 사용되었다.

① OSJD(Organization for the Cooperation of Railways) : 1956년 사회주의 국가 및 동유럽 국가를 중심으로 구성된 국제철도협력기구로 철도 교통 신호, 표준 기술, 통행료, 운행 방식 등에서 통일된 규약을 마련한다.

② 스마일 커브(Smile Curve) : 제품의 연구개발 단계부터 생산 및 마케팅에 이르기까지의 부가가치를 곡선으로 나타낸 것이다.

③ 코드커팅(Cord Cutting) : 유로 방송 시청자가 가입을 해지하고 새로운 플랫폼으로 이동하는 것을 말한다.

⑤ 스놉 효과(Snob Effect) : 특정 상품에 대한 소비가 증가하면 오히려 수요가 줄어드는 현상을 말한다.

[분야별] IT전산

1 ④

DBMS를 구성할 시 일관성, 경제성, 보안성, 종속성, 중복성을 고려해야 한다.

2 ③

속성(Attribute)에 대한 설명이다. 관계는 어떤 의미를 나타내는 정보의 대상이므로 개체와 같이 데이터베이스에 표현해야 한다.

3 ②

운영체제는 '일괄처리 시스템 – 실시간처리 시스템 – 다중프로그래밍 시스템 – 다중처리 시스템 – 시분할처리 시스템 – 분산처리 시스템'의 발달과정을 거친다.

4 ②

① 1초당 100만 개 단위의 명령어 연산이란 뜻으로 컴퓨터의 연산속도를 나타내는 단위이다.
③ 1초당 처리하는 문자의 수이다.
④ 1분당 처리하는 페이지 수이다.
⑤ 1초당 1백만 비트를 전송하는 속도이다.

5 ②

RARP는 호스트의 물리주소를 이용하여 논리 주소인 IP주소를 얻어 오기 위해 사용되는 프로토콜이다.

6 ②

암호방식(Asymmetric Cryptography)

㉠ 대칭형 암호방식(Symmetric Cryptography)
• 대칭키 암호방식(Symmetric Key Cryptography) 또는 비밀키 암호방식(Secret Key Cryptography)
• 암호화 키(Encryption Key)와 복호화 키(Decryption Key)는 동일

㉡ 공개키 암호방식(Public Key Cryptography)
• 암호화 키와 복호화 키는 동일하지 않다.
• 암호화 키와 복호화 키는 반드시 키짝(Key Pair)을 이룬다. 즉 공개키 암호방식에서 두 개의 키 즉 공개키(Public Key)와 개인키(Private Key)를 사용
 - 개인키는 외부로 유출되면 안 됨
 - 공개키는 누구나 보관하고 사용가능
• 공개키 암호방식에서 사용하는 두 개의 키 중 어느 하나의 키로 암호화하면, 반드시 나머지 다른 하나의 키만으로 복호화 가능
• 공개키 암호화 → 개인키 복호화
 개인키 암호화 → 공개키 복호화

7 ④

게이트웨이(Gateway) … 전송 ~ 응용계층 영역에서 망을 연결한다. 두 노드가 서로 통신하려면 동일한 프로토콜(통신규약)에서 행해져야 하는데 게이트웨이는 서로의 프로토콜을 적절히 변환시켜 통신을 가능하게 한다.

8 ④

DMA(Direct Memory Access)는 입출력장치가 다이렉트로 직접 주기억장치에 접근하여 데이터블록을 입출력하는 방식으로 입출력을 전송한다. 장치들의 데이터가 CPU를 경유하지 않고 수행된다.

9 ①

정보통신망 형태의 종류 … 성형(스타형), 망형(메쉬형), 링형(루프형), 버스형, 트리형

10 ③

① EDSAC(Electronic Delay Storage Automatic Computer) : 프로그램을 내장한 최초의 컴퓨터이다.

② PCS(Personal Communication Services) : 디지털 휴대폰이다.

④ IBM 701 : IBM이 최초로 상업적 판매를 위해 개발한 컴퓨터이다.

⑤ UNIVAC-1 : 유니시스사의 세계 최초의 상업용 컴퓨터이다.

11 ②

① WAN(Wide Area Network) : 이해관계가 깊은 연구소 간 및 다국적 기업 또는 상호 유대가 깊은 동호기관을 LAN으로 상호 연결시킨 망이다.

③ MAN(Metropolitan Area Network) : LAN의 서비스영역 협소와 WAN의 능률저하 및 일정 지역에 대한 비경제성을 극소화한 망이다.

④ VAN(Value Added Network) : 회선을 직접 보유하거나 통신사업자의 회선을 임차 또는 이용하여 단순한 전송기능 이상의 정보의 축적이나 가공, 변환 등의 부가가치를 부여한 음성, 데이터 정보를 제공해 주는 매우 광범위하고 복합적인 서비스의 집합이다.

⑤ ISDN(Integrated Services Digital Network) : 전화망에서 모뎀 없이 데이터 전송이 가능하게 변화시킨 것으로 하나의 전화회선을 통해 음성, 데이터, 화상 등의 정보를 동시에 주고받을 수 있는 미래의 종합 서비스 디지털망이다.

12 ③

㉠ 빠른 커널 실행→ 커널과 사용자 공간의 대화로 빠르지는 않다.

㉡ 새로운 서비스를 추가하는 것은 커널의 수정을 필요로 하지 않는다.

㉢ 쉽게 새 하드웨어 포트 추가

㉣ 적은 메시지 통신→프로그램이 파일에 접근하기 위해서는 커널과 통신을 해야 하므로 자주 메시지를 교환한다.

㉤ 유닉스는 마이크로 커널 구조 시스템을 사용→제한적 구조 시스템을 사용한다.

13 ②

〈stdio.h〉, main( ) 시작

int i, sum=0 : 선언, 둘 다 정수형태이며 sum의 값은 초기치 0이 있다.

for i=1: →for문(반복)

i〈=10: →조건

i+=2→증가치

continue: → 1이 떨어져 나가면 블록 끝으로 이동했다가 다시 For문으로 이동하는 것이다.

% →나머지 연산자

&&→AND 연산자(양쪽 모두 참일 경우 결과값이 참)

㉠ 실행순서 초기치→조건판단하며 만족하면→실행→증가 순으로 끝나면 다시 처음인 초기치로 가서 판단하면서 반복

㉡ i=1, i%2 && i%3→값이 참이면 continue:를 실행 시켜서 빠져나가고 거짓이면 sum 값에 누적 시킨다.

㉢ sum += i: →sum=sum+i

㉣ i=1, i%2→1 나누기 2를 하면 몫은 0이 되고 나머지는 1이 된다.

㉤ i%3→1 나누기 3을 하면 몫은 0이 되고 나머지는 1이 된다.

㉥ i%2 && i%3→1과 1의 AND는 결과가 참이기 때문에 그대로 빠져나간다.

㉦ 증가→i+=2→i=i+2며 i 값이 1이 들어가서 2를 더하니 값은 3이 된다.

㉧ i=3로 판단, i%2 && i%3→3%2 && 3%3 이 되어 3 나누기 2는 몫이 1이고 나머지는 1이 되며 3 나누기 3은 몫은 1이 되고 나머지는 0이 되므로 결과는 거짓이 되어 sum에 i를 누적시킨다. sum=0, i=3으로 sum 값은 3이 된다.

㉨ 다시 반복하여 i+=2→3+2=5가 된다.

㉩ i=5로 판단, i%2 && i%3→5%2 && 5%3이 되어 5 나누기 2를 하면 몫은 2, 나머지는 1이 되고 5 나누기 3을 하면 몫은 1, 나머지는 2가 된다. 0을 제외한 모든 숫자는 참으로 판단하기 때문에 그대로 빠져 나간다.

㉪ 다시 반복하여 2가 증가하여 i=7로 판단, i%2 && i%3→7%2 && 7%3이 되어 7 나누기 2를 하면 몫은 3, 나머지는 1, 7 나누기 3은 몫은 2, 나머지는 1이 되어 참이 되어 그대로 빠져 나간다.

㉫ 다시 반복하여 2가 증가하여 i=9로 판단, i%2 && i%3→9%2 && 9%3이 되어 9 나누기 2는 몫은 4, 나머지는 1이 되고 9 나누기 3은 몫은 3, 나머지는 0으로 거짓이 되어 sum에 i 값을 누적시킨다. 현재 sum 값은 3이며 i값 9가 들어와 12가 된다. sum=sum+i→12=3+9

㉬ 다시 반복하여 2가 증가하여 i=11로 판단, 조건을 판단하니 만족하지 않아 그대로 빠져 나온다.

㉭ printf("%d \n", sum) : > 정수형태로 줄바꿈하여 sum을 출력하는데 현재 sum에 기억된 입력값은 12이므로 결과는 12가 된다.

14 ③

스마트시티를 구성하는 요소 … 도시인프라, ICT인프라, 공간정보인프라, 생산 데이터 공유, IoT기술, 알고리즘·서비스, 도시혁신

15 ④

AC(누산기)와 메모리의 내용을 더하여 결과를 AC에 저장하는 연산명령을 ADD라고 한다.

※ ADD의 동작순서

- MAR ← MBR(AD)
- MBR ← M(MAR)
- AC ← AC + MBR

NH농협은행

기출동형 모의고사

4~5회 정답 및 해설

SEOWONGAK
(주)서원각

제 4 회 정답 및 해설

01 직무능력평가

1 ②

문제의 빈칸에는 주어진 작품의 작가가 들어간다. 홍길동전은 허균의 작품, 무정은 춘원 이광수의 작품이다.

2 ①

'강직하다'는 '마음이 꼿꼿하고 곧다'는 의미로 '교활하다'와 반의 관계이다. '함구하다'는 '말하지 아니하다'는 뜻으로 '떠벌리다'와 반의 관계이다.

3 ④

보기의 단어들은 상위어-하위어의 관계이지만 ④의 단어는 모두 직업을 나타내는 대등 관계의 단어이다.

4 ④

제시된 문장에서 '머리'는 사물의 앞이나 위를 비유적으로 이르는 말로 쓰였다.
① 단체의 우두머리
② 일의 시작이나 처음을 비유적으로 이르는 말
③ 한쪽 옆이나 가장자리
⑤ 사람이나 동물의 목 위의 부분

5 ⑤

• 나는 이 일을 훌륭하게 <u>완수</u>했다.
• 민수는 위기<u>대처</u> 능력이 월등하다.
• 이것은 일상생활을 <u>수행</u>하기 어려운 노인 분들에게 필요한 지원이다.
• 요즘 심부름 <u>대행</u>업체가 큰 인기를 끌고 있다.

6 ③

①②④⑤는 유의어 관계에 있는 단어이다. 따라서 정답은 ③이다.
• 과묵하다 : 말이 적고 침착하다.
• 수다스럽다 : 쓸데없이 말수가 많은 데가 있다.

7 ③

'이제 더 이상 대중문화를 무시하고 엘리트 문화지향성을 가진 교육을 하기는 힘든 시기에 접어들었다.'가 이 글의 핵심 문장이라고 볼 수 있다. 따라서 대중문화의 중요성에 대해 말하고 있는 ③이 정답이다.

8 ③

[A]에서 채소 중개상은 배추 가격이 선물 가격 이상으로 크게 뛰어오르면 많은 이익을 챙길 수 있다는 기대에서 농민이 우려하는 가격 변동에 따른 위험 부담을 대신 떠맡는 데 동의한 것이다. 즉, 선물 거래 당사자인 채소 중개상에게 가격 변동에 따른 위험 부담이 전가된 것이라고 할 수 있다.

9 ①

㉠과 ㉡ 모두 가격 변동의 폭에 따라 손익의 규모가 달라진다.

10 ③

㉯ : 정보해석능력과 시민들의 정치참여 사이의 양의 상관관계
㉮ : ㉯에 대한 반박
㉰ : ㉮ 마지막에서 언급한 내용에 대한 예시
㉱ : ㉰ 마지막에서 언급한 교육 수준이 높아지지만 정치참여는 증가하지 않는다는 것을 보여주는 경우

11 ③

지문의 도입부에서는 식량 확보 실패의 원인이 생산보다 분배임을 언급하고 있다. 생산보다 분배가 문제인 것은 지구의 모든 지역에서의 농작물 수확량 향상 속도가 동일하지 않기 때문이다. 따라서 분배의 불균형 문제에 대한 원인이 되는 것은 보기③의 내용 밖에 없다.

12 ③

'깨진 유리창의 법칙'은 깨진 유리창처럼 사소한 것들을 수리하지 않고 방치해두면 나중에는 큰 범죄로 이어진다는 범죄 심리학 이론으로, 작은 일을 소홀히 관리하면 나중에는 큰일로 이어질 수 있음을 의미한다.

13 ⑤

세무서장이 발급한 자금출처 확인서는 해외이주비 총액이 10만 불을 초과할 때 필요한 서류다.

14 ③

모든 A는 B이고, 모든 B는 C이므로 모든 A는 C이다. 또한 모든 B는 C라고 했으므로 어떤 C는 B이다. 따라서 모두 옳다.

15 ①

김대리 > 최부장 ≥ 박차장 > 이과장의 순이다.
박차장이 최부장보다 크지 않다고 했으므로, 박차장이 최부장보다 작거나 둘의 키가 같을 수 있다. 따라서 B는 옳지 않다.

16 ④

장소별로 계산해 보면 다음과 같다.
• 분수광장 후면 1곳(게시판) : 120,000원
• 주차 구역과 경비초소 주변 각 1곳(게시판)
 : 120,000원 × 2 = 240,000원
• 행사동 건물 입구 1곳(단독 입식) : 45,000원
• 분수광장 금연 표지판 옆 1개(벤치 2개 + 쓰레기통 1개) :
 155,000원
• 주차 구역과 경비초소 주변 각 1곳(단독)
 : 25,000 × 2 = 50,000원
따라서 총 610,000원의 경비가 소요된다.

17 ⑤

참석인원이 800명이므로 800장을 준비해야 한다. 이 중 400장은 2도 단면, 400장은 5도 양면 인쇄로 진행해야 하므로 총 인쇄비용은 (5,000 × 4) + (25,000 × 4) = 120,000원이다.

18 ②

주어진 조건을 통해 위치가 가까운 순으로 나열하면 마트 – 쇼핑몰 – 은행이며, 세 사람이 간 곳은 마트(B, 자가용) – 쇼핑몰(A, 버스) – 은행(C, 지하철)이 된다.

19 ⑤

주어진 조건을 바탕으로 조건을 채워나가면 다음과 같다.

1라인(앞)	(1) H	(2) A	(3) F	(4) B	(5) 빈 칸
2라인(뒤)	(6) G	(7) C	(8) 빈 칸	(9) E	(10) D

20 ②

㉠ 딸기 → ~초코 = 초코 → ~딸기
㉢ ~딸기 → 수박 = ~수박 → 딸기
㉤ ~초코 → ~단것 = 단것 → 초코
따라서 ㉠, ㉢, ㉤을 조합하면 '단것 → 초코 → ~딸기 → 수박'이 되므로 '단것을 좋아하는 사람은 수박을 좋아한다.'가 참이 된다.

21 ④

대학로점 손님은 마카롱을 먹지 않은 경우에도 알레르기가 발생했고, 강남점 손님은 마카롱을 먹고도 알레르기가 발생하지 않았다. 따라서 대학로점, 홍대점, 강남점의 사례만을 고려하면 마카롱이 알레르기 원인이라고 볼 수 없다.

22 ④

총 네 가지의 경우가 발생할 수 있다.
• 2층 – 갑, 4층 – 병, 5층 – 을·정, 6층 – 무
• 2층 – 을, 3층 – 무, 5층 – 병·정, 6층 – 갑
• 3층 – 병, 4층 – 을, 5층 – 무·정, 6층 – 갑
• 3층 – 병, 4층 – 갑, 5층 – 을·정, 6층 – 무
따라서 항상 5층에 내리는 사람은 정이다.

23 ④

네 번째 조건에서 수요일에 9대가 생산되었으므로 목요일에 생산된 공작기계는 8대가 된다.

월요일	화요일	수요일	목요일	금요일	토요일
		9대	8대		

첫 번째 조건에 따라 금요일에 생산된 공작기계 수는 화요일에 생산된 공작기계 수의 2배가 되는데, 두 번째 조건에서 요일별로 생산한 공작기계의 대수가 모두 달랐다고 하였으므로 금요일에 생산된 공작기계의 수는 6대, 4대, 2대의 세 가지 중 하나가 될 수 있다.

그런데 금요일의 생산 대수가 6대일 경우, 세 번째 조건에 따라 목~토요일의 합계 수량이 15대가 되어야 하므로 토요일은 1대를 생산한 것이 된다. 그러나 토요일에 1대를 생산하였다면 다섯 번째 조건인 월요일과 토요일에 생산된 공작기계의 합이 10대를 넘지 않는다. (∵ 하루 최대 생산 대수는 9대이고 요일별로 생산한 공작기계의 대수가 모두 다른 상황에서 수요일에 이미 9대를 생산하였으므로)

금요일에 4대를 생산하였을 경우에도 토요일의 생산 대수가 3대가 되므로 다섯 번째 조건에 따라 월요일은 7보다 많은 수량을 생산한 것이 되어야 하므로 이 역시 성립할 수 없다. 즉, 세 가지 경우 중 금요일에 2대를 생산한 경우만 성립하며 화요일에는 1대, 토요일에는 5대를 생산한 것이 된다.

월요일	화요일	수요일	목요일	금요일	토요일
1대	9대	8대	2대	5대

따라서 월요일과 토요일에 생산된 공작기계의 합이 10대가 넘기 위해 가능한 수량은 6+7=13이다.

24 ③

A와 D의 진술이 엇갈리므로 두 사람 중 한 사람이 참일 경우를 생각하면 된다.

(1) A가 참일 경우

D는 무조건 거짓이 된다. B가 참이라면, E의 말도 참이므로 C의 말은 거짓이 된다. 만약 B가 거짓이라면 E 또한 거짓이므로 범인이 2명이라는 조건과 맞지 않기 때문에 A가 참일 경우 참-A · B · E, 거짓(범인)-C · D가 된다.

(2) D가 참일 경우

A는 무조건 거짓이 된다. A가 참일 경우와 마찬가지로 B와 E의 말은 참, C의 말은 거짓이기 때문에 참-D · B · E, 거짓(범인)-A · C가 된다.

따라서 어느 경우에도 참을 말하는 사람은 B · E이며 어느 경우에도 거짓(범인)을 말하는 사람은 C이다.

25 ②

C가 초코맛을 가지고 있을 경우, B와 D가 딸기, 녹차, 바닐라 중 하나가 겹치므로 C는 초코맛을 가질 수 없다. 따라서 C는 초코와 녹차맛을 제외한 딸기맛 또는 바닐라맛을 가질 수 있다.

(1) C가 딸기맛 쿠키를 가지고 있을 때

A와 C는 겹치면 안 되며, B와 D는 겹치면 안 되므로 A는 녹차와 바닐라, B는 딸기와 바닐라, D는 초코와 녹차맛 쿠키를 가지게 된다.

(2) C가 바닐라맛 쿠키를 가지고 있을 때

위와 마찬가지로 A는 딸기와 녹차, B는 딸기와 바닐라, D는 초코와 녹차맛 쿠키를 가지게 된다.

따라서 어느 경우에도 A가 가지게 되는 쿠키의 맛은 녹차이다.

26 ⑤

모든 사람이 한 지역 이상 파견을 가야 한다고 했으므로 갈 수 있는 인원과 가야하는 인원이 동일한 부산과 울산을 기준으로 남은 지역들에 갈 수 있는 사람을 구하면 다음과 같다.

C는 부산과 울산에 가므로 대구를 가지 못하고, G는 부산과 울산을 가므로 대구와 강릉에 가지 못한다. 따라서 강릉은 D가 갈 수 있으며 대구는 남은 A, B, E가 갈 수 있다.

	A	B	C	D	E	F	G
부산(4)			O		O	O	O
대구(3)	O	O	X		O		X
강릉(1)				O			X
울산(4)		O	O	O			O

27 ②

숫자들을 순서대로 a b c로 가정하면, b=sin(180−a−c)의 값이 된다.

따라서 빈칸에 들어갈 수는 sin(180−5−105)=sin(60)= $\frac{\sqrt{3}}{2}$ 가 된다.

28 ②

전항의 일의 자리 숫자를 전항에 더한 결과값이 후항의 수가 되는 규칙이다.

93+3=96, 96+6=102, 102+2=104,

104+4=108, 108+8=116

29 ①

농도 25%인 소금물 xg에서 소금의 양은 $\frac{1}{4}x$가 된다. 이 소금물에 소금의 양만큼 물을 더 넣고 소금을 25g 넣었을 때의 농도는 $\dfrac{\frac{1}{4}x+25}{x+\frac{1}{4}x+25}\times100=25$(%)가 된다.

따라서 다음 식을 정리하면

$\dfrac{\frac{1}{4}x+25}{\frac{5}{4}x+25}=\frac{1}{4}\rightarrow x+100=\frac{5}{4}x+25\rightarrow75=\frac{1}{4}x$ 이므로

$x=300$이다.

따라서 최종 소금물의 양은 $300+\frac{1}{4}\times300+25=400$(g)이 된다.

30 ③

구의 반지름을 r이라고 한다면 구의 부피는

$\frac{4}{3}\pi r^3 = \frac{4}{3} \times 3 \times r^3 = 32$이므로 $r=2$가 된다.

따라서 원뿔의 반지름은 구의 지름과 동일한 $2 \times 2 = 4$가 된다. 반지름이 4인 원뿔의 부피는 $4 \times 4 \times 3 \times 6 \div 3 = 96$이므로 구의 부피의 3배이다.

31 ③

터널을 완전히 통과한다는 것은 터널의 길이에 열차의 길이를 더한 것을 의미한다. 따라서 열차의 길이를 x라 하면, '거리 = 시간 × 속력'을 이용하여 다음과 같은 공식이 성립한다.

$(840 + x) \div 50 = 25$, $x = 410$m가 된다. 이 열차가 1,400m의 터널을 통과하게 되면 $(1,400 + 410) \div 50 = 36.2$초가 걸리게 된다.

32 ①

한 달 동안의 통화 시간 t $(t=0, 1, 2, \cdots)$에 따른

요금제 A의 요금

$y = 10,000 + 150t$ $(t=0, 1, 2, \cdots)$

요금제 B의 요금

$\begin{cases} y = 20,200 & (t=0, 1, 2, \cdots, 60) \\ y = 20,200 + 120(t-60) & (t=61, 62, 63, \cdots) \end{cases}$

요금제 C의 요금

$\begin{cases} y = 28,900 & (t=0, 1, 2, \cdots, 120) \\ y = 28,900 + 90(t-120) & (t=121, 122, 123, \cdots) \end{cases}$

㉠ B의 요금이 A의 요금보다 저렴한 시간 t의 구간은

$20,200 + 120(t-60) < 10,000 + 150t$ 이므로

$t > 100$

㉡ B의 요금이 C의 요금보다 저렴한 시간 t의 구간은

$20,200 + 120(t-60) < 28,900 + 90(t-120)$ 이므로

$t < 170$

따라서 $100 < t < 170$ 이다.

∴ $b-a$ 값은 70

33 ①

2008년 전체 지원자 수를 x라 하면, $27 : 270 = 100 : x$

∴ $x = 1,000$

2007년의 전체 지원자 수도 1,000명이므로 건축공학과 지원자 수는 $1,000 \times \frac{242}{1,000} = 242$

$270 - 242 = 28$(명)

34 ③

(가) : $\frac{15,463}{21,886} \times 100 = 70.65 \rightarrow 70.7$

(나) : $\frac{11,660}{22,618} \times 100 = 51.55 \rightarrow 51.6$

(다) : $\frac{15,372}{21,699} \times 100 = 70.84 \rightarrow 70.8$

(라) : $\frac{11,450}{22,483} \times 100 = 50.92 \rightarrow 50.9$

35 ②

2020년의 남성의 비경제활동인구 수를 x라 하면, 2020년 남성의 고용률은

$\frac{15,463}{15,463 + 635 + x} \times 100 = 70.7(\%)$가 된다.

$(16,098 + x) = \frac{15,463 \times 100}{70.7} = 21,871.28$이므로

$x = 21,871.28 - 16,098 = 5,773.28 \rightarrow 5,773$이 된다.

36 ①

$\frac{647,314 - 665,984}{665,984} \times 100 = -2.88 ≒ -2.9(\%)$

37 ④

A~D의 효과성과 효율성을 구하면 다음과 같다.

구분	효과성		효율성	
	산출/목표	효과성 순위	산출/투입	효율성 순위
A	$\frac{500}{(가)}$	3	$\frac{500}{200+50}=2$	2
B	$\frac{1,500}{1,000}=1.5$	2	$\frac{1,500}{(나)+200}$	1
C	$\frac{3,000}{1,500}=2$	1	$\frac{3,000}{1,200+(다)}$	3
D	$\frac{(라)}{1,000}$	4	$\frac{(라)}{300+500}$	4

• A와 D의 효과성 순위가 B보다 낮으므로 $\frac{500}{(가)}$, $\frac{(라)}{1,000}$의 값은 1.5보다 작고 $\frac{500}{(가)} > \frac{(라)}{1,000}$가 성립한다.

• 효율성 순위가 1순위인 B는 2순위인 A의 값보다 커야 하므로 $\frac{1,500}{(나)+200} > 2$이다.

• C와 D의 효율성 순위가 A보다 낮으므로

$$\frac{3,000}{1,200+\text{(다)}}\ ,\ \frac{\text{(라)}}{300+500}\ \text{의 값은 2보다 작고}$$

$$\frac{3,000}{1,200+\text{(다)}} > \frac{\text{(라)}}{300+500}\ \text{가 성립한다.}$$

따라서 이 조건을 모두 만족하는 값을 찾으면 (가), (나), (다), (라)에 들어갈 수 있는 수치는 ④이다.

38 ①

$$\frac{2,838}{23,329} \times 100 = 12.16511 \cdots ≒ 12.2(\%)$$

39 ③

$300 \div 55 = 5.45 ≒ 5.5$(억 원)이고 3km이므로 $5.5 \times 3 =$ 약 16.5(억 원)

40 ⑤

ISBN코드의 9자리 숫자는 893490490이다. 따라서 다음과 같은 단계를 거쳐 EAN코드의 체크기호를 산출할 수 있다.

1. 978 & 893490490 → 978893490490
2. $(9 \times 1) + (7 \times 3) + (8 \times 1) + (8 \times 3) + (9 \times 1) + (3 \times 3) + (4 \times 1) + (9 \times 3) + (0 \times 1) + (4 \times 3) + (9 \times 1) + (0 \times 3) = 132$
3. $132 \div 10 = 13 \cdots 2$
4. 나머지 2의 체크기호는 8

따라서 13자리의 EAN코드는 EAN 9788934904908이 된다.

41 ①

RANK 함수는 지정 범위에서 인수의 순위를 구할 때 사용하는 함수이다. 결정 방법은 수식의 맨 뒤에 0 또는 생략할 경우 내림차순, 0 이외의 값은 오름차순으로 표시하게 되면, 결괏값에 해당하는 필드의 범위를 지정할 때에는 셀 번호에 '$'를 앞뒤로 붙인다.

42 ②

LOOKUP 함수에 대한 설명이다. LOOKUP 함수는 찾을 값을 범위의 첫 행 또는 첫 열에서 찾은 후 범위의 마지막 행 또는 열의 같은 위치에 있는 값을 구하는 것으로, 수식은 '=LOOKUP(찾을 값, 범위, 결과 범위)'가 된다.

43 ①

출판연월은 1210이며, 출판지와 출판사 코드는 5K, 고등학교 참고서는 02005가 된다. 뒤의 시리얼 넘버는 지정하지 않았으므로 12105K0200500025가 정답이 된다.

44 ④

출판물의 분야를 의미하는 코드는 알파벳 바로 다음인 일곱 번째와 여덟 번째 자릿수이므로, 이것이 모두 '03 라이프' 분야로 동일하게 짝지어진 김재환과 최주환이 정답임을 알 수 있다.

45 ②

제주에서 출판된 서적에는 다섯 번째 상품 코드가 7로 기재되어 있으며, '라이프' 분야 서적에는 일곱 번째와 여덟 번째 상품 코드가 03으로 기재되어 있다. 따라서 다섯 번째 상품 코드로 7을 가진 상품을 담당하는 책임자는 김재환, 양의지이며, 일곱 번째와 여덟 번째 상품 코드로 03을 가진 상품을 담당하는 책임자는 김재환, 최주환이므로 모두 3명이 된다.

46 ②

A=0, S=0
A=1, S=1
A=2, S=3
A=3, S=5
…
A=8, S=15
∴ 출력되는 A의 값은 8이다.

47 ④

① 노트북 83번 모델은 한국 창원공장과 구미공장 두 곳에서 생산되었다.
② 15년에 생산된 제품이 17개로 14년에 생산된 제품보다 4개 더 많다.
③ TV 36번 모델은 한국 청주공장에서 생산되었다.
⑤ 각각 A라인과 C라인에서 생산되었다.

48 ②

중국 옌타이 제1공장의 C라인은 제품 코드의 "CNB - 1C"으로 알 수 있다. 에어컨 58번 모델 두 개를 반품해야 한다.

49 ①

[제품 종류] – [모델 번호] – [생산 국가/도시] – [공장과 라인] – [제조연월]

AI(에어컨) – 59 – KRB(한국/청주) – 2B – 1511

50 ⑤

① 'ㅎ'을 누르면 2명이 뜬다(민하린, 김혜서)

② '03'을 누르면 2명이 뜬다(0324457846, 0319485575)

③ '55'를 누르면 3명이 뜬다(0254685554, 0514954554, 0319485575)

④ 'ㅂ'을 누르면 1명이 뜬다(심빈우)

02 직무상식평가

[공통] 전체

1 ⑤

① 고정직불금 : 생산량과 가격의 변동과 관계없이 논농업 종사자에게 지급하는 보조금이다.

② 이중곡가제 : 정부가 주곡을 고가에 사들여 저가로 파는 제도로 1960년대에 시행되었다가 1980년대에 폐지하였다.

③ 농민공익수당 : 농업인을 위한 정책이라는 점에서 공익직불금과 동일하지만 농민공익수당은 지자체에서 지급하는 지원금이다.

④ 추곡수매제도 : 곡가 안정과 수급조절을 위해 일정량의 쌀을 정부가 사들이는 제도로 2005년에 폐지되었다.

2 ②

② 팜 스테이(Farm Stay) : 농장을 의미하는 Farm과 머문다는 의미의 Stay의 합성어로 농가를 찾아 숙식하며 농사나 생활, 문화체험 및 관광, 마을 축제 등을 즐길 수 있는 농촌체험 관광 상품이다.

① 플랜테이션(Plantation) : 열대 · 아열대기후지역에서 대규모로 단일 경작하는 농업방식을 말한다.

③ 팜 파티플래너(Farm Party Planner) : 농산물을 활용하는 행사를 기획하고 연출하는 직업을 말한다.

④ 애그플레이션(Agflation) : 곡물 가격이 상승하면서 물가가 덩달아 상승하는 현상을 말한다.

⑤ 에어로 팜(Aero Farm) : 스마트 팜에서 진화된 시스템을 말한다.

3 ②

지역 대표 특산물

지역		특산물
특별시/광역시	부산 기장군	미나리
	대구 동구	사과
경기도	경기 여주군	밤고구마
	경기 이천시	쌀
	경기 가평군	청정 느타리버섯
강원도	강원 횡성군	한우
	강원 정선군	황기
	강원 속초시	오징어
충청도	충남 홍성군	배추, 감
	충남 태안군	태양초 고춧가루
전라도	전남 여수시	갓김치
	전남 나주시	배
	전남 해남군	햇고구마
경상도	경북 안동시	마
	경북 상주시	곶감
	경북 고령군	딸기
제주	제주 제주시	브로콜리, 갈치
	제주 서귀포시	한라봉

4 ①

ⓒ 지난 대회에서 수상한 품종은 출품대상에서 제외되지만 장관상 수상품종은 수상일로부터 3년 이내의 품종은 출품할 수 있다.

ⓔ 최근 10년간(과수 · 임목류는 15년) 국내에서 육성된 모든 작물 품종으로 품종보호등록 또는 국가품종목록에 등재된 품종이 출품할 수 있다.

※ 대한민국 우수 품종상 대회 … 국내 우수 품종을 선발 · 시상하는 대회로, 육종가의 신품종 육성 의욕 고취 및 수출 활성화에 기여하고자 국립종자원이 주도하는 사업이다.

5 ②

MA저장(Modified Atmosphere Storage) … 별도의 시설 없이 가스투과성을 지닌 폴리에틸렌이나 폴리프로필렌필름 등 적절한 포장재를 이용하여 CA저장의 효과를 얻는 방법으로 단감 저장 시 실용화되어 있다.

6 ③

바이러스는 열에 약해 75℃ 이상에서 5분간 가열하면 사멸한다.

7 ⑤

㉠은 사물인터넷(IoT), ㉡은 인공지능(AI), ㉢은 빅데이터(Big Data)에 대한 설명이다. 과학기술정보통신부에 따르면 2세대 스마트 팜은 축산과 시설원예 중심으로 확산되고 있다.

8 ③

① V2V(Vehicle to Vehicle) : 차량과 차량 간의 통신
② V2I(Vehicle to Infrastructure) : 차량과 인프라 간의 통신
⑤ V2N(Vehicle to Nomadic Device) : 차량과 모바일 기기 간의 통신
④ V2P(Vehicle to Pedestrian) : 차량과 보행자 간의 통신

9 ⑤

제로 UI(Zero UI) ⋯ 기존의 그래픽 유저 인터페이스(GUI)로 인식되던 개념에서 벗어난 것으로, 햅틱 피드백, 상황 인식, 제스처, 음성 인식 등 자연스러운 상호작용을 사용하는 새로운 디바이스 사용방식을 말한다.

10 ④

㉣ 관리체계 수립 및 운영 영역은 관리체계 기반 마련, 관리체계 운영, 관리체계 점검 시 개선의 4개 분야 16개 인증기준으로 구성되어 있으며 관리체계 수립 및 운영은 정보보호 및 개인정보보호 관리체계를 운영하는 동안 Plan, Do, Check, Act의 사이클에 따라 지속적이고 반복적으로 실행되어야 한다.

※ **정보보호 및 개인정보보호 관리체계인증(ISMS-P)** ⋯ 정보통신망의 안정성 확보 및 개인정보 보호를 위해 조직이 수립한 일련의 조치와 활동이 인증기준에 적합함을 인증기관이 평가하여 인증을 부여하는 제도이다.

구분	인증범위
정보보호 및 개인정보보호 관리체계 인증	• 정보서비스의 운영 및 보호에 필요한 조직, 물리적 위치, 정보자산 • 개인정보 처리를 위한 수집, 보유, 이용, 제공, 파기에 관여하는 개인정보처리 시스템, 취급자를 포함
정보보호 관리체계 인증	정보서비스의 운영 및 보호에 필요한 조직, 물리적 위치, 정보자산을 포함

11 ④

① 유비노마드(Ubi Nomad) : 시간과 장소에 간섭받지 않고 전자기기를 통해 업무를 하는 새로운 사람을 말한다.

② 리뷰슈머(Reviewsumer) : 인터넷에 전문적으로 상품의 평가 글을 올리는 사람을 말한다.
③ 트라이슈머(Trysumer) : 광고를 믿지 않고 사전에 확인한 상품의 정보로 구매하는 소비자를 말한다.
⑤ 트랜슈머(Transumer) : 이동하는 소비자를 의미하는 합성어로 자유롭게 전 세계를 여행하며 쇼핑하는 소비자를 말한다.

12 ①

② 아르고스(Argos) : 국회도서관이 보유한 입법, 정치 등의 다양한 데이터를 융합 분석하는 시스템이다.
③ 랜덤스토(Random Stow) : 물류 소프트웨어가 알고리즘을 통해 제품별로 배치 및 설계하여 한정된 공간을 최대한 활용하도록 하는 시스템이다.
④ 크로스 플레이(Cross Play) : 다양한 기기에서 똑같은 게임을 즐길 수 있는 시스템으로 모바일 게임을 PC에서도 구동하는 시스템이다.
⑤ 로보틱 처리 자동화(RPA : Robotic Process Automation) : 로봇 소프트웨어를 통해 반복업무를 자동화하여 처리하는 기술이다.

13 ①

리치 커뮤니케이션 스위트(Rich Communication Suite) ⋯ 세계이동통신사업자연합회(GSMA)가 정의한 국제표준 메시지 규격으로 별도의 애플리케이션을 설치하지 않고 문자메시지 소프트웨어에서 사용이 가능하다. 모바일 메신저인 카카오톡과 달리 안정적인 서비스를 제공하고 데이터 차감 없이 사용된다.

14 ⑤

⑤ 4G에서는 음성서비스에만 별도의 QoS를 제공하였지만 5G에서는 네트워크 슬라이싱을 통해 다수의 가상 네트워크로 분리하여 맞춤형 서비스를 제공한다.
① Massive MIMO는 다수의 사람들이 안테나 배열을 활용한 무선 자원을 동시에 사용하는 기술이다.
② 주파수 대역폭이 크고 더 많은 데이터를 사용하여 빠른 전송속도를 제공한다.
③ 초고주파의 물리적 특성의 한계를 극복하기 위해 5G표준 기술로 사용한다. 빔포밍 기술은 다량의 안테나의 신호를 특정방향으로 집중·조절이 가능한 기술이다.
④ 3GPP(3rd Generation Partnership Project)는 이동통신 표준화 기술협력 기구로 2018년 6월 5G망 통신표준 규격 SA를 발표했다.

15 ⑤

⑤ 메타버스(Metaverse) : 가상현실보다 진보된 개념으로 3차원 가상공간에서 사회적 교류를 하며 사용하는 세계로 SNS, 트위터 등의 서비스가 이에 해당한다. 인프라, 하드웨어, 플랫폼이 메타버스에 포함된다. 대표적으로 네이버에서 운영하는 제페토가 메타버스 플랫폼이다.

① 가상현실(VR : Virtual Reality) : 가상세계를 영상을 바탕으로 경험하게 한다.

② 증강현실(AR : Augmented Reality) : 실제 사물에 CG가 합해져서 디지털 콘텐츠를 표현한다.

③ 혼합현실(MR : Mixed Reality) : 별도의 장치 없이 실감나는 CG를 볼 수 있는 것이다.

④ 확장현실(XR : eXtended Reality) : VR, AR, MR, HR 등의 다양한 기술이 합해진 실감기술로 가상공간에서 제약 없이 활동할 수 있다.

[분야별] 일반

1 ①

② 채찍 효과(Bullwhip Effect) : 수요정보가 전달될 때마다 왜곡되는 현상이다.

③ 캘린더 효과(Calendar Effect) : 일정 시기에 증시가 등락하는 현상이다.

④ 쿠퍼 효과(Cooper Effect) : 금융정책 효과의 시기가 다르게 나타나는 현상이다.

⑤ 톱니 효과(Ratchet Effect) : 생산이나 소비가 일정 수준에 도달하면 이전의 수준으로 감소하지 않는 현상이다.

2 ②

메이드 위드 차이나(Made with China) … 중국은 대내적으로는 수출 위주에서 내수 위주로 경제성장 방식을 전환하고 있으며, 대외적으로는 중국 기업의 해외 진출을 적극 모색하고 있다. 자본력을 갖춘 중국 기업과 함께 손을 잡고 내수시장으로의 진출을 꾀하는 전략을 말한다.

3 ①

비교우위론(Theory of Comparative Advantage) … 영국의 경제학자 데이비드 리카도가 주장한 이론으로, 다른 나라에 비해 더 작은 기회비용으로 재화를 생산할 수 있는 능력을 뜻한다. 한 나라에서 어떤 재화를 생산하기 위해 포기하는 재화의 양이 다른 나라보다 적다면 비교 우위가 있는 것이다. 비교 우위는 경제적 능력이 서로 다른 국가 간에 무역이 이루어질 수 있게 해 주는 원리이다. 각 나라의 경제 여건의 차이는 비교 우위를 결정하는 요인이 된다. 애덤 스미스의 절대 우위론에 미루어 본다면 양국은 모두 재화를 특화하기 어렵다. 반면, 데이비드 리카도의 비교 우위론에 따르면 한 나라가 상대적으로 어떤 재화를 다른 나라보다 더 유리하게 생산할 수 있을 때 비교 우위를 가진다고 할 수 있으며, 각 나라가 자국에 비교 우위가 있는 재화를 특화 생산하여 무역을 하면 서로 이득을 얻을 수 있다.

4 ②

최고가격제(Maximum Price System) … 물가안정과 소비자 보호를 위하여 정부가 최고가격을 설정하고, 설정된 최고가격 이상을 받지 못하도록 하는 제도이다. 최고가격제의 사례로는 이자율 규제, 아파트 분양가 규제, 임대료 규제 등을 들 수 있다. 최고가격제를 실시하게 되면 가격이 낮아지므로 공급량은 감소하고 수요량은 증가하여 초과수요가 발생하게 된다. 그리고 초과수요가 발생하게 되면 암시장이 출현할 가능성이 있으며, 생산자들은 제품의 질을 떨어뜨릴 가능성이 높다.

5 ①

경영권을 가지고 있는 대주주의 주식에 대해 보통주보다 많은 의결권을 주는 제도이다.

6 ①

인플레이션의 발생원인

㉠ 통화량의 과다증가로 화폐가치가 하락한다.

㉡ 과소비 등으로 생산물수요가 늘어나서 수요초과가 발생한다.

㉢ 임금, 이자율 등 요소가격과 에너지 비용 등의 상승으로 생산비용이 오른다.

7 ①

제3보험 … 보험업법상 생명보험이나 손해보험이 아니라 독립적인 보험으로 분류되고 있으며 독립된 제3보험회사를 설립하여 운영하거나, 생명보험회사나 손해보험회사가 해당 보험업의 모든 보험종목에 대하여 허가를 받으면 제3보험업을 할 수 있다.

8 ①

손해보험계약의 보험자는 보험사고로 인하여 생길 피보험자의 재산상의 손해를 보상할 책임이 있다〈상법 제665조(손해보험자의 책임)〉.

9 ①

환율이 상승하면 수출이 증가하고, 수입은 줄어들게 된다. 환율이 하락할 시 물가 안정 및 외채 부담 감소 등의 긍정적인 효과가 있는 반면에 수출과 해외 투자가 줄어들고 핫머니 유입 등 부정적인 효과를 가져 올 수 있다.

10 ①

②③④⑤ 소득을 평등하게 만드는 요인이다.

※ **지니계수(Gini's Coefficient)** … 계층 간 소득분포의 불균형과 빈부격차를 보여주는 수치이다. 0에서 1까지의 값을 가지는 것으로 이 값이 클수록 소득분배가 불균등하다.

11 ④

영기준예산제도(Zero Base Budgeting System) … 모든 예산 항목에 대해 전년도 예산에 기초하지 않고 '0'을 기준으로 재검토 하여 예산을 편성하는 방법이다. 영기준예산제도의 장점으로는 '사업의 전면적인 재평가와 자원배분의 합리화', '국가재정과 예산 운영의 신축성, 강력성 제고', '하의상달과 관리자의 참여 촉진', '국민의 조세부담 완화와 감축관리를 통한 자원난 극복'이 있다.

12 ③

마찰적 실업(Frictional Unemployment) … 노동자가 자신에게 더 나은 조건의 직장을 찾기 위해 갖는 일시적 실업상태를 말한다. 마찰적 실업은 노동시장에 대한 정보부족 내지는 노동의 이동성 부족이 원인이므로 취업에 대한 정보를 적절한 시기에, 효율적으로 제공하는 것이 중요하다.

13 ②

국내에서 이뤄지는 활동을 통한 비용만 GDP에 영향을 준다. 우리나라에 위치하는 농림어업, 제조업, 광공업, 전기가스수도업, 건설업, 서비스업, 세금 등은 GDP에 영향을 준다.

14 ③

③ **희소성의 원칙** : 자원은 한정되어 있으나 더 많이 생산하고 더 많이 소비하려는 인간의 욕망은 자원의 희소성으로 인하여 제한되므로, 경제활동은 항상 선택의 문제에 직면하게 된다.

① **이윤극대화의 원칙** : 기업이 수입과 비용의 차액인 이윤을 극대화 하는 행동원리를 말한다.

② **한계효용의 체감의 법칙** : 재화나 서비스 소비량이 증가할수록 재화와 서비스가 가져다주는 한계효용이 감소하는 현상을 말한다.

④ **3면 등가의 원칙** : 국민소득을 측정할 때 생산국민소득과 분배국민소득, 지출국민소득의 세 가지 값이 동일하다는 원칙을 말한다.

⑤ **조세평등의 원칙** : 조세의 부담이 수직적으로나 수평적으로나 공평하게 국민들 사이에 배분되도록 세법을 제정해야 한다는 원칙을 말한다.

15 ④

④ **관성 효과(Ratchet Effect)** : 소득이 높았을 때 굳어진 소비 성향은 소득이 낮아져도 변하지 않는 현상으로 톱니 효과라고도 한다. 관성 효과가 작용하면 소득이 감소하여 경기가 후퇴할 때 소비 성향이 일시에 상승한다.

① **가격 효과(Price Effect)** : 재화의 가격변화가 수요(소비)량에 미치는 현상을 말한다.

② **잠재가격(Shadow Price)** : 상품의 기회비용을 반영한 가격을 말한다.

③ **의존 효과(Dependence Effect)** : 소비자의 수요가 소비자 자신의 욕망에 의존하는 것이 아니라 광고 등에 의존하여 이루어지는 현상을 말한다.

⑤ **구축 효과(Crowdout Effect)** : 정부가 경기부양을 위하여 재정지출을 늘려도 그만큼 민간소비가 줄어들어 경기에는 아무런 효과를 불러오지 못 하는 현상을 말한다.

[분야별] IT전산

1 ①

cohesion은 응집도를 나타내는 말로 모듈의 내부 요소들이 서로 연관되어 있는 정도를 의미한다. coupling은 결합도로 모듈 간의 상호 의존하는 정도를 의미한다.

2 ④

그룹에 대한 조건은 HAVING을 써야 하므로 WHERE 대신 HAVING이 들어가야 한다.

3 ⑤

E-R 다이어그램 표기법

기호	의미
▭	개체(Entity) 타입
▭▭	약한 개체 타입
◇	관계(Relationship) 타입
◇◇	식별 관계 타입
◯	속성
◯ (밑줄)	기본 키 속성
◯ (점선)	부분키 속성
◯◯	다중값 속성
복합도형	복합 속성
◯ (점선)	유도 속성
◇▭	전체 참여 개체 타입
———	개체에 속하는 속성을 연결할 때, 개체와 관계를 연결할 때 사용

---

4 ①

데이터베이스의 용어

㉠ **자료(Data)** : 발생된 사실 그 자체를 말하며 가공되지 않은 상태이다.

㉡ **정보(Information)** : 특정한 상황에서 사용하기 위하여 데이터로부터 가공한 것을 말하며, 주관적인 가치 판단이 개입될 수 있다.

㉢ **애트리뷰트(attribute)** : 테이블의 열을 나타내며, 데이터의 항목과 유사한 용어이다.

㉣ **투플(tuple)** : 테이블의 행을 나타내며 만약 테이블이 n개의 요소를 가졌다면 n-투플이라고 한다.

㉤ **차수(degree)** : 하나의 릴레이션에서 속성의 전체 개수를 말한다.

㉥ **카디널리티(cardicality)** : 하나의 릴레이션에서 투플의 전체 개수를 말한다.

---

5 ④

정규화 과정

비정규 릴레이션	
↓	모든 속성의 도메인이 원자값으로만 구성되도록 분해
1정규형(1NF)	릴레이션에 속한 모든 속성의 도메인이 원자값으로만 구성되어 있으면 제1정규형에 속한다.
↓	부분적 함수 종속 제거
2정규형(2NF)	릴레이션이 제1정규형에 속하고, 기본키가 아닌 모든 속성이 기본키에 완전 함수 종속되면 제2정규형에 속한다.
↓	이행적 함수 종속 제거
3정규형(3NF)	릴레이션이 제2정규형에 속하고, 기본키가 아닌 모든 속성이 기본키에 이행적 함수 종속이 되지 않으면 제3정규형에 속한다.
↓	결정자이면서 후보키가 아닌 것 제거
BCNF (Boyce/Codd Normal Form)	릴레이션의 함수 종속 관계에서 모든 결정자가 후보키이면 BCNF(보이스/코드 정규형)에 속한다.
↓	다치 종속 제거
4정규형(4NF)	다치 종속을 제거하면 제4정규형이 된다.
↓	후보키를 통하지 않은 조인 종속 관계 제거
5정규형(5NF)	조인 종속 관계를 제거하면 제5정규형이 된다.

---

6 ①

```
2) 11              11=2×5+1
2)  5  … 1          5=2×2+1
2)  2  … 1          2=2×1+0
2)  1  … 0          1=2×0+1
    0  … 1
```

---

7 ③

OR 회로는 두 개의 입력 값 중 하나 이상이 1이면 출력 값이 1이 되는 기본논리회로이다.

---

8 ②

다중 프로그래밍 시스템은 하나의 CPU를 이용하여 여러 개의 프로그램을 실행시킴으로써 짧은 시간에 많은 작업을 수행할 수 있게 하여 시스템의 효율을 높여 주는 방식을 말한다.

---

9 ②

UNIX는 미국의 벨 연구소에서 개발한 미니 컴퓨터용 운영체제로서 C언어로 작성되어 다양한 컴퓨터에서 사용되는 운영체제이다.

10 ⑤

• 결합도란 두 모듈 사이의 상호의존성의 척도로, 결합도가 약할수록 좋다.
• 응집도란 한 모듈 내부의 상호의존성의 척도로, 응집도는 강할수록 좋다.

11 ⑤

코드분할다중화에 대한 설명이다.

12 ④

버스형은 전송회선이 단절되면 전체 네트워크가 중단되는 네트워크 토폴로지이다.

13 ②

수동적 공격의 경우에는 단순 도청, 스캔을 통한 시스템 분석 등이 해당하며, 능동적 공격은 데이터 변조, 변경, 재전송 등이 있다.

14 ④

백도어는 프로그램 작성자가 일반적으로 보호되고 있는 시스템에 들어가기 위한 통로를 의미하는 말로 원래는 관리자가 외부에서도 시스템을 점검할 수 있도록 만들어 두었으나 해킹에 취약한 부분이 될 수도 있

15 ②

SSO는 각 시스템마다 매번 인증 절차를 밟지 않고 한 번의 로그인 과정으로 기업 내의 각종 업무 시스템이나 인터넷 서비스에 접속할 수 있게 해 주는 보안 응용 솔루션이다.

제5회 정답 및 해설

1 ④

'애매모호하다 : 분명하다'의 관계에서 알 수 있듯이 반의어를 찾는 문제이다. 서로 반대되는 의미를 가진 ④가 정답이다.

2 ⑤

'기쁨 : 즐거움'에서 볼 수 있듯이 유의어를 찾는 문제이다. 따라서 결핍의 유의어인 궁핍이 답이 된다.

3 ④

①②③⑤는 단위의 크기가 점점 커진다. 그러나 ④는 색이 달라지는 것이지 크기와는 관계가 없기 때문에 답이 된다.

4 ①

주어진 글에서는 '책이나 신문 따위에 글이나 사진 따위가 나게 되다.'의 의미로 쓰인 경우로, '신문에 나오다', '방송에 나오다'와 유사한 의미가 된다.
② 상품 따위가 새로 만들어져 나타나다.
③ 어떤 지역에서 주목 받는 인물이 자라나 배출되다.
④⑤ 직장이나 소속 단체 따위에서 하던 일을 그만두고 사직하거나 관계를 끊고 탈퇴하다.

5 ⑤

'천경지위(天經地緯)'는 '하늘이 정하고 땅이 받드는 길'이라는 뜻으로, 영원히 변하지 않는 진리나 법칙을 이른다. 나머지는 모두 '거침없는 기세나 높은 사기'를 나타내는 한자성어이다.
① 파죽지세(破竹之勢) : '대를 쪼개는 기세'라는 뜻으로, 적을 거침없이 물리치고 쳐들어가는 기세를 이른다.
② 사기충천(士氣衝天) : 하늘을 찌를 듯 높은 사기를 이른다.
③ 석권지세(席卷之勢) : '돗자리를 마는 기세'라는 뜻으로, 세력이 빠르고 거침없이 휩쓸어 나가는 기세를 이른다.
④ 욱일승천(旭日昇天) : 아침 해가 하늘에 떠오르는 것 같은 기세를 이른다.

6 ④

'얽히고설키다'는 한 단어이므로 붙여 쓰며, 표준어이다.
① '며칠'이 표준어이므로, '몇 날 며칠'과 같이 쓴다.
② '되~'에 '아/어라'가 붙어 '되어야'가 올바른 표현이다. 줄임말로 쓰일 경우에는 '돼야'로 쓴다.
③ '선보이-'+'-었'+'-어도' → 선보이었어도 → 선뵀어도
⑤ '오랫만에 → 오랜만에'로 고쳐 써야 한다.

7 ④

이 글에서는 사진의 주관성에 대해 설명하면서 주관적으로 사진을 찍어야 함을 강조하고 있을 뿐, 사진을 객관적으로 찍으려면 어떻게 작업해야 한다는 구체적인 정보는 나와있지 않다.

8 ④

ⓒ이 속한 단락의 앞 단락에서는 지역 특성을 고려하여 지자체가 분산형 에너지 정책의 주도권을 쥐어야 한다는 주장을 펴고 있으며, 이를 '이뿐만 아니라'라는 어구로 연결하여 앞의 내용을 더욱 강화하게 되는 '각 지역의 네트워크에너지 중심'에 관한 언급을 하였다. 따라서 네트워크에너지 체제 하에서 드러나는 특징은, 지자체가 지역 특성과 현실에 맞는 에너지 정책의 주도권을 행사하기 위해서는 지역별로 공급비용이 동일하지 않은 특성에 기인한 에너지 요금을 차별화해야 한다는 목소리가 커지고 있다고 판단하는 것이 적절하다.
① 중앙 정부 중심의 에너지 정책에 대한 기본적인 특징으로, 대표적인 장점이 된다고 볼 수 있다.
② 분산형 에너지 정책과는 상반되는 중앙집중형 에너지 정책의 효율적인 특성이며, 뒤에서 언급된 NIMBY 현상을 최소화할 수 있는 특성이기도 하다.
③ 지자체별로 지역 특성을 고려한 미시적 정책이 분산형 에너지 정책의 관건이라는 주장으로 글의 내용과 논리적으로 부합한다.
⑤ 바로 앞 문장에서 소규모 분산전원이 확대되면 공급비용과 비효율성이 높아질 수 있기 때문에 중앙정부의 역할도 중요하다고 했다. 그러므로 ⓜ의 문장도 논리적으로 부합한다.

9 ⑤

수입 원자재에 대한 과세를 강화할 경우 원자재 가격이 더욱 상승하여 상품의 가격이 상승하게 되고 수출이 점점 둔화되는 악순환을 가져올 수 있다.

10 ④

기회비용과 매몰비용이라는 경제용어와 에피소드를 통해 경제적인 삶의 방식에 대해서 말하고 있다.

11 ⑤

"소득이 늘면서 유행에 목을 매다보니 남보다 한 발짝이라도 빨리 가고 싶은 욕망이 생기고 그것이 유행의 주기를 앞당기는 것이다."에서 보듯이 유행과 소비자들의 복잡한 욕구가 서로 얽혀 유행 풍조를 앞당기고 있다고 할 수 있다.

12 ③

청색광의 유해성과 관련하여 눈 건강에 해롭다는 관점에 대해서만 제시되고 있다.

13 ④

해당 문맥에서 '저하(低下)'는 '정도, 수준, 능률 따위가 떨어져 낮아짐'의 뜻을 가진다.

14 ②

C의 진술이 참이면 C는 출장을 간다. 그러나 C의 진술이 참이면 A는 출장을 가지 않고 A의 진술은 거짓이 된다. A의 진술이 거짓이 되면 그 부정은 참이 된다. 그러므로 D, E 두 사람은 모두 출장을 가지 않는다. 또한 D, E의 진술은 거짓이 된다.

D의 진술이 거짓이 되면 실제 출장을 가는 사람은 2명 미만이 된다. 그럼 출장을 가는 사람은 한 사람 또는 한 사람도 없는 것이 된다.

E의 진술이 거짓이 되면 C가 출장을 가고 A는 안 간다. 그러므로 E의 진술도 거짓이 된다.

그러면 B의 진술도 거짓이 된다. D, A는 모두 출장을 가지 않는다. 그러면 C만 출장을 가게 되고 출장을 가는 사람은 한 사람이다.

만약 C의 진술이 거짓이라면 출장을 가는 사람은 2명 미만이어야 한다. 그런데 이미 A가 출장을 간다고 했으므로 B, E의 진술은 모두 거짓이 된다. B 진술의 부정은 D가 출장을 가지 않고 A도 출장을 가지 않는 것이므로 거짓이 된다.

그러면 B의 진술도 참이 되어 B가 출장을 가야 한다. 그러면 D의 진술이 거짓인 경가 존재하자 않게 되므로 모순이 된다. 그럼 D의 진술이 참인 경우를 생각하면 출장을 가는 사람은 A, D 이므로 이미 출장 가는 사람은 2명 이상이 된다. 그러면 B, D의 진술의 진위여부를 가리기 어려워진다.

15 ③

명제 2와 3을 삼단논법으로 연결하면, '윤 사원이 외출 중이 아니면 강 사원도 외출 중이 아니다.'가 성립되므로 A는 옳다. 또한, 명제 2가 참일 경우 대우명제도 참이어야 하므로 '박 과장이 외출 중이면 윤 사원도 외출 중이다.'도 참이어야 한다. 따라서 B도 옳다.

16 ①

소요 시간을 서로 조합하여 합이 25분이 되도록 했을 때, 포함될 수 없는 것을 고른다.
• 샤워 + 주스 만들기 : 10+15
• [머리 감기 & 머리 말리기]+구두 닦기+샤워+양말 신기 : (3+5)+5+10+2
• [머리 감기 & 머리 말리기]+몸치장 하기+샤워 : (3+5)+7+10

4분이 소요되는 '세수'가 포함될 경우 총 걸린 시간 25분을 만들 수 없다.

17 ③

남성이 3명, 여성이 2명이라고 했고, B와 D가 방송업계 남녀로 나뉘고, 의사와 간호사가 성별이 같다고 했으므로 의사와 간호사는 남성이다. 또 요리사는 여성(26세)임을 알 수 있다. 요리사와 매칭 되는 라디오작가가 남성이므로 TV드라마감독은 여성이다. 남성과 여성의 평균 나이가 같다고 했으므로 남성 A(32), B, C(28)와 여성 D, E(26)에서 B는 30세, D는 34세임을 알 수 있다.
• A : 32세, 남성, 의사 또는 간호사
• B : 30세, 남성, 라디오 작가
• C : 28세, 남성, 의사 또는 간호사
• D : 34세, 여성, TV드라마감독
• E : 26세, 여성, 요리사

18 ④

3월 11일에 하루 종일 비가 온다고 했으므로 복귀하기까지 총 소요 시간은 9시간이므로 복귀 시간은 부상자 없을 경우 17시가 된다. 부상이 있는 A가 출장을 갈 경우, 17시 15분에 사내 업무가 있는 B, 17시 10분부터 당직 근무를 서야 하는 D는 A와 함께 출장을 갈 수 없다. ③의 경우 1종 보통 운전면허 소지자가 없다.

19 ④

A사를 먼저 방문하고 중간에 회사로 한 번 돌아와야 하며, 거래처에서 바로 퇴근하는 경우의 수와 그에 따른 이동 거리는 다음과 같다.

- 회사 – A – 회사 – C – B : 20 + 20 + 14 + 16 = 70km
- 회사 – A – 회사 – B – C : 20 + 20 + 26 + 16 = 82km
- 회사 – A – C – 회사 – B : 20 + 8 + 14 + 26 = 68km
- 회사 – A – B – 회사 – C : 20 + 12 + 26 + 14 = 72km

따라서 68km가 최단 거리 이동 경로가 된다.

20 ④

최장 거리 이동 경로는 회사 – A – 회사 – B – C이며, 최단 거리 이동 경로는 회사 – A – C – 회사 – B이므로 각각의 연료비를 계산하면 다음과 같다.

- 최장 거리 : 3,000 + 3,000 + 3,900 + 3,000 = 12,900원
- 최단 거리 : 3,000 + 600 + 2,100 + 3,900 = 9,600원

따라서 두 연료비의 차이는 12,900 − 9,600 = 3,300원이 된다.

21 ②

확률적 모형의 하나인 MCI 모형에서는 상품구색에 대한 효용치와 판매원서비스에 대한 효용치, 거리에 대한 효용치를 곱한 값으로 확률을 계산한다. A할인점의 효용은 150, B마트의 효용은 100, C상점가의 효용은 100, D백화점의 효용은 150이다. 따라서 B마트를 찾을 확률은 100/(150+100+100+150)=20%이다.

22 ①

A 제품

- 개수 : $500 \times 200 \times 400 \div (700 \times 30 \times 10) = 190$
- 무게 : $190 \times 5 = 950$
- 가격 : $950 \div 10 \times 6,000 + 2,500 \times 15 = 570,000 + 37,500$
  $= 607,500$원

B 제품

- 개수 : $500 \times 200 \times 400 \div (80 \times 60 \times 30) = 277$
- 무게 : $277 \times 3 = 831$
- 가격 : $831 \div 10 \times 5,000 + 4,000 \times 15$
  $= 415,500 + 60,000 = 475,500$원

C 제품

- 개수 : $500 \times 200 \times 400 \div (50 \times 50 \times 50) = 320$
- 무게 : $320 \times 3 = 960$
- 가격 : $960 \div 10 \times 5,500 + 3,000 \times 15$
  $= 528,000 + 45,000 = 573,000$원

D 제품

- 개수 : $500 \times 200 \times 400 \div (40 \times 20 \times 120) = 416$
- 무게 : $416 \times 2.5 = 1,040$
- 가격 : $1,040 \div 10 \times 4,000 + 8,000 \times 15$
  $= 416,000 + 120,000 = 536,000$원

23 ②

일	월	화	수	목	금	토
			1	2	3	4	5
6	7	8	9	10	11	12
13	14	15	16	17	18	19
20	21	22	23	24	25	26
27	28	29	30			

해외에서 제품 판매는 국내 판매 이후이므로 15일부터 가능하지만 16일에 전체 회의가 있으므로 17일부터 출장을 갈 수 있다. 또한 경영팀에게 보고를 해야 하는데 25일부터 경영팀이 채용준비로 보고를 받지 못하므로 24일까지 보고를 해야 한다. 이때, 보고서를 작성하는데 하루가 소요되므로 23일까지는 도착을 해야 한다. 따라서 출장을 다녀올 수 있는 날은 17일~23일이며 주말에 출발·도착하지 않는다고 했으므로 이 대리는 18일에 출발을 했다.

24 ④

이 대리는 18일에 출발을 하여 21일에 도착을 하고 22·23일에 보고서를 작성하였다. 따라서 개발팀이 보고서를 받은 날은 24일이며 24일은 목요일이다.

25 ②

A 제품

공장이 1회에 6개의 정상제품을 만든다. → 따라서 16회 찍어야 한다.

이때 필요한 고무와 플라스틱의 양은 $5 \times 16 = 80$(kg), $3 \times 16 = 48$(kg)이다.

고무 : $2{,}500 \times (60 \div 5) + 3{,}000 \times (20 \div 5) = 30{,}000 + 12{,}000$
$= 42{,}000$(원)

플라스틱 : $1{,}000 \times (20 \div 2) + 1{,}000 \times 2 \times 12 = 10{,}000 + 24{,}000$
$= 34{,}000$(원)

B 제품

공장이 1회에 8개의 정상제품을 만든다. → 따라서 19회 찍어야 한다.

이때 필요한 고무와 플라스틱의 양은 $4 \times 19 = 76$(kg), $4 \times 19 = 76$(kg)

고무 : $2{,}500 \times (60 \div 5) + 3{,}000 \times (20 \div 5) = 30{,}000 + 12{,}000$
$= 42{,}000$(원)

플라스틱 : $1{,}000 \times (20 \div 2) + 1{,}000 \times 2 \times 28 = 10{,}000 + 56{,}000$
$= 66{,}000$(원)

따라서 A와 B제품을 100개, 150개 만드는데 필요한 금액은 $42{,}000 + 34{,}000 + 42{,}000 + 66{,}000 = 184{,}000$(원)이다.

26 ①

하루 대여 비용을 계산해보면 다음과 같다. 따라서 가장 경제적인 차량 임대 방법은 승합차 1대를 대여하는 것이다.

① $132{,}000$원
② $60{,}000 \times 3 = 180{,}000$(원)
③ $84{,}000 \times 2 = 168{,}000$(원)
④ $60{,}000 + 122{,}000 = 182{,}000$(원)
⑤ $84{,}000 + 146{,}000 = 230{,}000$(원)

27 ②

일의 자리에 온 숫자를 그 항에 더한 값이 그 다음 항의 값이 된다.

$78 + 8 = 86$, $86 + 6 = 92$, $92 + 2 = 94$, $94 + 4 = 98$, $98 + 8 = 106$, $106 + 6 = 112$

28 ⑤

모든 숫자는 시계의 '분'을 의미한다. 왼쪽 사각형의 네 개의 숫자 중 왼쪽 위의 숫자로부터 시작해 시계 방향으로 15분씩을 더하면 다음 칸의 '분'이 된다. 따라서 오른쪽 사각형에는 51분+15분 = 6분, 6분+15분 = 21분, 21분+15분 = 36분이 된다.

29 ③

㉠ 14.75 ㉡ 20.2 ㉢ 7.5 ㉣ $13.33\cdots$

30 ⑤

① $5{,}524 \div 4 + 21 = 1{,}381 + 21 = 1{,}402$
② $5{,}184 - 818 \div 0.2 = 5{,}184 - 4{,}090 = 1{,}094$
③ $1{,}546 + 8 \times 13 = 1{,}650$
④ $6{,}561 \times \dfrac{1}{3} \div \dfrac{3}{2} = 6{,}561 \times \dfrac{1}{3} \times \dfrac{2}{3} = 1{,}458$
⑤ $(4{,}912 - 1{,}234) \times 0.5 = 3{,}678 \times 0.5 = 1{,}839$

31 ②

전체 소금물 650g에 들어 있는 전체 소금의 양은 65g이다. 350g의 소금물에 들어 있는 소금의 양을 x라고 하면, $x + 200 \times \dfrac{5}{100} + 100 \times \dfrac{7}{100} = 65$이므로 처음 350g의 소금물 속에 들어 있는 소금의 양은 48g이다.

32 ③

甲이 걸은 거리를 $x$km, 乙이 걸은 거리를 $y$km라고 하면
$$\begin{cases} x + y = 18 \\ \dfrac{x}{4} = \dfrac{y}{5} \end{cases}$$
즉 $\begin{cases} x + y = 18 \\ 5x = 4y \end{cases}$

$\therefore x = 8$, $y = 10$

따라서 乙은 甲보다 $10 - 8 = 2$(km)를 더 걸었다.

33 ①

걸어간 거리를 $x$km, 뛰어간 거리를 $y$km라 하면
$$\begin{cases} x + y = 3 \\ \dfrac{x}{3} + \dfrac{y}{6} = \dfrac{2}{3} \end{cases}, \text{ 즉 } \begin{cases} x + y = 3 \\ 2x + y = 4 \end{cases}$$

$\therefore x = 1$, $y = 2$

따라서 걸어간 거리는 1km이다.

34 ④

6명이 평균 10,000원을 낸 것이라면 지불한 총 금액은 60,000원이다.

$60{,}000 = 18{,}000 + 21{,}000 + 4x$이므로

$\therefore x = 5{,}250$(원)이다.

35 ④

정빈이가 하루 일하는 양 $\frac{1}{18}$

수인이가 하루 일하는 양 $\frac{1}{14}$

전체 일의 양을 1로 놓고 같이 일을 한 일을 x라 하면

$$\frac{3}{18} + \left(\frac{1}{18} + \frac{1}{14}\right)x + \frac{1}{14} = 1$$

$$\frac{(16x + 30)}{126} = 1$$

$$\therefore x = 6일$$

36 ④

기차의 속력을 x라 하면 $\frac{1,000m + 200m}{x} = 40s$ 가 된다.

따라서 기차의 속력은

$x = 30m/s = 1,800m/m = 108km/h$가 된다.

이때, 1시간 40분 동안 달렸으므로 두 역 사이의 거리는

$108km/h \times 1\frac{2}{3}h = 180km$ 이다.

37 ②

1회→$20(1 + 0.06)^{10}$

2회→$20(1 + 0.06)^{9}$

⋮

10회→$20(1 + 0.06)$

따라서 10년 후 그 해 말에 계산한 금액은

$$\frac{20(1 + 0.06)\{(1 + 0.06)^{10} - 1\}}{0.06}$$

$$= \frac{21.2 \times (1.791 - 1)}{0.06} = 279.486 \cdots$$

38 ③

$\frac{1,869 + 544}{19,134 + 2,339} \times 100 ≒ 11.23$이므로 12%를 넘지 않는다.

39 ②

인사이동에 따라 A지점에서 근무지를 다른 곳으로 이동한 직원 수는 모두 32 + 44 + 28 = 104명이다. 또한 A지점으로 근무지를 이동해 온 직원 수는 모두 16 + 22 + 31 = 69명이 된다. 따라서 69 − 104 = −35명이 이동한 것이므로 인사이동 후 A지점의 근무 직원 수는 425 − 35 = 390명이 된다.

같은 방식으로 D지점의 직원 이동에 따른 증감 수는 83 − 70 = 13명이 된다. 따라서 인사이동 후 D지점의 근무 직원 수는 375 + 13 = 388명이 된다.

40 ④

[Alt]+[PrtSc] : 활성창을 클립보드로 복사

[Alt]+[Esc] : 실행 중인 프로그램을 순서대로 전환

41 ③

오대리가 수집하고자 하는 고객정보에는 고객의 연령과 현재 사용하고 있는 스마트폰의 모델, 좋아하는 디자인, 사용하면서 불편해 하는 사항, 지불 가능한 액수 등에 대한 정보가 반드시 필요하다.

42 ④

정보활용의 전략적 기획(5W2H)

㉠ WHAT(무엇을) : 50~60대 고객들이 현재 사용하고 있는 스마트폰의 모델과 좋아하는 디자인, 사용하면서 불편해 하는 사항, 지불 가능한 액수 등에 대한 정보

㉡ WHERE(어디에서) : 사내에 저장된 고객정보

㉢ WHEN(언제) : 이번 주

㉣ WHY(왜) : 스마트폰 신상품에 대한 기획안을 작성하기 위해

㉤ WHO(누가) : 오대리

㉥ HOW(어떻게) : 고객센터에 근무하는 조대리에게 관련 자료를 요청

㉦ HOW MUCH(얼마나) : 따로 정보수집으로 인한 비용이 들지 않는다.

43 ③

2011년 10월 생산품이므로 1110의 코드가 부여되며, 일본 '왈러스' 사는 5K, 여성용 02와 블라우스 해당 코드 006, 10,215번째 입고품의 시리얼 넘버 10215가 제품 코드로 사용되므로 1110 − 5K − 02006 − 10215가 된다.

44 ③

2008년 10월에 생산되었으며, 멕시코 Fama의 생산품이다. 또한, 아웃도어용 신발을 의미하며 910번째로 입고된 제품임을 알 수 있다.

45 ①

'EOMONTH(start_date, months)' 함수는 시작일에서 개월 수만큼 경과한 이전/이후 월의 마지막 날짜를 반환한다. 따라서 [C3] 셀에 있는 날짜 2014년 3월 22일의 1개월이 지난 4월의 마지막 날은 30일이다.

46 ③

MID(text, start_num, num_chars)는 텍스트에서 원하는 문자를 추출하는 함수이다. 주민등록번호가 입력된 [B1] 셀에서 8번째부터 1개의 문자를 추출하여 1이면 남자, 2면 여자라고 하였으므로 답이 ③이 된다.

47 ②

DSUM(데이터베이스, 필드, 조건 범위) 함수는 조건에 부합하는 데이터를 합하는 수식이다. 데이터베이스는 전체 범위를 설정하며, 필드는 보험실적 합계를 구하는 것이므로 "보험실적"으로 입력하거나 열 번호 4를 써야 한다. 조건 범위는 영업2부에 한정하므로 F1:F2를 써준다.

48 ④

n=1, A=3

n=1, A=2·3

n=2, A=2^2·3

n=3, A=2^3·3

...

n=11, A=2^{11}·3

∴ 출력되는 A의 값은 2^{11}·3이다.

49 ⑤

Index 뒤에 나타나는 문자가 오류 문자이므로 이 상황에서 오류 문자는 'GHWDYC'이다. 오류 문자 중 오류 발생 위치의 문자와 일치하지 않는 알파벳은 G, H, W, D, Y 5개이므로 처리코드는 'Atnih'이다.

50 ②

Index 뒤에 나타나는 문자가 오류 문자이므로 이 상황에서 오류 문자는 'UGCTGHWT'이다. 오류 문자 중 오류 발생 위치의 문자와 일치하지 않는 알파벳은 U, C, H, W 4개이므로 처리코드는 'Atnih'이다.

02 직무상식평가

[공통] 전체

1 ④

치유농업(治癒農業) ··· 농업과 농촌자원 혹은 관련된 활동 및 산출물을 활용하여 심리·사회·인지·신체적 건강을 도모하는 사업 및 활동을 의미한다. 치유농업의 범위는 식물뿐만 아니라 가축 기르기, 산림과 농촌문화자원을 이용하는 경우까지 모두 포함하며 목적은 보다 건강하고 행복한 삶을 추구하는 사람들과 의료·사회적으로 치료가 필요한 사람들을 치유하는 것이다.

2 ②

② 랜선 농촌관광 : 컴퓨터나 스마트 폰 등 랜선으로 직접 농가를 방문한 것처럼 농촌체험을 제공하는 것을 말한다. 시청자들과 실시간 질의응답을 하며 소통을 통해 여러 체험을 선보이고 있다.

① 라이브 커머스 : 인터넷, 애플리케이션 등 다양한 플랫폼을 통한 실시간 스트리밍으로 상품을 판매하는 온라인 채널을 말한다.

③ 스마트 마을회관 : 정보 소외 현상을 겪는 농촌지역에 스마트 TV와 AI 스피커 등을 활용하여 다양한 서비스를 쉽게 이용할 수 있도록 지원하고 디지털 격차를 완화하기 위한 사업이다.

④ 사회적 농장 : 농장 활동을 통하여 사회적으로 소외된 장애인이나 독거노인, 다문화 가정 등 취약계층에게 일자리를 제동하는 단체이다.

⑤ 농대 실습장 지원 사업 : 재정여건 악화로 농업관련 시설 지원이 열악했던 농업계대학에 실습장을 구축하는 사업이다.

3 ①

산지촌은 산간지역에 이루어진 마을로 교통이 불편한 편이다.

4 ⑤

천등산고구마축제는 충북 충주시의 지역축제이다.

5 ③

이앙법(移秧法) ··· 못자리에서 키운 모를 본답(本畓)으로 옮겨 심는 재배방법으로 고려시대 말부터 시행되었으나 임진왜란 이후 전국적으로 보급되었다.

6 ①

② 마이크로바이옴(Microbiome) : 인체에 서식하는 각종 미생물로 미생물(Micro)과 생태계(Biome)의 합성어이다.

③ 테라센티아(TerraSentia) : 작물 수를 세는 농업용 로봇이다.

④ 라이브 커머스(Live Commerce) : 실시간 스트리밍으로 상품을 판매하는 온라인 채널을 말한다.

⑤ 바이오차(Biochar) : 유기물과 숯의 중간 성질을 지니도록 만든 물질이다.

7 ②

분산 식별자(Decentralized Identifiers) … 블록체인 기술로 구축한 전자신분증으로 개인정보를 암호화한 뒤 블록 단위로 구성한 뒤에 개인 전자기기에 저장하는 것이 특징이다.

8 ①

(가)는 '농촌 관광', (나)는 '푸드플랜'에 대한 내용이다. 농촌 관광의 일환으로 농협에서는 '팜 스테이 마을'을 선정하여 운영하고 있다. 이를 활성화하기 위하여 먹거리 운영에 지역주민이 참여하도록 하고 있다. 먹거리 제공 운영 인력의 전문성을 강화하기 위해 교육을 지원하고, 먹거리 제조에 참여하는 지역 주민들에 대해서도 전문가 강의 등 정기적인교육을 실시할 방침이다.

9 ④

트래픽 양 변동, 접속 경로 변경 등을 진행하는 경우 관련사업자에게 통지하고 협의를 해야 한다.

※ 부가 통신사 서비스 안정화 법령 … 넷플릭스 법이라고도 말한다. 2020년 12월 10일부터 시행되었고 과도한 트래픽을 사용하는 부가통신사업자에게 통신서비스 품질 유지 의무를 부과하는 전기통신사업법 개정안 시행령이다.

10 ④

① 빅데이터(Big Data) : 방대한 규모의 데이터를 말한다.

② 다크 데이터(Dark Data) : 정보를 수집·저장만 하고 활용하지 않는 다량의 데이터를 말한다.

③ 패스트 데이터(Fast Data) : 실시간으로 빠르게 유입되는 대용량 데이터를 말한다.

⑤ 스마트 데이터(Smart Data) : 실제 가치를 창출할 수 있는 양질의 데이터를 말한다.

11 ②

① 디지털 사이니지(Digital Signage) : 움직이고 소리나는 옥외 광고

③ 디지털 핑거프린팅(Digital Fingerprinting) : 인간의 감지 능력으로는 검출할 수 없도록 사용자의 정보를 멀티미디어 콘텐츠 내에 삽입하는 기술

⑤ 콘텐츠 필터링(Contents Filtering) : 콘텐츠 이용 과정에서 저작권 침해 여부 등을 판단하기 위해 데이터를 제어하는 기술

12 ⑤

⑤ MaaS(Mobility as a Service) : '복합 이동시스템'으로, 여러 교통수단의 연계를 통하여 최적 이동경로, 비용 정보, 호출 및 결제 서비스 등 이동 관련 전 과정을 단일의 플랫폼을 통해 개인화된 서비스를 제공한다.

② P2P(Peer To Peer) : 인터넷에서 개인과 개인이 직접 연결되어 파일을 공유하는 것이다.

③ 스마트 공조 시스템(Smart Duct System) : 차량 실내 환경(온도, 습도, 냄새)을 인식하여 쾌적한 환경으로 전환시켜주는 기술이다.

④ 인포테인먼트 응용 서비스(Infortainment Application Service) : 차량 내에서 IT 기술을 이용하여 정보검색 및 오락, 동영상 감상 등의 콘텐츠를 이용할 수 있도록 하는 서비스이다.

① 자율주행(Automatic Driving) : 운전자가 직접 운행하지 않고 차량이 스스로 운행하는 것을 말한다.

13 ①

블록체인(Block Chain) … 블록에 데이터를 담아 체인 형태로 연결하여 동시에 수많은 컴퓨터에 복제하여 저장하는 분산형 저장기술을 말하며, 공공 거래 장부라고도 불린다. 참여자들은 원장을 공유함으로써 모든 정보에 접근이 가능하며, 합의 과정을 통해 신뢰성이 보장된다.

14 ②

② 어뷰징(Abusing) : '오용, 남용, 폐해'라는 의미로 클릭수를 조작하는 것이다. 검색으로 클릭수를 늘려 중복적으로 내용을 보여주어 인기 탭에 콘텐츠를 올리기 위한 행위이다. 언론사에서 동일한 제목의 기사를 끊임없이 보내어 의도적으로 클릭수를 늘리는 것이다.

① 파밍(Pharming) : 인터넷 사기수법 중에 하나이다. 웹사이트를 금융기관이나 공공기관 사이트의 도메인을 탈취하여 사용자가 속게 만드는 것이다.

③ **바이럴마케팅**(Viral Marketing) : 마케팅기법 중에 하나로 소비자가 직접 기업이나 상품을 홍보하는 형태의 입소문 마케팅을 하는 것을 말한다.

④ **그레셤의 법칙**(Gresham's Law) : 악화(惡貨)는 양화(良貨)를 구축한다는 의미로 소재가 좋지 않은 화폐라 좋은 화폐를 몰아낸다는 의미이다.

⑤ **스파이웨어**(Spyware) : 팝업광고나 특정 웹사이트로 유도하여 컴퓨터에서 중요 정보를 빼가는 프로그램을 의미한다.

15 ③

③ DAS(Domain Awareness System)

① CDN(Content Delivery Network) : 용량이 큰 콘텐츠를 인터넷망에서 빠르고 안정적으로 전달해주는 것으로 콘텐츠 전송망을 의미한다.

② FNS(Family Network Service) : 가족 중심으로 폐쇄적인 SNS 서비스이다. 외부인이 접근하지 못하고 가족만 들어올 수 있어 배타성이 강하다. 미국의 패밀리리프(Family Leaf)와 패밀리월(Family Wall)이 이에 속한다.

④ M2M(Machine to Machine) : 기계 사이에서 이뤄지는 통신으로 주변에 존재하는 기기들의 센서로 모은 정보로 통신하면서 주변 환경을 조절하는 기술이다. IP-USN, 스마트 그리드 등 기술을 가전기기, 헬스케어 기기 등과 접목한 기기이다.

⑤ SAN(Storage Area Network) : 각기 다른 데이터의 저장장치를 하나의 데이터 서버에 연결하여 통합적으로 관리하는 네트워크로 광저장 장치영역 네트워크라고도 부른다.

[분야별] 일반

1 ②

② Odd Pricing : 단수가격전략을 의미하며 소비자의 심리를 고려한 가격 결정 방법 중 하나이다.

① Price Lining : 가격라인을 결정하는 방법이다.

③ Prestige Pricing : 가격 결정 시 해당 제품의 주 소비자 층이 지불할 수 있는 가장 높은 가격을 설정하는 전략을 말한다.

④ Loss Leader : 원가보다 싸게 팔거나 일반 판매가보다 싼 가격으로 판매하는 상품을 말한다.

⑤ Unit Pricing : 표준단위당 가격을 표시하는 정책을 말한다.

2 ①

지니계수(Gini's Coefficient) … 이탈리아의 통계학자 지니가 제시한 지니의 법칙에 따라 나온 계수로, 소득분배의 불평등을 나타내는 수치이다. 분포의 불균형을 의미하며 소득이 어느 정도 균등하게 분배되어 있는가를 나타내는데, 0이면 완전 평등한 상태이고 1이면 완전 불평등한 상태를 의미한다.

3 ⑤

경쟁 관계에 있는 제품이란 소비자가 잠재적으로 대체하여 선택할 수 있는 재화이다. 소비자가 A2021을 선택함에 있어서 다른 회사의 휴대폰을 쓸 것인지, 과거의 제품을 그대로 사용할 것인지, 또는 새로운 제품의 발매를 기다릴지를 고려해야 한다.

4 ①

72 법칙(The Rule of 72) … 일반적으로 복리의 마술을 잘 설명해주는 법칙으로 복리수익률로 원금의 두 배를 벌 수 있는 기간을 쉽게 계산할 수 있다. 원금이 두 배가 되는 시간은 이자율을 72로 나누면 알 수 있는데 예를 들면 연 9%의 복리상품에 가입하였을 때 72 ÷ 9 = 8 즉, 원금의 두 배가 되는데 8년이 걸림을 쉽게 계산할 수 있다. 한편 72 법칙은 다양하게 응용할 수 있으며 투자기간이 정해져 있는 경우 원금이 두 배가 되기 위해 얻어야 하는 수익은 72를 투자기간으로 나누어서 쉽게 구할 수 있다.

5 ②

㉠ 실질임금이 상승하면 생산비용이 증가하기 때문에 총공급곡선은 왼쪽으로 이동을 한다.

㉣ 정부지출증가는 총공급곡선이 아닌 초수요곡선을 이동시키는 요인이다.

※ **공급곡선의 이동** … 공급의 변화는 가격 이외의 요인이 변화하여 발생하는 공급량의 변화를 말하며 공급의 변화는 공급곡선 자체의 이동을 말한다. 생산요소의 가격이 올라간다면 공급자의 채산성은 낮아지게 된다. 따라서 공급자는 생산량을 감소시키므로 공급곡선은 좌측으로 이동을 하게 되고 반대로 생산요소의 가격이 하락한다면 공급곡선은 우측으로 이동한다. 기술의 발달은 상품의 생산비용을 낮아지게 하므로 공급이 증가하고 공급곡선은 우측으로 이동한다. 기업목표의 변화, 판매자 수, 미래에 대한 기대에 의해서도 공급곡선은 이동을 한다.

6 ④

매파는 물가안정(인플레이션 억제)을 위해 긴축정책과 금리인상을 주장하는 세력이다. 긴축정책을 통해 금리를 올려 시중의 통화량을 줄이고 지출보다 저축의 비중을 높여 화폐가치를 올리자는 주장이다. 반면 비둘기파는 경제성장을 위해 양적완화와 금리인하를 주장하는 세력이다. 금리를 인하하면 대출 및 투자와 소비가 증가하여 시장경제가 활성화시켜야 한다는 주장이다.

7 ①

최저임금의 하락은 기업들이 신규고용을 확대하여 실업률이 낮아질 수 있으며 정보통신 산업의 발달로 구인현황정보가 쉽게 알려진다면 인력 수급 매칭이 쉬워져 실업률이 낮아진다.

8 ④

최후통첩 게임(ultimatum game) ⋯ 인간은 합리성 외에 공정성도 중요하게 고려한다는 이론

9 ④

㉠ **리보 금리(LIBOR)** : 국제금융거래에서 기준이 되는 런던 은행 간 금리를 말하며, 국제금융에 커다란 역할을 하고 있어 이 금리는 세계 각국의 금리결정에 주요 기준이 되고 있다.

㉡ **콜금리(Call Rate)** : 금융기관 간에 남거나 모자라는 자금을 30일 이내의 초단기로 빌려주고 받는 것을 '콜'이라 하며, 이때 은행·보험·증권업자 간에 이루어지는 초단기 대차(貸借)에 적용되는 금리이다.

10 ④

화재진압을 목적으로 방수한 결과 보험의 목적이 물에 젖거나 침수를 입는 경우, 문·창·칸막이 등이 파손, 오손되는 경우, 건물의 집단지역 등에서 화재의 연소 확대를 방지하거나 진압하기 위하여 보험의 목적인 건물이나 일부 구조물 등을 파괴 또는 도괴함으로 생긴 손해를 소방손해라 하는데 이는 화재보험에서 보상하는 손해에 해당한다.

화재보험에서 화재보험계약의 보험자는 화재로 인하여 생긴 손해를 보상할 책임이 있으며, 보험자는 화재의 소방 또는 손해의 감소에 필요에 조치로 인하여 생긴 손해를 보상할 책임이 있다〈상법 제683조(화재보험자의 책임), 제684조(소방 등의 조치로 인한 손해의 보상)〉.

11 ④

정보의 비대칭(Information Asymmetry) ⋯ 거래 당사자들이 가진 정보의 양이 다른 경우이며, 정보의 비대칭은 도덕적 해이와 역선택을 야기한다.

12 ⑤

의복 브랜드 노세일 전략은 가격차별의 사례가 아니다.

13 ④

④는 우월전략균형에 대한 설명이다.

※ **내쉬균형**
• 미국의 존 내쉬가 도입하였다. 상대방의 대응에 따라 최선의 선택을 하면, 균형이 형성되어 서로 자신의 선택을 바꾸지 않게 된다.
• 상대의 전략이 바뀌지 않으면 자신의 전략 역시 바꿀 유인이 없는 상태다.
• 경쟁기업들의 행동이 주어졌을 때, 각 기업들이 자신이 할 수 있는 최선의 선택을 함으로써 나타나는 균형을 뜻한다.
• 정치적 협상이나 경제 분야에서의 전략으로 널리 활용되고 있다.

14 ④

시장실패의 원인
㉠ **시장지배력** : 생산물이나 생산요소의 공급자가 시장지배력을 가지면 비효율이 발생한다.
㉡ **외부 효과** : 시장에 의한 자원배분이 비효율적으로 이루어진다.
㉢ **정보의 비대칭** : 정보의 부족은 경쟁시장의 비효율성을 발생시킨다.
㉣ **공공재** : 많은 소비자들이 가치 있게 생각하는 재화를 시장이 공급하지 못하는 경우에도 시장실패가 발생한다.

15 ④

본원통화 ⋯ 중앙은행이 화폐발행의 독점적 권한을 통하여 공급한 통화를 말하며 화폐발행액과 지급준비예치금의 합계로 측정한다. 이렇게 공급된 통화는 파생적으로 예금 통화를 창출하는 기초가 되는데 이렇게 창출된 통화는 파생통화라고 한다.

[분야별] IT전산

1 ④

데이터베이스 관리 시스템(DBMS)의 장점에는 데이터 중복(redundancy)의 최소화, 데이터의 공용(sharing), 데이터 무결성(integrity) 유지, 데이터의 일관성(consistency) 유지, 데이터 보안(security) 보장, 응용 프로그램과 데이터의 독립성(independence) 유지 등이 있다

2 ②

개체 무결성이란 기본키를 구성하는 속성은 널(NULL) 값이나 중복값을 가질 수 없다는 것이다. 이 문제에서는 학번이 NULL이므로 개체 무결성을 위반한 경우이다.

3 ②

뷰는 삽입, 삭제, 변경에 대한 연산에는 많은 제약 사항이 따른다.

4 ⑤

동시성 제어(Concurrency Control)의 문제점
㉠ 갱신 분실(lost update) : 두 개 이상의 트랜잭션이 같은 자료를 공유하여 갱신할 때 갱신 결과의 일부가 없어지는 현상
㉡ 비완료 의존성(Uncommitted Dependency) : 하나의 트랜잭션 수행이 실패한 후 회복되기 전에 다른 트랜잭션이 실패한 갱신 결과를 참조하는 현상
㉢ 모순성(inconsistency) : 하나의 트랜잭션이 여러 개 데이터 변경 연산을 실행할 때 일관성 없는 상태의 데이터베이스에서 데이터를 가져와 연산함으로써 모순된 결과가 발생하는 것
㉣ 연쇄 복귀(cascading rollback) : 병행 수행되던 트랜잭션들 중 어느 하나에 문제가 생겨 Rollback하는 경우 다른 트랜잭션도 함께 Rollback되는 현상

5 ②

1의 보수를 구한 다음 자릿수 맨 끝에다 1을 더해주면 1001001이 나온다.
0110111 → 1의 보수는 1001000이며 2의 보수는 1001001이다.

6 ③

누산기(Accumulator)는 주기억장치로부터 데이터를 제공받아 가산기의 산술연산 및 논리연산의 결과를 일시적으로 기억하는 장치이다.

7 ②

① 파일명명(File Naming) : 접근하고자 하는 파일 이름을 모르는 사용자는 접근대상에서 제외시킨다.
③ 암호화(Cryptogrephy) : 파일 내용을 알 수 없도록 한다.
④ 접근제어(Access Control) : 사용자의 신원에 따라 서로 다른 접근 권한을 허용한다.

8 ⑤

브룩스의 이론 … 개발 일정이 지연된다고 해서 말기에 새로운 인원을 투입하면 프로젝트 일정이 더욱 지연된다는 이론이다.

9 ④

베타 검사는 다수의 사용자를 제한되지 않은 환경에서 프로그램을 사용하게 하고 오류가 발견되면 개발자에게 통보하는 방식의 검사 방법이다.

10 ②

동기식 시분할 다중화(STDM)은 연결된 단말 장치들에게 전송할 데이터의 유무에 상관없이 일정하게 타임 슬롯을 할당해서 프레임을 구성하여 전송하는 방식을 의미한다.

11 ①

종합정보통신망은 디지털 교환기와 디지털 전송로에 의하여 구성된 하나의 통신망으로 전화, 데이터, 팩시밀리, 화상 등 다른 복수의 통신 서비스를 제공하는 디지털 통신망을 말한다.

12 ③

CBC(Cipher Block Chaining mode) 모드는 암호문 블록을 마치 체인처럼 연결하는 방식이다.

13 ③

Rootkit은 해커의 침입 흔적을 삭제하거나 재침입을 위해 사용되는 백 도어를 만들기 위한 도구들의 모임이다.

14 ②

방화벽의 구성 방식 중에서 스크린 호스트 게이트웨이 (Screened host gateway) 방법에 관한 내용이다. 스크리닝 라우터 및 베스터 호스트의 2단계 방어를 활용함으로써 보안성은 향상되지만 구축비용이 많이 든다. 동시에 가장 일반적으로 사용하는 방식이기도 하다.

15 ⑤

- ㉠ 벨 라파듈라 모델(BLP, Bell-LaPadula Confidentiality Model)
  - 첫 번째로 제시된 수학적 보안 모델
  - 미 육군에서 근무하던 벨-라파듈라가 1960년대 메인 프레임을 사용하는 환경에서 정보 유출 발생을 어떻게 차단할 수 있을까라는 고민에서 고안해낸 MAC(강제적 접근 제어) 모델이다.
  - 군대의 보안 레벨과 같이 그 정보의 기밀성에 따라 상하 관계가 구분된 정보를 보호하기 위해 사용
  - 기밀성 유지에 중점이 있다.
  - 높은 등급의 데이터를 읽을 수 없고, 낮은 등급의 데이터에 쓸 수 없다.
- ㉡ 비바 모델
  - 1977년 비바가 개발한 데이터 무결성을 위한 모델
  - 무결성의 3가지 목표 중에서 비인가자들의 데이터 변형 방지만 해결한 모델
  - 낮은 등급의 데이터를 읽을 수 없고, 높은 등급의 데이터에 쓸 수 없다.
- ㉢ 클락-윌슨(Clack-Wilson) 모델 : 1987년 무결성 중심의 상업적 모델로 개발되었으며 무결성의 3가지 목표를 모두 만족하는 접근 제어 모델이다. 무결성의 3가지 목표는 비인가자들의 데이터 변형 방지, 내·외부의 일관성을 유지하는 것, 합법적인 사람에 의한 불법적인 수정을 방지하는 것이다.
- ㉣ 만리장성(Chinese Wall) 모델 : 만리장성 모델은 브루어-나쉬(Brewer Naxh) 모델이라고도 불리며 비즈니스 영역의 한 회사에 최근 일을 한 적이 있는 파트너는 동일한 영역에 있는 다른 회사의 자료에 접근해서는 안된다는 개념이 핵심인 접근 제어 모델. 즉, 직무 분리를 접근 제어에 반영